教育部高校示范马克思主义学院和优秀教学科研团队重点建设项目

重庆市高校思想政治理论课教学科研示范团队资助项目（10）

思想道德修养与法律基础
辅学教程

喻永均　姚　红◎主　编

邓红彬　杨　飏◎副主编

重庆大学出版社

图书在版编目（CIP）数据

思想道德修养与法律基础辅学教程 / 喻永均，姚红
主编. — 重庆 : 重庆大学出版社，2018.9
ISBN 978-7-5689-1340-9

Ⅰ．①思… Ⅱ．①喻… ②姚… Ⅲ．①思想修养—高
等学校—教学参考资料②法律—中国—高等学校—教学参
考资料 Ⅳ．①G641.6 ②D920.4

中国版本图书馆CIP数据核字（2018）第194635号

思想道德修养与法律基础辅学教程

喻永均 姚 红 主 编
邓红彬 杨 飏 副主编
策划编辑：唐启秀

责任编辑：陈 力 赵 贞　版式设计：唐启秀
责任校对：张红梅　　　　　责任印制：张 策

*

重庆大学出版社出版发行
出版人：易树平
社址：重庆市沙坪坝区大学城西路21号
邮编：401331
电话：（023）88617190 88617185（中小学）
传真：（023）88617186 88617166
网址：http://www.cqup.com.cn
邮箱：fxk@cqup.com.cn（营销中心）
全国新华书店经销
重庆华林天美印务有限公司印刷

*

开本：787mm×1092mm 1/16 印张：12.25 字数：275 千
2018年9月第1版 2018年9月第1次印刷
ISBN 978-7-5689-1340-9 定价：33.00元

本书如有印刷、装订等质量问题，本社负责调换

版权所有，请勿擅自翻印和用本书
制作各类出版物及配套用书，违者必究

前　言

　　"思想道德修养与法律基础"是高校公共思想政治理论教育的必修课，在培养当代大学生具有正确的世界观、人生观、价值观、道德观和法治观方面起着重要作用。为进一步贯彻落实全国高校思想政治工作会议精神和《关于加强和改进新形势下高校思想政治工作的意见》（中发〔2016〕31号）、《中央宣传部　教育部关于印发〈普通高校思想政治理论课建设体系创新计划〉的通知》（教社科〔2015〕2号）、《中共教育部党组关于印发〈高校思想政治工作质量提升工程实施纲要〉的通知》（教党〔2017〕62号）等文件精神，我们以《思想道德修养与法律基础（2018年版）》为基础，结合当前大学生的思想实际和认知规律，编写了这本《思想道德修养与法律基础辅学教程》。

　　本书是重庆城市管理职业学院获批的教育部高校示范马克思主义学院和优秀教学科研团队重点建设项目"高职高专思想政治理论课教学方法研究"（16JDSZK036）、重庆市高校思想政治理论课教学科研示范团队资助项目（10）、重庆市市级精品在线开放课程"思想道德修养与法律基础"的建设成果之一，是将"思想道德修养与法律基础"课程由教材体系转变为教学体系的有益尝试。该书通过丰富、生动的案例来诠释和点评抽象的理论、观点和知识，使大学生能从鲜活的案例中真正接受思想道德和法律规范知识的内容与方法，以使他们能更好地把握大学阶段的生活，为今后的职业生涯和社会生活奠定坚实基础。鉴于此，本书努力体现以下特点：

　　一、鲜明的思想性。本书坚持以习近平新时代中国特色社会主义思想为指引，依据党和国家对高校思想政治理论课的要求，以贴近大学生的思想实际、生活实际为着眼点，来选案例、作分析、施点评、提建议。

　　二、体系的完整性。本书以教材各章为序，均设计了案例文本、案例点评、学习建议、思考练习（参考答案请扫描书中的二维码查看）等模块，案例内容涵盖了课程最基本的理论知识和重要原理，帮助大学生较全面地了解教材内容。

三、内容的丰富性。本书以教育部统编教材《思想道德修养与法律基础（2018年版）》为依托，既源于教材，又不囿于教材本身，密切结合社会现实，案例生动有趣，信息量大，内容丰富，可读性强，力求让大学生从快乐的阅读中领会深刻的道理。

四、一定的独创性。案例的内容选取和点评分析力求通俗、新颖、独到、贴切，力求符合大学生的思想特点，使广大学生在学习理论知识的同时积极思考现实问题，充分地激发和调动学生的学习兴趣。

人生之旅，流光溢彩；大学时光，千金难买。大学阶段是人生的转折点，是人生观形成的关键期，是人生成长的造型期，是青年学生走向社会的准备期。大学生应学会适应，学会做人，学会做事，学会思考，做到"博学之，审问之，慎思之，明辨之，笃行之"。我们期望本书能帮助"00后"大学生更好地了解社会、了解国情、陶冶性情、铸就人格，更好地帮助大学生解决成长成才过程中遇到的思想、学习和生活问题，更好地为实现中华民族伟大复兴的中国梦贡献力量。

本书既是大学生学习"思想道德修养与法律基础"课程的辅助读物，也可作为其他各类人员学习理解思想道德和法律规范知识的参考读物。愿此书成为大学生们修身养性的良师益友。

编　者

2018 年 7 月于重庆大学城

目　录

绪　论

案例一　争做大国工匠　勇担时代大任

案例文本

4月19日，2017年度高职学生"劲牌阳光奖学金"暨"践行工匠精神先进个人"寻访活动颁奖分享会在宁波职业技术学院举行。本活动由团中央学校部、全国学联秘书处、劲牌有限公司联合开展，共评选出10名特别奖获得者和300名优秀奖获得者。活动期间，10名特别奖获得者还发出《争做大国工匠，勇当时代大任》的倡议。

团中央学校部副部长李骥出席活动并讲话，他表示希望通过"劲牌阳光奖学金"获奖者的分享，能够促进职业院校学生更加明确自己的人生使命，能够在时代的大潮中找准人生发展方向，能够用自己的绵薄之力书写中国梦的实现。

分享会后同学们纷纷表示，要努力成长为具有专业技能与工匠精神的高素质劳动者和技术技能人才。"我目前做的环保行业，主要经营的产品为环保包裹、环保纸箱等。目前快递业主要存在污染严重、成本高等问题，未来我们将把包裹做得更加环保与实用。"重庆城市管理职业学院、劲牌阳光奖学金特别奖获得者陈科霖表示，将会坚持自己的初心，一直从事环保行业，为建设美丽中国而努力。"国家提出了中国制造2025，我希望把自己所学知识运用在自己的产品上，提高核心竞争力，提升品牌影响力。"

活动期间，获奖学生代表现场发出《争做大国工匠，勇当时代大任》的倡议。根据倡议内容，呼吁广大青年学生爱党爱国，充满自信，做朝气蓬勃的新青年；勤奋学习，苦练技能，做实干敬业的新青年；牢记使命，矢志奋斗，做堪当大任的新青年。呼吁广大青年学生一起携手并肩，让职业在奋斗中闪光，让人生在奋斗中出彩，在实现中华民族伟大复兴的中国梦的宏伟进程中，书写美好人生，作出青春贡献！

据悉，"劲牌阳光奖学金"暨"践行工匠精神先进个人"寻访活动旨在高职学生中深入开展培育和践行社会主义核心价值观，弘扬工匠精神，发挥优秀典型的示范作用，引领广大高职学生勤奋学习、砥砺品格、全面发展，为实现中国梦不懈奋斗。劲牌有限公司从2016年起连续5年开展该项活动，每年评选"劲牌阳光奖学金"特别奖

10名和优秀奖300名，奖励金额分别为1万元和3000元。

全国学联驻会主席陈镜宇、劲牌有限公司公益慈善基金会秘书长卢青、团浙江省委副书记周苏红、团宁波市委书记钱雪华、宁波职业技术学院院长张慧波及团中央学校部职业院校处有关负责同志也出席了本次活动。

附：《争做大国工匠，勇当时代大任》倡议

同学们：

青年兴则国家兴，青年强则国家强。党的十九大庄严宣告，中国特色社会主义进入新时代。新时代，实现"两个一百年"奋斗目标，实现中华民族伟大复兴的中国梦是最鲜明的时代主题，也是我们当代职校学子的使命与担当。习近平总书记指出，"职业教育是国民教育体系和人力资源开发的重要组成部分，是广大青年打开通往成功成才大门的重要途径"。新时代的大门已经开启，新时代呼唤新青年，新青年要有新作为。今天，我们代表职业院校的青年学生一起倡议：

让我们爱党爱国，充满自信，做朝气蓬勃的新青年。国家富强，人民才能幸福。党的十八大以来，党和国家事业发展取得了历史性成就，发生了历史性变革，为我们青年一代提供了广阔的发展空间。我们要热爱中国共产党，热爱伟大的祖国，坚定中国特色社会主义道路自信、理论自信、制度自信、文化自信，永葆青年人的蓬勃朝气，为实现中华民族伟大复兴的中国梦贡献磅礴的青春力量。

让我们勤奋学习，苦练技能，做实干敬业的新青年。三百六十行，行行出状元，技术技能人才是我国人才队伍不可或缺的重要组成部分。我们既然选择了职业教育，就是选择了走技术技能成才的道路。我们要勤奋学习，苦练技能，弘扬劳模精神和工匠精神，用实际行动营造劳动光荣的社会风尚和精益求精的敬业风气，努力成长为建设社会主义现代化强国的大国工匠。

让我们牢记使命，矢志奋斗，做堪当大任的新青年。党的十九大报告指出：今天，我们比历史上任何时期都更接近、更有信心和能力实现中华民族伟大复兴的目标。但是，中华民族的伟大复兴也绝不是轻轻松松、敲锣打鼓就能实现的。新时代是属于奋斗者的时代，我们要牢记使命，矢志奋斗，不负青春，建功新时代，让中华民族以更加昂扬的姿态屹立于世界民族之林。

同学们，现在，青春是用来奋斗的；将来，青春是用来回忆的。奋斗的青春最美丽，让我们一起携手并肩，让职业在奋斗中闪光，让人生在奋斗中出彩，在实现中华民族伟大复兴的中国梦的宏伟进程中，书写美好人生，作出青春贡献！

（资料来源：崔宁宁.争做大国工匠 勇当时代大任：职业院校学生发出青春奋斗倡议［EB/OL］.中国青年网，2018-04-20.）

案例点评

2017 年度高职学生"劲牌阳光奖学金"暨"践行工匠精神先进个人"寻访活动颁奖分享会的举行，再一次为当代大学生树立了践行工匠精神的典型和标杆。他们的经验分享，可以激励我们紧跟新时代中国特色社会主义的步伐，以民族复兴为己任，做有理想、有本领、有担当的时代新人，争做大国工匠，为全面建成小康社会、继续夺取中国特色社会主义伟大胜利贡献自己的青春和力量。

学习建议

1. 学习本案例的目的和用途

本案例着眼于新时代大学生的历史使命和责任担当，通过引入 2017 年度高职学生"劲牌阳光奖学金"暨"践行工匠精神先进个人"寻访活动颁奖分享会，有利于帮助我们树立以民族复兴为己任，做有理想、有本领、有担当的时代新人的意识，努力学习，不断提升自己的思想道德素质和法律素养，为将来投身社会，更好地报效国家、实现自己的人生价值奠定基础。

本案例可用于绪论"时代新人要以民族复兴为己任"内容的辅助学习。

2. 学习本案例应注意的问题

新时代建设中国特色社会主义和实现中华民族复兴，需要有理想、有本领、有担当的时代新人。当代大学生要明确时代使命，树立自己的远大理想和人生抱负，学习先进典型，践行工匠精神，只有这样，才能在实现中国梦的伟大实践中创造自己的精彩人生。

案例二　奋斗的青春最美丽

案例文本

谁的青春没奋斗，奋斗的青春最美丽——13 名青年代表，从保安员到科学家，从大学生到企业家，从基层团干到青年研究工作者，从记者到学者，结合各自跌宕起伏的成长奋斗史，诠释着"我的中国梦"。他们都是毫无背景地从最底层干起，一步一个脚印，在各自领域取得令人惊讶的成就，他们拥有无数优秀人才共有的品质：百折不挠的进取意志和奋斗精神。

听他们讲述自己的青春奋斗故事，不禁令人想起习近平总书记说过的一句话："现在，青春是用来奋斗的；将来，青春是用来回忆的。"只有植入奋斗的基因，青春之树才会枝繁叶茂，只要有梦想有机会有奋斗，一切美好的东西都能创造出来。

诚然，奋斗不一定能够成功，但不奋斗绝不可能成功，更何况，富于理想、理性和激情的奋斗成长过程，才是真正意义上的"成功"。目前，社会上存在的两种倾向令人担忧：一是崇尚"高富帅""白富美"的论调，二是"读书无用论""奋斗无用论"等观点的盛行。前者会把青年引入功利主义者的狭隘胡同，导致一切向钱看；后者正在消减一些青年的斗志，挤压他们对未来的希望。如果整天都在幻想等待一个完美无缺的社会降临，再去施展身手，那他注定只会在碌碌无为中等待，在于事无补的抱怨中浪费大好青春。正因为尚有不完美、尚有社会的缺陷，才更加显示出通过一点一滴、尽职尽责的努力修复改善身边环境的价值和智慧，更加显示出当代青年担当的勇气和责任。

我们身处的这个时代，尽管还需要在缩小贫富差距、保障公平正义、提供发展机会等方面不断努力，但不可否认的是，伴随着改革开放成长起来的一代青年，正在迸发从未有过的激情和梦想，正在面对前所未有的各种机遇和空间，不管他是名校毕业的高材生，还是来自农村的普通保安员，不管是三五成群的创业合伙人，还是被标签化的一个个新青年群体，他们令人眼花缭乱的青春奋斗故事证实了这一点。

那些抱怨命运不公的人士可以从谭景伟身上吸取奋斗的正能量。一位高考失利者，历经艰辛，成长为一名胸怀大志、在保安行业做到最优秀之一的成功者，还把和自己一样成长起来的优秀保安员的事迹，作为保安员的中国梦缩影编写成书，他从自己的经历中体会到："如果你的意志力不坚定、志向不远大，很容易在经历某一次挫折之后，倒在追梦的路上。"

从参加分享会的这些青年代表的经历可以看出，"奋斗"这个词意味着企业一次次的死去活来，意味着创业者重压之下的痛哭流涕、凤凰涅槃，只能睡两个小时的艰难岁月，意味着一天超过10个小时的勤奋学习，意味着科研工作者为使祖国的科技成果早日跻身世界前列的不懈努力……

这些刻骨铭心的经历，恰恰丰富了他们的青春。而在这些经历之后，他们更深切地感受到了人生的幸福和价值。

这些年轻人能够经受住种种摔打、挫折和考验，能够爬上陡坡、渡过险滩，当然与个人的品行、意志有关，与成家立业、成长成才的不断追求有关，但更重要的一点还在于，他们都超越了个人的利益，将自己的奋斗与社会责任感、与国家的发展和民族的命运结合起来。正如中国科学院遗传与发育生物学研究所的研究员王秀杰所言："我们都是抱着把祖国建设得更加美好、更加精彩的目的而回国工作的。大家都在勤勤恳恳、夜以继日地奋斗。"来自中国航天科技集团公司第一研究院十二所制导系统的副主任设计师巩庆海掷地有声地说："坚持奋斗的动力在哪儿？答案是从责任而来。航天人肩负着强国梦、强军梦，担负着追赶强国的责任，不奋斗难以保证尽善尽美，不奋斗对不起全国人民的期望。"

没有责任，就不会有奋斗的动力，这种责任同样体现在对家人、亲人、身边人的关爱中。青年学者廉思今年在北京调研处于社会边缘的青年群体时，在一个"蚁族"男青年的床头看到了一份购房计划，目标是在 2018 年为爱人买一套小房子，他在计划书上写下了"一定行、一定行、一定能行，努力努力再努力"来激励自己。尽管这种目标单纯而又简单，但其可贵的奋斗精神令人感动，我们祝福那些为了改善家庭命运，为了让父母、孩子、爱人过得更好而不懈努力的青年。我们也相信，每个人的小奋斗、小故事凝聚起来，会成为一股推动国家发展和社会进步的巨大动力。而国家和社会，也应该为青年创造更多公平的机会，搭建上下流动更加自由顺畅的平台和通道，帮助有准备的青年成就最美丽的青春。

青春需要奉献和奋斗，需要从最基层、最艰苦的地方脚踏实地地做起，需要拒绝那些急功近利的浮躁和诱惑，需要历练宠辱不惊的心理素质，需要保持坚定乐观向上的精神状态，需要从挫折中吸取教训启迪人生，从而使人生获得升华和超越。

如此奋斗的青春才会最美丽，而最美丽的青春，也让我们的世界变得更加精彩和美好。

（资料来源：中国青年报评论员.奋斗的青春最美丽［N］.中国青年报，2013-09-17，有删改。）

案例点评

大学生大多处于人生的青春岁月，如何面对和把握好青春，怎样的青春最美丽，这是值得我们深思的问题。大学生是根据国家、社会的需要，积极确立自己成才的目标并不懈奋斗，还是安于现状、不思进取，消极地度过每一天？在我们身边，大量的成功人士、优秀人物为我们给出了答案。我们应该学习他们身上共同的品质，培养自己百折不挠的进取意识和奋斗精神。只有通过奋斗，青春之树才会枝繁叶茂，我们的生命才会由此闪光，奋斗的青春才最美丽。当代大学生应当认识"成功"的真谛，明确自己的责任、使命和担当，学习先进，奋发有为，不负自己的青春岁月。

学习建议

1. 学习本案例的目的和用途

本案例通过介绍我们身边优秀人物成长成功的经历，引导大学生正确认识青春、把握青春。这为青年大学生进一步认识自己肩上的责任和使命，增强进取意识和奋斗精神，顺利成长成才指明了方向。

本案例可用于绪论"我们处在中国特色社会主义新时代""时代新人要以民族复兴为己任"内容的辅助学习。

2. 学习本案例应注意的问题

准确理解"现在，青春是用来奋斗的；将来，青春是用来回忆的"的含义，要让青春焕发光彩，只有不懈地奋斗，奋斗会有艰辛，也会有干扰。需要拒绝那些急功近利的浮躁和诱惑，需要历练宠辱不惊的心理素质，需要坚定保持乐观向上的精神状态。

案例三　即便徒劳，也要抗争

案例文本

在陈卫炜的朋友圈里，不久前发了这样一条动态：配图是一段书中的文字，其中有一段话这样写道："既然悲剧是注定的，那么不应该逃避，也不应该在虚幻中寻找自我安慰，而是应该沉下底层，去体验人生的真谛，做一个伤痕累累、痛苦万般的超人。"她的配文是："即便徒劳，也要抗争。"

如今，陈卫炜是伦敦大学亚非学院的在读博士，她的硕士学位也是在这所学校拿到的，并且以各科与总分名列前茅的成绩被破格录取，成为这所学校少有招入的大专生。

7月底她第三次前往埃塞俄比亚，参与由英国国际开发部经济与社会研究理事会资助的为期3年的调研项目——中资企业在撒哈拉以南非洲地区投资状况，协助她的博士导师、项目主要负责人查罗斯·欧亚教授对该项目进行评估。

显然现在的她不是悲剧，但为了这次抗争的胜利，她也曾拼尽了全力。

陈卫炜依然记得高考失利时的情景，犹如初中时妈妈突然离世对她的打击一般。随之而来的是"一考定终身"的各种压力，父亲失望落寞的神情，亲朋好友怀疑的语气，绝望的她把自己关在房间里哭了好几天，当时她感觉"这辈子就这样了吧"。

出于对家庭负担的考虑，陈卫炜没有复读，父亲对她说，你可以在读专科的时候好好想想自己以后到底想做什么，不一定要做建筑设计，而且你可以专升本，继续读研，只要努力仍然有很多机会。

听了父亲的话，陈卫炜亲自去了一趟常州信息职业技术学院，了解了学校的校园环境和教学模式，再加上学费较低，她决定在这所学校读专科。出于对语言的喜爱，她放弃了小时候当建筑设计师的梦想，选择了国际贸易与英语专业。

大一下学期开始，她给自己制订了每个学期的学习目标。陈卫炜依然记得第一次的目标：通过英语四级考试和日语能力考试的二级。而日语，则是她给自己选择的一门需要完全自学的外语。

为了这些目标的实现，陈卫炜几乎是采用一种"半军事化"的自我管理方式：每天早起晨读英语，空余时间几乎全部在图书馆学习。在 3 年时间里，她不仅拿到了英语四、六级证书和雅思 6.5 分的成绩、日语能力考试等级证书，还获得了优秀班干部的称号，并在大三时破例和外语学院日语专业学生一起去日本做短期交流。

2012 年，陈卫炜被伦敦大学亚非学院破格录取进入硕士预科课程学习，她也是这所学院少有招入的大专生。事实上，陈卫炜凭借当时 7 分的雅思成绩让她直接进入了面试环节，也正是面试环节的突出表现让本来觉得她专业背景不合格的考官们转变了想法。在硕士预科中，她又以 150 名学生中各科与总分第一的成绩成为优秀毕业生，再次被破格录取为亚非学院的发展研究硕士。这 150 名学生中只有 3 名中国学生，而她是唯一一名大专背景的学生。其他两个人，则是国内顶尖院校的学生。

在读硕士期间，陈卫炜遇见了她的"伯乐"——博士导师查罗斯·欧亚教授。听了陈卫炜的故事和想法，查罗斯·欧亚教授非常赏识她的"草根精神"，邀请她参与了他最新的国际学术项目，旨在做中资企业在非洲的比较研究。为了做田野调查，在过去 2 年多里，陈卫炜先后 3 次去了安哥拉、两次去埃塞俄比亚。

2016 年 9 月，陈卫炜在亚非学院开始了她的博士课程。她的博士课题是针对中国民营企业走入非洲对比研究。之所以选择研究这个课题，部分原因便是她和那些在非洲的中国人有同样的共鸣——"草根精神"，她认为这些年轻人虽然可能"出身"不高贵，但是怀揣着梦想和敢于拼搏、不怕吃苦的精神，而这些中国企业家给中国资本走入非洲注入了新活力。

陈卫炜认为，草根精神就是通过坚持不懈的努力将"不可能"变为"可能"。她用自己的故事告诉别人，一路走来虽然不易，但只要敢想敢做，没有什么是不可能的。在她给母校常州信息职业技术学院新生的寄语中说道："我完全不认同一考定终身的说法，你的人生是由你自己决定的。"

（资料来源：蔡宁宁，陈卫炜. 从高职生到国外高校博士生的"抗争"［N］. 中国青年报，2017-08-14，有删改。）

(案例点评)

陈卫炜的抗争，实现了从高职生到国外高校博士生的华丽转身，赢得了她人生的胜利。她用自己的经历再次告诉我们，只要怀揣梦想、敢于拼搏，即便是草根，也能活出自己的精彩。所以当我们面对悲剧和不幸时，不应该逃避，也不应该在虚幻中寻找自我安慰，而是应该面对现实、勇于挑战，通过持续奋斗去体验人生的真谛，做一个敢于和善于同命运抗争的人。

学习建议

1. 学习本案例的目的和用途

本案例通过介绍陈卫炜的华丽转身，引导大学生认识到：对大多数同学来说，通过自己努力考上了大学，不管是本科还是高职，也都是自己的幸运。来到大学，这是自己人生新的起点，仍需要不断学习，努力使自己成为国家和社会有用之才。

本案例可用于绪论"时代新人要以民族复兴为己任"内容的辅助学习。

2. 学习本案例应注意的问题

一方面，考上大学都值得庆幸，不管是本科还是专科，它们只是办学类型的区别，不能以此作优劣之分；另一方面，切忌将陈卫炜从高职生到国外高校博士生的学历提升作为我们成才的唯一模式，我们成才的道路有许多，在众多成才的方式中，有一点是共通的，那就是紧跟时代发展的步伐，做有理想、有本领、有担当的时代新人。

第一章
人生的青春之问

案例一　人生意义与价值

案例文本

当我还是一个青年大学生的时候，报纸杂志上曾刮起一阵讨论人生的意义与价值的微风，文章写了一些，议论也发表了一通。我看过一些文章，但自己并没有参加进去。原因是，有的文章不知所云，我看不懂。更重要的是，我认为这种讨论本身就无意义，无价值，不如实实在在地干几件事好。

时光流逝，一转眼，自己已经到了望九之年，活得远远超过了我的预算。有人认为长寿是福，我看也不尽然。人活得太久了，对人生的种种相，众生的种种相，看得透透彻彻，反而鼓舞时少，叹息时多。远不如早一点离开人世这个是非之地，落一个耳根清净。

那么，长寿就一点好处都没有吗？也不是的。这对了解人生的意义与价值，会有一些好处。

根据我个人的观察，对世界上绝大多数人来说，人生一无意义，二无价值。他们也从来不考虑这样的哲学问题。走运时，手里攥满了钞票，白天两趟美食城，晚上一趟卡拉OK，玩一点小权术，耍一点小聪明，甚至恣睢骄横，飞扬跋扈，昏昏沉沉，浑浑噩噩，直到钻入了骨灰盒，也不明白自己为什么活过一生。

其中不走运的则穷困潦倒，终日为衣食奔波，愁眉苦脸，长吁短叹。即使日子还能过得去，不愁衣食，能够温饱，然也终日忙忙碌碌，被困于名缰，被缚于利索。同样是昏昏沉沉，浑浑噩噩，不知道为什么活过一生。

对这样的芸芸众生，人生的意义与价值从何处谈起呢？

我自己也属于芸芸众生之列，也难免浑浑噩噩，并不比任何人高一丝一毫。如果想勉强找一点区别的话，那也是有的：我，当然还有一些别的人，对人生有一些想法，动过一点脑筋，而且自认这些想法是有点道理的。

我有些什么想法呢？话要说得远一点。当今世界上战火纷飞，物欲横流，"黄钟毁弃，瓦釜雷鸣"，是一个十分不安定的时代，但是，对于人类的前途，我始终是一个乐观主义者。我相信，不管还要经过多少艰难曲折，不管还要经历多少时间，人类总会越变越好的，人类大同之域绝不会仅仅是一个空洞的理想，但是，想要达到这个目的，必须经过无数代人的共同努力。有如接力赛，每一代人都有自己的一段路程要跑；又如一条链子，是由许多环组成的，每一环从本身来看，只不过是微末不足道的一点东西，但是没有这一点东西，链子就组不成。在人类社会发展的长河中，我们每一代人都有自己的任务，而且是绝非可有可无的。如果说人生有意义与价值的话，其意义与价值就在这里。

这个道理在人类社会中只有少数有识之士才能理解。鲁迅先生所称的"中国的脊梁"，指的就是这种人。对于那些肚子里吃满了肯德基、麦当劳、比萨饼，到头来终不过是浑浑噩噩的人来说，有如夏虫不可以语于冰，这些道理是没法谈的。他们无法理解自己对人类发展所应当承担的责任。

话说到这里，我想把上面说的意思简明扼要地归纳一下：如果人生真有意义与价值的话，其意义与价值就在于对人类发展的承上启下、承前启后的责任感。

（资料来源：季羡林．人生感悟［M］．北京：金城出版社，2012．）

案例点评

季羡林先生是国际著名的东方学大师、语言学家、文学家、佛学家、史学家、教育家和社会活动家。季羡林先生一生成就卓著，用他自己的话说："梵学、佛学、吐火罗文研究并举，中国文学、比较文学、文艺理论研究齐飞"，被奉为中国的"国学大师""学界泰斗""国宝"。季羡林先生在他近90岁高龄时，阐发了自己对人生的感悟。怎样的人生才有意义？评价人生价值、人生意义的根本尺度是看一个人的人生活动是否符合社会发展的客观规律，是否通过实践促进了历史的进步。正如季羡林先生所说："如果人生真有意义与价值的话，其意义与价值就在于对人类发展的承上启下、承前启后的责任感。"有意义的人生，应是对国家、社会、集体和他人尽义务的人生。

学习建议

1. 学习本案例的目的和用途

通过本案例的学习，我们应深刻理解：一个人的一生，无论生命长短，贡献大小，对人生价值和人生意义的追求贯穿生命始终。作为当代大学生，要实现自己的人生价值，应把个人的成长成才与社会需要相结合，在实现国家富强、民族复兴的社会实践中实现个人的人生价值。

本案例用于第一章第一节"人生观是对人生的总看法"和第二节"正确的人生观"内容的

辅助学习。

2. 学习本案例应注意的问题

人生价值是一种特殊的价值，是一个人的存在和活动能否或在多大程度上满足他人、集体、社会及个人的需要。人生价值分为人的自我价值与人的社会价值。我们在学习本案例时，可结合人生的自我价值和社会价值的关系进行分析，深刻理解人生的价值与意义在于对他人和社会的奉献。

案例二 中国之蒿

案例文本

2015 年注定是属于中国人的光辉年，从小说《三体》获得文学大奖雨果奖，到纪念抗战胜利 70 周年的大阅兵，世界的目光无不聚焦迅速崛起的中国。年末，又有一条"重磅"喜讯传来——中国女科学家屠呦呦获得诺贝尔医学奖。仿佛横空出世，"屠呦呦"这个名字瞬间变得家喻户晓，在大大小小的媒体上铺天盖地闪亮登场……

走近屠呦呦

屠呦呦的家宽敞整洁，进门的书柜中摆满了老人获得的各种奖牌奖杯，其中最醒目的是 2011 年国际医学大奖美国拉斯克奖授予她的临床医学研究奖。

屠老穿着红色的上装，精神矍铄，完全不像 85 岁高龄的老人。

她从沙发上慢慢站起来，满脸笑容地迎接我。我送去了对她荣获诺贝尔奖的祝贺，她淡淡地笑了，自我调侃地说："我是呦呦鹿鸣，食野之蒿。这个青蒿素是传统中医药送给世界人民的礼物。青蒿素的发现是集体发掘中药的成功范例，获奖是中国科学事业、中医中药走向世界的一个荣誉。这可不是我一个人的功劳。"

2011 年，屠呦呦在丈夫李廷钊的陪伴下，从美国领回了有美国诺贝尔奖之称的"拉斯克奖"。2015 年 6 月，她又获得了哈佛大学颁发的医学院华伦·阿尔波特奖，这个奖还没拿回来，就传来获诺贝尔奖的消息了。

从屠老的单元楼下来，太阳已经从东面转到头顶，望着我投射在地上的身影，我默默在想：当屠呦呦把名字中所蕴藏的人文密码认定为一生的职业宿命时，"青蒿素"的神话便成了中国科学界的诺贝尔传奇——一个鲜为人知的密码。

"523"课题组的"光杆司令"

时光倒转到 1969 年，当时正是"文化大革命"的第三个年头。直属于卫生部的中医研究院，也就是现在的中国中医科学院是"文化大革命"的重灾区。大字报贴满全院各个角落，科研几近停滞状态。

这一年的 1 月 21 日，助理研究员屠呦呦迎来了她科研人生的重要转折。

这一天，中医研究院来了两个神秘的人，一高一矮，一位穿军装，一位穿便装。他们自称是中央"523"办公室的人。这是一个素未听闻的全国大协作的疟疾科研项目——"523"为其秘密代号。

疟疾，中国民间俗称"打摆子"，在今天的中国已基本绝迹。疟疾病人发起病来如坠冰窟，颤抖不止，冷感消失以后，面色转红，发绀消失，体温迅速上升，通常发冷越显著，体温就越高，可达 40 ℃以上。高热患者痛苦难忍。有的辗转不安，呻吟不止；有的谵妄，甚至抽搐或不省人事；有的剧烈头痛、顽固呕吐；患者面赤、气促；通常持续 2～6 小时，个别达 10 余小时。症状呈间歇性，死亡率极高。

当时正是越南战争时期。据河内卫生局统计，越南人民军 1961—1968 年伤病员比例，除 1968 年第一季度伤员多于病员外，其他时间都是疟疾病员远远超过伤员；抗美援越的中国高炮部队也深受其害，据说减员达 40%。再据美军有关资料表明，在越南战争中，1964 年，美军因疟疾造成的非战斗减员比战斗减员高出 4～5 倍，更是天文数字。1965 年驻越美军的疟疾发病率高达 50%。美国也在寻找有效药，但欲速则不达。

越共总书记胡志明了解这个情况后，心急如焚，亲自给毛泽东写信，派特使秘密到北京，请求中方支援抗疟疾药物和方法。

1967 年 5 月 23 日，中国人民解放军总后勤部和国家科委在北京召开了抗药性恶性疟疾防治全国协作会议，组织 60 多家科研单位通力攻关，并制订了三年科研规划。防治抗药性恶性疟疾被定性为一项援外战备的紧急军工项目，以 5 月 23 日开会日期为代号，称为"523 任务"，一直沿用下来。

"523"办公室的领导走后，院领导召开紧急会议，拉下窗帘，按照"523"办公室的要求——"谁能担当大任？"对本院科技人员逐一进行筛选，3 个小时过去了，颇让中医研究院领导们有些犯难。他们反复筛选，最后有一人浮出水面——37 岁的屠呦呦。她有两大优势：一是性格认真执拗，虽然职称尚是助理研究员，但来到中药所已 14 年，中西医贯通，基础扎实；二是她年富力强，正致力于研究从植物中提取有效化学成分，已经步入中药所研究第二梯队人选。

当晚，领导找她交代任务，屠呦呦爽快地应允了。她问：还有什么人？领导告诉她：暂且你一人，其他人后定。

从此，人们便看到她像一个陀螺开始旋转起来。中药所里、资料室里、图书馆里、老中医的家里，多了个疯狂翻阅历代医籍，甚至连一封封群众来信都一定要打开看看的忙碌身影。

说是课题组，在最初的阶段，屠呦呦"光杆司令"一个，只有她一个人孤独地踏上了尝百草的寻药之路。

190 次失败后的成功

从领导办公室走回自己的办公室，已经星斗满天。屠呦呦很激动，她多年科研的梦想一下子变成了现实。她觉得时不我待，便加快了研发的脚步。她不敢多想，就一头扎进《本草纲目》等古典药典，寻觅自己的灵感抑或突破口。

在采访中，屠呦呦告诉我们："中西医知识的积累让我意识到，必须从古代文献中寻找解决方案。我开始系统整理古方。从中医药医学本草、地方药志，到中医研究院建院以来的人民来信，采访老大夫等，不放过任何一个机会。花了半年时间，最后做了 2 000 多张卡片，编出 640 多种抗疟方药，作为我的基本功，考虑从中找到新药。"

一年过去了，两年过去了，时间伴随着她和她的团队忙碌的身影，在指尖中不知不觉流逝。该做的实验都做了，他们在这 2 000 多种方药中整理出一张含有 640 多种草药，包括青蒿在内的《抗疟单验方集》。可在最初的动物实验中，那时青蒿还没有进入她的视野，真如大海捞针，茫无头绪。但她一直坚持实验，有时累得呕吐不止，头昏脑涨，怀疑自己中了毒，结果一检查，是中毒性肝炎，大夫让她休息。她哪能休息呢？她吃下一把药，又走出家门，开始了失败后的重新筛选。

经过实验，青蒿的效果并不出彩，屠呦呦的苦苦寻找再度陷入僵局。

问题出在哪里？屠呦呦再次翻阅葛洪的《肘后备急方》，试图在这本古籍中再寻突破。书不知翻阅了多少遍，四角已经微微翘起，颜色愈加变黄。

屠呦呦的目光最终停留在这样一段话上："青蒿一握，以水二升渍，绞取汁，尽服之。"突然她眼前一亮，马上意识到，以前的高温可能破坏了青蒿中的有效成分，她随即另辟蹊径采用低沸点溶剂进行实验。在 190 次失败之后，屠呦呦改用乙醚低温提取，终于成功了。

1971 年，屠呦呦课题组在第 191 次低沸点实验中发现了抗疟效果为 100% 的青蒿提取物。1972 年，该成果得到国人重视，研究人员从这一提取物中提炼出抗疟有效成分青蒿素。

屠呦呦通过反复实验和研究分析还发现，青蒿药材含有抗疟活性的部分是叶片，而非其他部位，而且只有新鲜的叶子才含青蒿素有效成分。课题组还发现，最佳采摘时机是在植物即将开花之前，那时叶片中所含青蒿素最丰富。

喜讯传来，屠呦呦和她的四人团队，高兴得跳了起来。

姐妹们相拥而泣，多日的沉寂化成天边的云彩被风吹散，再苦再累也一扫而去，她们成功地破解了青蒿素的密码，像是打了一场大胜仗，1 000多个日日夜夜，胜仗虽来得迟些，但毕竟来了，怎不让她们高兴呢？

此后，屠呦呦与中科院生物物理研究所、中科院上海有机化学研究所、中科院上海药物研究所等单位合作，对青蒿素里有效成分的化学结构进行了测定，并对其改造，最终获得抗疟疗效显著的蒿甲醚、青蒿琥珀酸酯。这两个化合物被国家批准成药，并在全球成功挽救了数以百万计的生命。所以她是"523"项目一个代表性的人物，是最大的功臣之一。

以身试药

阶段性胜利没有让屠呦呦放慢脚步。很快，大家开始进行对青蒿乙醚提取混合物中有效成分青蒿素的分离、提取工作。殊不知这也是一项十分艰难的工作。

回忆起那段攻坚期，屠呦呦的丈夫李廷钊很心疼妻子："那时候，她脑子里除了青蒿还是青蒿，回家满身都是酒精味，还得了中毒性肝炎。"

那是"文革"特定的时期，工厂都停工了，实验室都关门了，为了做实验，他们买了好几个大缸，在大缸里做隐秘的提取，人天天围着缸。为什么得肝炎？不是吃那药得的肝炎，是吸那个乙醚得的肝炎，不但屠老，当时课题组人员都是如此。

日复一日，科研人员除了头晕眼花，还出现鼻子出血、皮肤过敏等反应……这些都没有阻止她们的行动。

为了让191号青蒿乙醚中性提取物尽快应用于临床试验，屠呦呦向领导提交了志愿试药报告。

"在当时环境下做这样的工作一定是极其艰难，科学家用自己来做试验，这是一种献身精神。她比英雄还英雄，让人崇敬。"清华大学副校长施一公如是说。

屠呦呦的试药志愿获得了课题组其他两位同事的积极响应。

1972年7月下旬的一天，屠呦呦和她的3名团队科研人员，在家属的陪同下，一起住进了北京东直门医院，成为首批人体试毒的"小白鼠"。应该说这是一项严肃性的试毒体验，一旦有失，将是终身的遗憾。还好，在医院严密监控下进行了一周的试药观察，未发现该提取物对人体有明显毒副作用。

这一年的8至10月，屠呦呦赶赴海南疟区实验，完成了21例临床抗疟疗效观察任务，临床结果令人满意。

这一年，还同时在北京三〇二医院验证了9例，亦均100%有效。

1973年9月下旬，屠呦呦在青蒿素的衍生物实验中又有新的发现，青蒿素经硼氢化钠还原，羰基峰消失，这也佐证了青蒿素中羰基的存在，并由此在青蒿素结构中引进了羟基。经课题组同志重复，结果一致。此还原衍生物的分子式为$C_{15}H_{24}O_5$，分子量284。这个还原衍生物就是双氢青蒿素。

作为"中国神药"，青蒿素在世界各地抗击疟疾显示了奇效。2004 年 5 月，世界卫生组织正式将青蒿素复方药物列为治疗疟疾的首选药物。英国权威医学刊物《柳叶刀》的统计显示，青蒿素复方药物对恶性疟疾的治愈率达到 97%。据此，世界卫生组织当年就要求在疟疾高发的非洲地区采购和分发 100 万剂青蒿素复方药物，同时不再采购无效药。

如今，为进一步提高药效，中国科学家还研制出青蒿琥酯、蒿甲醚等一类新药。其中，青蒿琥酯注射剂已全面取代奎宁注射液，成为世界卫生组织强烈推荐的重症疟疾治疗首选用药，在全球 30 多个国家挽救了 700 多万重症疟疾患者的生命。

古老的"中国小草"，终于释放出令世界惊叹的力量。

（资料来源：陈廷一. 中国之蒿——屠呦呦获诺贝尔奖之谜 [J]. 北京文学，2016（3）.）

案例点评

"呦呦鹿鸣，食野之蒿。"从父亲为女儿取名的那一刻起，屠呦呦一生便与青蒿结下了不解之缘。从青蒿到青蒿素，古老的"中国小草"成就了中国科学界的诺贝尔传奇。2015 年 12 月 10 日，屠呦呦因开创性地从中草药中分离出青蒿素并应用于疟疾治疗而获得了当年的诺贝尔医学奖，成为第一位获得诺贝尔科学奖项的中国本土科学家。人为什么活着？什么样的人生才有意义？屠呦呦用自己的行动对人生目的、人生价值作了最好的诠释。感动中国 2015 年度人物屠呦呦的颁奖词里这样写道："青蒿一握，水二升，浸渍了千多年，直到你出现。为了一个使命，执着于千百次实验。萃取出古老文化的精华，深深植入当代世界，帮人类渡过一劫。呦呦鹿鸣，食野之蒿。今有嘉宾，德音孔昭。"

学习建议

1. 学习本案例的目的和用途

通过本案例的学习，我们了解了屠呦呦的人生追求。为了国家利益、社会需要，屠呦呦抛却名利，默默奉献。当代大学生，应深刻认识到人生价值是一个人的存在和活动能否或在多大程度上满足他人、集体、社会及个人的需要，只有在为人类、为社会的奉献中才能创造自己的人生价值。

本案例可用于第一章第一节"人生观是对人生的总看法"和第二节"正确的人生观"内容的辅助学习。

2. 学习本案例应注意的问题

我们在学习本案例时，可结合青蒿素的研发背景，深刻理解个人人生价值的实现离不开祖国和人民的需要，正确理解个人与团队的关系。

案例三 让我们重新认识雷锋

案例文本

《告诉你一个真实的雷锋》作者、解放军报社原副总编辑陶克历时 15 年，采访了上百名和雷锋共同生活、学习和工作过的亲属、老师、同学、同事和战友，收集了大量历史资料，为我们还原了一个有血有肉的雷锋。

谁为雷锋改名

雷锋原名雷正兴，是谁给他改的名字？他生前领导、曾任湖南望城县委书记的赵阳城回忆说，当年鞍钢到望城招工，雷锋说想去报名，东北冷也没关系。他还说自己的名字没劲，要改成叫"雷峰"。因为他要去的是钢铁公司，赵阳城建议改为带有金字旁的"锋"，雷锋听了非常高兴。

雷锋爱美很时尚

陶克介绍说，雷锋是个好学多才的青年，会手风琴、口琴，爱写诗歌，也爱照相。在去当兵的火车上，大家就发现他很活泼。

雷锋当兵前曾当过公务员、工人，在当时的年轻人里属于收入不低的。他参军前已经当师傅带徒弟了，每个月工资有 36 元，加上补贴可以拿到 45 元。

年轻的雷锋很懂得审美，也很时尚。在一张曾引发争议的照片上，站在天安门前的他，手中有一个花提篮。这个提篮在"文革"时期曾因"小资情调"被修饰掉，后来又恢复过来。

还有一件有争议的事，雷锋为何买了当时很昂贵的皮夹克？

陶克介绍说，雷锋到了鞍钢之后，厂里每个周末都有舞会，动员年轻人去。雷锋去了之后，人家说你穿工装跳舞太不协调了。他就和同乡一起到旧货门市部买了皮夹克，穿了没多长时间就去当兵了。

尽管雷锋收入不低，但他自己在生活中很"抠"，一双破袜子穿了三年，补了又补。当战士之后每个月补贴是 6 元，他只花 5 毛钱交团费和理发，存起来 5 块 5。

雷锋入伍时就已经有名了

在短暂的一生中，雷锋共留下三百多张照片。有人质疑说，这在当时也太多了。为什么雷锋照片这么多？陶克说，有一部分是他个人到照相馆照的，另外很大一部分是在部队照的。雷锋入伍时就已经有名了，部队首长叮嘱政治处注意培养雷锋。有两个摄影师经常到雷锋那里去照相，还特意安排了"眼线"。

除此之外，也确实有一部分是为了办展览补拍的，不过照片中的人和事都是真实的。即便如此，当年就曾有对补拍这种行为的批评声音。

雷锋有没有谈恋爱

雷锋是否谈过恋爱？在这一点上也曾有不同意见。陶克介绍了雷锋与几位女性之间的联系。

在雷锋遗物中，有一个笔记本上的赠言开头这样写着："亲如同胞的弟——小雷……"，署名是"黄丽"。这位"黄丽"，就是雷锋在团山湖农场的好友王佩玲，两人关系很好，还曾被传过风言风语。雷锋临去鞍钢前，王佩玲写下这样的留言，但并没有用真名。后来两人就失去了联系。

同乡易秀珍，是雷锋在鞍钢时期的好朋友。当时有其他女工开他们的玩笑，雷锋笑着说："我们都还小。"爱，没有说出口。

1959年的一天深夜，工地现场突降暴雨，为抢救几千袋水泥，雷锋连自己的花布棉被都用上了。事后，领导指定易秀珍帮助雷锋拆洗被子，但被烘过的被芯变得硬邦邦的。易秀珍就悄悄地将自己的被芯换了进去。后来，雷锋参军临行前，把自己的被子给了易秀珍，对她说："小易，这山沟里冷，不要再盖我那床硬撅撅的棉被了。"细心的雷锋早就知道了藏在"花棉被里的秘密"。

那之后两人音信不通。1962年，雷锋利用作报告的休息时间，去看望易秀珍。彼时的她刚刚新婚两个月。两个人一见面，就知道已经晚了。4个月后，雷锋就告别了人世。易秀珍身着素衣到照相馆为雷锋照了一张相片，珍藏多年。

雷锋也挨过批评

雷锋到部队后第一次挨批评，是在1960年的1月28日，那天团拜会后，连长宣布放假。还是新兵的雷锋以为可以自由活动了，没有请假就一个人跑到照相馆照相去了，回来后被指导员找去批评了一番。

翻开雷锋相册，我们可以看到，雷锋以前额头上都有厚厚的刘海儿，初到部队时，帽檐下也能看到这一绺刘海儿。雷锋第二次挨批评，就是副团长在路上看到他，觉得这绺刘海儿不符合军人形象，狠狠地训了他一顿。从这张照片上可以看到，雷锋的头发已明显短了。

雷锋日记每件事都能找到证人

今天还有人对雷锋在日记里记录自己做的好事不理解。对此，陶克解释说，那个年代就流行记日记。经过自己的考证，雷锋日记中记的好事，还不到他全部好事的三分之一。这一小部分，也是他结合学习所记的。这些事是真实的，每一件事都能找到证人。

西点军校确曾有雷锋照片

美国著名的西点军校是否曾经学习雷锋精神？对此也曾有不同声音。陶克以实物照片举例说，西点军校确实曾经悬挂过雷锋照片。他们的官兵还曾参观过雷锋纪念馆。

馆方应西点军校的要求，还曾赠送过雷锋的塑像。在美国西点军校有一年的招生广告上，曾印有雷锋的画像，画像的旁边展开着一面中国国旗。

雷锋的全部言行归结为三个字：为了爱

陶克认为，雷锋精神是一种全人类都需要的"大爱"精神，雷锋的全部言行，可以归结为三个字：为了爱。你渴了，他就是一碗水；你饿了，他就是一把粮；你感到了寒冷，他就是一缕阳光。

雷锋精神成为人类共同价值

雷锋身上呈现出的这种大爱精神，是我们整个人类的宝贵精神财富。美国朋友詹姆斯曾说过：雷锋是一滴特殊的油，能覆盖整个海洋，使世界变得更加美丽、更加平静。法国人施兰曾感叹过：如果我们都能像雷锋那样处理人与人之间的关系，那该多好呀！英国的克奈曾评价过："雷锋的事迹是很具启发性和鼓舞人心的。"俄罗斯人甘纳季说过："在西方人眼里，雷锋就是神，现在世界上许多国家的人，并不知道一些国家的领导人是谁，但他们都知道雷锋，从小就开始知道。日本人池上彦芳也曾表示："要让更多的日本青年到中国学习雷锋，学习他高尚的道德品质。"

（资料来源："党建网微平台"公众号.让我们重新认识雷锋［EB/OL］.2017-03-05.有删改。）

案例点评

雷锋精神作为一个时代的精神标杆，激起了一代又一代人的共鸣。雷锋精神是指以雷锋的无私奉献精神为基本内涵，在实践中不断丰富和发展着的革命精神。其实质和核心是全心全意为人民服务，为了人民的事业无私奉献。周恩来总理把雷锋精神全面而精辟地概括为："爱憎分明的阶级立场、言行一致的革命精神、公而忘私的共产主义风格、奋不顾身的无产阶级斗志。"在价值选择日趋多元化的今天，在追求个人利益最大化的市场经济社会，雷锋精神需要薪火相传。人生的价值体现在哪里？雷锋以一个平凡战士的行动告诉我们，人生价值的大小与名利无关，人生价值的大小与金钱无关，人生的价值体现在对社会的奉献上。

学习建议

1. 学习本案例的目的和用途

通过本案例的学习，我们了解了一个真实的雷锋，认识了一个有血有肉的雷锋。雷锋为了人民的事业无私奉献的精神无疑对当代大学生追求人生价值有着深刻的启示。当代大学生，应深刻认识到人生的意义在于为他人多奉献一点爱心，为社会多贡献一份力量，只有在奉献中才能寻求到自己的人生价值。

本案例可用于第一章第二节"正确的人生观"和第三节"创造意义的人生"内容的辅助学习。

2. 学习本案例应注意的问题

雷锋身上彰显的是一种奉献精神。我们在学习本案例时，可结合奉献与索取的关系，在比较中深刻理解服务他人、奉献社会才是人生价值的源泉。

案例四 寻找路遥的人生密码

案例文本

对于多数读过路遥的《人生》与《平凡的世界》的普通读者而言，路遥是一位大作家，走过42年的短暂人生，与他相伴的是文学的辉煌与穷困的人生。

如果接下来是一个不再读《平凡的世界》的年代，那么，越来越多的人也许不会知道路遥是谁。

2015年1月，作家厚夫推出新作《路遥传》。其中，还原了诸多路遥生活与写作的细节。厚夫与路遥是延川同乡，在路遥生命的尾声，他曾有过一次和厚夫的交谈。厚夫记得路遥那一句让他为之一颤的话：我这十几年，吃的是猪狗食，干的是牛马活，你解下不？……

路遥是谁，你解下不？

青年王卫国

路遥的人生，从陕北榆林地区清涧县石咀驿镇王家堡村开始。

从王家堡村，到郭家沟村，再到延川县。青少年路遥，也就是王卫国，努力走向外面的世界，去爱，去写，甚至在那样的时代被卷入少年的"狂热"。

到大伯家"顶门"

1949年12月2日，农民王玉宽的长子出生了，家人给这个娃娃取名"卫儿"。卫儿八岁那年，家里又添了弟妹三人。卫儿到了上学的年龄，但是王玉宽知道，靠自己目前的光景，供孩子上学一点门都没有，他便想用"顶门"的方式把卫儿过继给大哥王玉德，让孩子在延川念书。

1957年秋天，父亲说带卫儿去延川县郭家沟的伯父家走亲戚。母亲一早特地给他穿了新布鞋。走了整整两天，脚磨出了血泡，终于到了伯父家。歇脚之后，父亲借口一早要去县上赶集，就把卫儿留在大伯家。对于这段经历，路遥曾写道，"这时候，我有两种选择：一是大喊一声冲下去，死活要跟我父亲回去——我那时才八岁，离家乡几百里路到了这样一个完全陌生的地方。我想起家乡掏过野鸽蛋的树林，想起砍过柴的山坡，我特别伤心，觉得父亲把我出卖了……但我咬着牙忍住了。因为，我想到我已到了上学的年龄，而回家后，父亲没法供我上学。尽管泪水唰唰地流下来，但我咬着牙，没跟父亲走……"

1958 年，王玉德领着卫儿到村小学报名，从此，卫儿正式改名"王卫国"。

1966 年夏，王卫国在陕西省初中升中专考试中，以优异的成绩考入西安石油化工学校。然而，"文化大革命"爆发了。王卫国也投入了这场运动。

作家路遥

当他在榆林招待所里创作的《车过南京桥》和《塞上柳》，在延川县文化馆油印期刊《革命文化》上以"路遥"的笔名发表作品之后，王卫国便成了"路遥"。由这个名号开启了一个陕北作家大名鼎鼎的时代。

如贾平凹所说，他是一个优秀的作家，他是一个出色的政治家，他是一个气势磅礴的人，但他是夸父，倒在干渴的路上。

大学生王路遥

1973 年秋天，已经正式更名"王路遥"的王卫国进入延安大学中文系学习，成为延安大学恢复招生后招收的第一届工农兵学员。

1976 年夏天，路遥毕业。同年 9 月，他被分配到陕西省文艺创作研究室工作，成为《陕西文艺》的编辑。文学编辑部虽然要上下班，但是有较大的自由度。这样，路遥几乎天天熬夜看书、写作，有时半夜一两点，有时熬个通宵。他熬夜还有个特点就是拼命地抽烟来提神，这种生活习惯直到病逝前都没有改变。

他的笨办法

1981 年，路遥发表于《当代》杂志的中篇小说《惊心动魄的一幕》获"全国优秀中篇小说奖"。7 月，他到北京领奖后不久，就告别了妻女，赴延安地区的甘泉县，开始了中篇小说《人生》的最后创作阶段。

《人生》于 1983 年获全国优秀中篇小说奖，路遥没钱去北京领奖，他打电话到铜川矿务局的鸭口煤矿，让当采矿工人的弟弟帮忙借点钱。王天乐从工友手中借了 500 元现金，专程赶到西安火车站，送给路遥。

《人生》之后，路遥准备创作一部全景式反映从 1975 年之后中国城乡社会近十年间变迁的史诗性小说。路遥说过，《平凡的世界》中的孙少平直接取材于弟弟王天乐的经历。

为了这部小说，路遥开始了扎实而认真的准备工作，他先从阅读中外长篇小说开始，同时阅读大量杂书，而后为了彻底弄清这十年间社会的历史背景，他用了最原始的方法——逐年逐月逐日地查阅了这十年间的《人民日报》《光明日报》《参考消息》《陕西日报》和《延安报》的合订本。"一页一页翻看，并随手在笔记上记下某年某月的大事和一些认为'有用'的东西。……手指头被纸张磨得露出了毛细血管……"

1985 年秋，路遥带着两大箱资料和书籍，以及十几条香烟和两罐"雀巢"咖啡，从西安北上铜川，正式进行酝酿三年之久的长篇小说《走向大世界》（《平凡的世界》最初的名字）第一部的创作攻坚阶段。12 月上旬，第一部初稿完成。

1987 年春夏之交，为了改稿子，路遥基本上放弃了常人的生活——没有星期天，没有节假日，不能陪女儿逛公园，连听一段音乐的时间都被剥夺了，更不要说上剧院或电影院了。

路遥的作息时间表是"早晨从中午开始"，每天中午起床后，简单吃点所谓的"早餐"，便投入新一天的工作；晚饭是最重要的饭食，晚饭后接着抄写稿件，直到凌晨三四点才"下班"回家睡觉……

1991 年，《平凡的世界》获得第三届茅盾文学奖。去北京领奖的费用照例要由弟弟王天乐帮忙筹措，不过这次是五千元。那时，茅盾文学奖的奖金也是五千元，领完奖，路遥邀在京的文学界的陕西乡党聚餐，"一顿饭把五千元奖金吃完了"（白烨语）。

在全国和陕西的颁奖会、表彰会结束后，路遥把手里的奖金以孩子的名义存进银行，这一万元成了他身后留下的唯一一张存单。

1992 年 7 月，路遥的房子正式装修，路遥借住在朋友家，以小米稀饭度日。此时的路遥已经病入膏肓。

8 月 6 日，路遥踏上了回陕北的路。

9 个小时后，路遥病倒在延安宾馆。这是 1992 年的 8 月 6 日。

一个月之后的 9 月 6 日，路遥已经返回西安，西京医院已经下了病危通知：肝炎后肝硬化（失代偿期），并发原发性腹膜炎。

1992 年 11 月 17 日 8 时 20 分，路遥的人生永远定格。

（资料来源：孙雯.路遥是谁［N］.钱江晚报，2015-03-08.有删改。）

案例点评

苦难的童年，艰辛的中年，吃的是猪狗食，干的是牛马活，英年早逝，在与生命赛跑中完成文学写作。路遥在穷困的人生中铸就了文学的辉煌！路遥是顽强不屈的，他要扼住命运的咽喉，要与命运抗争。面对苦难，路遥勇于担当，坚韧不屈，执着于自己的文学追求，终于成就了自己的文学辉煌。正如他在《平凡的世界》中写道："生活不能等待别人来安排，要自己去争取和奋斗；而不论其结果是喜是悲，但可以慰藉的是，你总不枉在这世界上活了一场。有了这样的认识，你就会珍重生活，而不会玩世不恭；同时也会给人自身注入一种强大的内在力量。"他通过自己的代表作《人生》《平凡的世界》，刻画了卑微的小人物不安于贫贱，不甘沉沦、不甘命运、自强不息，渴望飞得更高、走得更远的远大理想。路遥以对小人物的关注，对社会底层的悲悯，通过自己的作品解说了平凡和苦难，阐释了生活的意义和生命的顽强。路遥为后世留下了不朽的经典之作，他的作品让人热血沸腾、斗志昂扬，他的作品激励了千万个青年。路遥是平凡的，路遥又是不平凡的。

学习建议

1. 学习本案例的目的和用途

通过本案例的学习，我们认识了路遥，了解了他坚韧不屈、与命运顽强抗争的故事。人生就是永无休止的奋斗，在奋斗中感到自己的努力没有虚掷，这样的生活才是充实的，精神也会永远年轻！这个故事告诉我们，面对人生的艰难坎坷，只有永不屈服，将命运掌握在自己手里，才能成就无悔的青春。

本案例可用于第一章第二节"正确的人生观"内容的辅助学习。

2. 学习本案例应注意的问题

正确看待人生际遇，永远不怨天尤人，才能做生活的强者。我们在学习本案例时，可结合由路遥小说改编的电视剧《平凡的世界》，与青年学生共勉，用小说中的人物故事，激励我们在人生道路上永不止步、奋勇向前。

案例五 "耶鲁村官"秦玥飞

案例文本

"耶鲁村官"名叫秦玥飞，今年32岁，是中国首位从世界名校毕业回国服务的大学生村官。近日，他获得了"感动中国2016年度人物"的荣誉。

从外表上看，秦玥飞与村里的普通青年并无二致：短发、清瘦，衣着朴素。一说起农村，这个平日里不怎么爱说话的大男孩一下子便打开话匣子，滔滔不绝。

2011年，秦玥飞从耶鲁大学毕业后，没有像其他同学一样，选择一份稳定体面的工作，而是出人意料地到湖南衡山县当起了大学生村官。衡山县福田铺乡白云村是他服务的第二个村庄。

"选择回国服务农村是很自然的事"

一位国外名校的毕业生，怎么会想到回农村当村官？在一些公共场合，有人常会向秦玥飞抛出这一疑问。

秦玥飞出生于重庆，高中毕业后，他凭着托福满分和突出的面试成绩，申请到耶鲁大学全额奖学金，赴美国留学。耶鲁大学毕业后，他回国成为一名村官。

"我当初作出这种选择是很自然的事。"秦玥飞坦言，一百多年前，耶鲁大学就有一批身怀家国情怀的中国留学生，如工程师詹天佑、经济学家马寅初等，毕业之后都选择回到祖国，用自己的所学、所长帮助国家发展，帮助老百姓改善生活。

这对秦玥飞的触动非常大。他说，毕业之后回到中国农村，希望本科所修的政治学、经济学两个专业，能在中国的公共服务领域里，寻找属于他的一片天地。

风俗习惯、语言沟通、人际关系，对于秦玥飞而言，这是他初来乍到必须面对的挑战。

贺家山村上岗首日洗澡的故事令秦玥飞至今记忆犹新。对于他早上洗澡的举动，当地乡政府的人和村民感觉很稀奇，之后他再也不在早上洗澡了，后来又把英文印花的 T 恤里翻外穿，短靴也换成了解放鞋。

为了拉近与老百姓的距离，不抽烟的秦玥飞还学着当地人的模样，在耳朵上夹一根烟，"这样可以更亲近村民"。

到贺家乡贺家山村时，秦玥飞担任村主任助理。他四处奔走寻求各方帮助，共为村里筹集上百万元资金和资源，建起了新敬老院等多个公共项目。3 年间，他带领着村民修水渠，硬化村路，引进信息化教学设备……

荣誉亦纷至沓来。2012 年，衡山县推选县人大代表，秦玥飞在 3 527 名选民投票中，以 85% 的选票成功当选。2013 年 5 月，湖南省人民政府授予秦玥飞"一等功"奖励，共青团湖南省委授予秦玥飞第十五届"湖南青年五四奖章"。同年 10 月，秦玥飞获选央视"最美村官"。2014 年 1 月，秦玥飞当选为衡阳市第十四届人大代表。

不过，秦玥飞更看重村民对他的评价。他说，只要去村民家，他们都会摆出各式水果招待他，还有人在冬天为他送被子。这让他颇为感动。

"造血"式可持续发展模式成未来重点

2014 年 8 月，在贺家山村服务期满后，秦玥飞认为"输血"并非最可持续的乡村发展模式，他一旦离开了村庄，某些资源就会断掉。于是，他放弃提拔机会，转至距离贺家山村 30 多公里的福田铺乡白云村继续做村官。

在这里，秦玥飞一改之前"输血"的模式，因地制宜，尝试用"造血"来带动村民进行产业扶贫，建设乡村。秦玥飞做了大量调研和数据收集工作，总结了以前的经验：要实现可持续发展，光投钱不行，还得有产业。

白云村有许多油茶树，过去农民榨出的山茶油不经提纯，每斤只能卖到五六十元。去年 10 月，秦玥飞成立了衡山白云深处农作物种植农民专业合作社，并与外地专业油茶深加工厂家合作，生产茶油护肤、护发等产品，附加值大大增强，40 余户村民被吸引入社。

秦玥飞说，此举既是他从事村官 6 年来，就精准扶贫及创新创业所作出的一种战略调整，又是工作方式方法的一次反思。

为吸引更多优秀人才服务乡村，秦玥飞与耶鲁大学的中国同学发起"黑土麦田公益"项目，招募支持优秀毕业生到国家级贫困县从事精准扶贫和创业创新。

"黑土麦田"乡村创客计划，即每年资助一批优秀高校毕业生到贫困乡村，并为入选的"乡村创客"提供强劲的薪资福利、专业培训，以及多元的就业选择，让有志青年能够安心地去服务农村，改善乡村面貌。

秦玥飞介绍，乡村创客在两年服务期内，将带领贫困户开办农民专业合作社，发展特色种植和养殖产业，开发和利用自然资源，开展"互联网＋乡村"等项目，带动当地贫困户脱贫。

"这种模式最大的好处就在于能够复制推广。"秦玥飞说。

据悉，首批来自北大、清华、复旦等高校的30名毕业生，经过任前培训后，已在去年9月份前往湖南、江西、山东等地15个贫困乡村，结合精准扶贫开展工作。

"今年有更多的优秀大学毕业生和年轻创客加入'黑土麦田'计划，能够让'造血'模式更好地传播推广。"秦玥飞说。

（资源来源：李俊杰，夏建军．"耶鲁村官"秦玥飞的这六年［EB/OL］．中国新闻网，2017-02-21．有删改。）

案例点评

习近平总书记说过："青年最富有朝气、最富有梦想，青年兴则国家兴，青年强则国家强。"面对为何从耶鲁大学毕业后选择回国当村官的问题，秦玥飞给出的答案是"田野里的中国才是真正的中国""我希望我能够更了解我的祖国，并和她一起成长"。身怀家国情怀的秦玥飞，想在中国的最基层，在中国广大的农村施展自己的才华，用自己的知识和才能，报效祖国、服务百姓。秦玥飞用自己的人生选择告诉当代大学生应该树立什么样的人生目标，什么样的人生才有意义。2016年度感动中国评选委员会给予秦玥飞的颁奖词这样写道："在殿堂和田垄之间，你选择后者，脚踏泥泞俯首躬行，在荆棘和贫穷中拓荒，洒下的汗水是青春，埋下的种子叫理想，守在悉心耕耘的大地，静待收获的时节。"

学习建议

1. 学习本案例的目的和用途

通过本案例的学习，我们了解了秦玥飞的人生追求。在人生实践中，有什么样的人生目的，就有什么样的人生态度，就会选择什么样的人生道路。青年大学生，应从秦玥飞的例子中获取正能量，胸怀祖国，情系天下，自觉追求崇高的人生目的，在服务人民和奉献社会的实践中实现有意义的人生。

本案例可用于第一章第二节"正确的人生观"和第三节"创造有意义的人生"内容的辅助学习。

2. 学习本案例应注意的问题

学习本案例时，可结合个人与社会的关系，帮助大学生深刻理解青年人的奋斗离不开生于斯长于斯的祖国的需要，只有从祖国和人民利益出发，在面临人生一系列重大课题时，才能作出正确的选择。

案例六 像雕塑一样活着

案例文本

他天生没有四肢，只有一个长着两根脚趾的小脚；他上学后饱受嘲笑，在自杀的最后一刻选择活下去；他当选为中学学生会副主席，并获得大学本科双学位；他可以骑马、冲浪、游泳，用小脚发短信的速度一如常人；他喜欢用他的头和肩膀拥抱别人；他立志成为演说家，用自己的经历去激励他人；他遍访 34 个国家，演讲 1 500 余场，令无数人激动落泪；他的座右铭是："没手，没脚，没烦恼"。这就是尼克·胡哲，塞尔维亚裔澳大利亚籍基督教布道家，"没有四肢的生命"组织创办人、著名残疾人励志演讲家。

曾经有一个小男孩瞪大眼睛打量了尼克很久，最后终于吐出一句："你总算还有一个头。"——这是尼克·胡哲在他演讲时必讲的一个小插曲。只要看一眼尼克，你就会立刻理解为什么小男孩会这么说，进而感叹为什么上帝要制造这样的生命。

尼克·胡哲出生于 1982 年 12 月 4 日。尼克打出生时就没有四肢，只有躯干和头，就像一尊残破的雕像。这副模样甚至连他的父母都无法接受。可想而知，这样的躯体给尼克造成了多大的困难。他所能利用的身体部位，只有一个长着两根脚趾的小脚，被他妹妹戏称为"小鸡腿"，因为尼克家的宠物狗曾经误以为那个是鸡腿，想要吃掉它。

尼克·胡哲的双亲没有放弃对儿子的培养，而是希望他能像普通人一样生活和学习。尼克·胡哲 6 岁时，父亲开始教他用两个脚指头打字。后来，父母把尼克·胡哲送进当地一所普通小学就读。尼克·胡哲行动得靠电动轮椅，还需要护理人员负责照顾他。母亲还发明了一个特殊塑料装置，可以帮助他拿起笔。

尼克不能走路，不能拿东西，并且总要忍受被围观的耻辱。这一度使他非常消沉，以至于想要在浴缸里淹死自己。还好，他在最后一刻，脑海中浮现出父母在他坟前哭泣的样子，于是他放弃了。这是他最正确的选择。活下来，使他有机会看到，原来他的人生有着无尽的希望。

尼克秉持着一个基督徒的信仰，告诫自己永远不要放弃。他虽然没有健全的四肢，但是有一副好口才和一个聪明的大脑。他总是用无比轻松的语调来调侃自己的经历，他永远不在意别人讶异的眼光，并且努力对自己充满自信，而事实上，他确实做到了绝大多数普通人无法做到的事：他成了一名全球知名的励志演说家。

在尼克19岁的时候，他打电话给学校，推销自己的演讲。在被拒绝52次之后，他获得了一个5分钟的演讲机会和50美元的薪水。从此，他的演讲生涯开启了序幕。他嗓音富有磁性，思路清晰，语言幽默，最关键的，他有与众不同的人生经历可以与别人分享，给所有人坚持下去的力量。在多年磨炼当中，他具备了异常坚韧的心智和丰富的阅历。这些精神上的素养完全弥补了肉体上的缺陷，帮助尼克超越了健全的大多数人，取得非凡的成就。

由于尼克的勇敢和坚忍，2005年他被授予"澳大利亚年度青年"称号。

如今，他已经在全球34个国家发表过超过1 500场演讲，每年要接到超过3万个来自世界各地的邀请。所有看过他的视频，或听过他演讲的人，都无不发自内心地诚服于这个曾被预言"永远得不到爱"的人。他已经成为世人心目中与命运顽强斗争的象征，或者说，一尊活的雕塑。

在演讲中，尼克讲道："我从小就在镜子旁边贴着一张非洲难民儿童的照片，现在我奋斗的目标之一仍然是帮助这些贫困的人。""就我这副身板，戴上帽子在街头也会立刻被别人认出来，所以我已经很出名了，我不是为了沽名钓誉。我不在乎别人怀疑我，只要我做的事能改变哪怕一个生命，这一切奔波都值得了。"

"有人问我，我觉得自己是这世界上最快乐的人吗？我要说是的。我对人生的三个真谛——价值、目标、宗旨都很清楚，我知道我要往哪里去，所以我很快乐。无论怎样，满足于你所拥有的，比如我，就很珍惜我的'小鸡腿'，不要放弃，爱别人，每天向前走一小步，你一定可以完成人生的目标。"

（资料来源：王崴.尼克·胡哲：像雕塑一样活着［J］.视界，2011（23）.有删改。）

案例点评

人生态度，是人们在一定社会环境的影响和教育引导下，通过生活实践和自身检验所形成的对人生问题的一种稳定的心理倾向和基本意图，也即人应以什么样的态度对待人生中的义利、善恶、苦乐、得失、成败、祸福、生死等问题。有了正确的人生态度，就可以正确地把握人生，取得人生的成功。尼克·胡哲虽然天生没有四肢，只有一个长着两根脚趾的小脚，像雕塑一样活着，但他热爱生命，珍惜生命，以积极的行动充分展示生命价值。他敢于直面人生，乐观幽默、坚毅不屈；他精神饱满，不断开拓，不怕困难；他热爱、鼓励身边的人，对人生充满无尽的希望，给自己设定一系列人生目标并努力完成。以积极、乐观、务实的态度对待人生，才能踏踏实实地干好人生的每一件事。尼克·胡哲已经成为世人心目中与命运顽强斗争的象征，或者说，一尊活的雕塑。

学习建议

1. 学习本案例的目的和用途

通过本案例的学习，我们熟悉了尼克·胡哲与命运顽强抗争的故事。这个故事告诉我们应正确对待人生的顺境和逆境。逆境之弊在于，在逆境中奋斗，犹如逆水行舟，需要付出更大的努力和更多的艰辛，才可能成功；逆境之利在于，在逆境中向理想目标奋斗，可能会有顺境中难以得到的收获。我们应以辩证的观点看待顺境和逆境，以积极、乐观、进取的态度对待人生。

本案例可用于第一章第二节"正确的人生观"内容的辅助学习。

2. 学习本案例应注意的问题

尼克·胡哲的故事带给我们无限的正能量。我们在学习本案例时，可对积极、乐观、有为的人生态度和消极、悲观、无为的人生态度进行比较，在比较中进行更深入的人生思考，做一个积极有为的青年。

案例七　习近平总书记点赞的北大女生

案例文本

考学考上中国最顶尖大学北大；合唱团唱歌当领唱拿冠军；当兵要当最好的兵，进入最具挑战性的海军陆战队，还作为中国第二十五批亚丁湾护航编队中唯一的女陆战队员维和打海盗……《山西晚报》2018年2月号封面人物报道的北大学子、长治女孩宋玺，你还记得吗？

5月2日，宋玺迎来人生中的重要时刻，离北京大学120周年校庆还有两天，中共中央总书记习近平来到北大考察，座谈会上，宋玺作为学生代表发言。

5月3日，《习近平点赞的这位北大女生，有多不简单？》一文在朋友圈刷屏，"国系90后"女孩宋玺再次引起公众关注，她激昂向上、精彩奋斗的青春故事又一次收获无数点赞。

从2月底本报封面人物推出至今，两个月的时间，宋玺曝光率不小，人们的关注使得她非常忙碌。她说，最大的兴趣是做自己喜欢的事，追求自己认为有意义的生活，更愿意过真实的日子。5月3日上午，本报记者第一时间与身处北大校园的宋玺进行了连线。座谈会上聆听习近平总书记讲话，让她受益匪浅。

实践"力行"，脚踏实地追逐梦想

5月2日，习近平来到北京大学考察。在上午举行的师生座谈会上，宋玺是唯一发言的学生代表，她向习近平汇报了自己求学、当兵的经历以及读书心得。

座谈会上宋玺说，在读《习近平的七年知青岁月》时，有一个段落这样描述："习近平躺在梁家河的田野里想着，如果去不了大学，那就扎根这片田野，为群众服务吧！"宋玺由此联想到自己，"从蜜罐子到部队的经历，让我深刻感受到大学生一定不能脱离群众，一定不能架空自己"。

听了宋玺的经历，习近平说，自己曾经看过最近热播的电影《红海行动》，并对其中的女兵印象深刻，他说宋玺就如同那位女兵。

座谈会上，习近平对青年的成长成才提出四点希望：爱国、立志、求真、力行。力行，要知行合一，做实干家。"总书记提到的'力行'对我触动很大，以后也要这样要求自己，青年人就是要脚踏实地追逐自己的梦想。"宋玺说。

扎根人民，奉献国家——参加师生座谈会的宋玺对习近平总书记的这句话印象深刻。她说："大学生不能脱离群众，要扎根人民、沉到基层去，方能不虚度年华，让青春绽放得更加灿烂。"

宋玺刚到部队时就遇到不习惯部队纪律的问题，她"力行"不能脱离群众，不能架空自己。宋玺说，自己当兵前是非常自我的，上课迟到被罚还不服气，因为觉得自己没有妨碍别人。但是，部队有严格的纪律，任何行动都要遵守规定，这让宋玺在新兵连的头两个月吃了不少亏，但是宋玺逐渐改变了自己的思维方式。"打报告是班长对整个班的人负责，叠被子跟心性有关，培养耐心。"宋玺说，这些规矩让她完成了一个从普通人到兵的转变。

宋玺当兵的经历更是在为梦想而脚踏实地奋斗，踏实做人，扎实做事。

从小生活无忧，当兵前的宋玺没有受过什么苦。但是，为了实现当兵的梦想，宋玺不仅克服伤痛的影响，约束自己自由天性去遵守部队严格纪律，还选择了训练最艰苦的海军陆战队。

宋玺的当兵经历不是一帆风顺的。在新兵连每天都有高强度训练，而宋玺的膝盖在大学受过伤，在爬战术训练中，她的膝盖磨得很疼，晚上都睡不着觉。到了海军陆战队，训练强度更大，有段时间她走路只能单膝蹦，为了养伤错过新疆寒训，还被调到话务班工作了一段时间，直到海训前她主动打报告才返回侦察连。

宋玺当兵吃的苦不止于此，海军陆战队海练时全副武装，荷枪实弹，她热得全身起痱子，又疼又痒；亚丁湾护航时晕船，她吐了吃，吃了吐……"我当了兵，我用吃的苦，把梦想变成现实，这段奋斗的青春将来或许值得回忆吧。"宋玺回忆自己的军旅生活时说。现在重回学校，她依然希望脚踏实地完成更多理想。在本报封面人物采访时，宋玺说，今年9月份，她将进入心理学硕士研究生阶段的学习，她希望自己更专注专业，将来可以利用心理学知识帮助更多的人解决心理疾病，帮助他们成长。这也是她的梦想。

直率真实，追求更有意义的生活

联系到宋玺不太容易。

5月3日10时19分，记者给宋玺发信息、打电话，但没有联系到她。直到11时24分，宋玺回复了微信："不好意思确实比较忙。"11时41分，终于电话联系到宋玺，她说只有5分钟采访时间。电话那边，宋玺的声音低沉，有些疲惫。本想着再多聊聊，可宋玺直率地提醒记者："你还有一分钟。"所以，我们真的只进行了5分钟的对话。

其实，宋玺的性格一直是这样的直率，人也是特别真实。记得在此前对她进行封面人物采访时，相比在部队训练时的辛苦，她更愿意分享自己偷吃零食这样的训练之余的小乐趣；对于别人给自己"海军霸王花"的评价，她说自己也是爱吃爱玩爱睡懒觉的普通大学生；对于人们感叹她从军经历的精彩，她更愿意说自己战友默默付出的不容易。

宋玺曾在微博发表文章，说自己"絮叨一下"，用几百字说自己婉拒了很多娱乐节目和采访邀约的原因："每24个人中就有一个退伍老兵，我的故事不足为奇。我只是按照自己的想法做了自己想做的事情……这个世界上有更多人，付出心力与体力默默劳动耕耘，使世界变得更好，他们才应该得到更多关注。""在这个趋近娱乐至死的年代，很多事情变得异常浮躁，我不想变得浮躁，更不想消费自己……我也在变得更好的路上，而我却并没有觉得我自己已经足够好，到了可以引导别人的地步。（我也想玩游戏和睡懒觉），因为我就是一个超级普通、超级逗逼的学生。"

有意义的事是什么？宋玺说，是做自己喜欢的事情，为有军旅梦的大学生答疑解惑！

4月中旬，宋玺跟着北大合唱团到上海参加比赛，获得第五届全国大学生艺术展演第一名；4月下旬，受长治市征兵办邀请，宋玺担任2018年度长治市征兵宣传形象大使，回到家乡长治进行宣传活动……春节前后，随着媒体报道，宋玺被更多人认识、喜爱，但自己的生活越来越忙碌。其中，有些变化是她欣然接受的，比如不少人向她咨询关于当兵的事。"这样的事我觉得很有意义，有人问我当兵的事，我都会尽量解答。还有些人是想当兵没有当成，我也会安慰他们。"宋玺说。现在她不仅被长治征兵办邀请，还同时被邀请参加北京市征兵宣传，到高校交流，给大学生讲解征兵政策等。

5月2日晚上，央视《新闻联播》报道习近平到北大考察的新闻，宋玺上了电视。"父母看到了吗？"记者问。宋玺回答："可能看到了吧，现在忙得还没有时间给他们打电话呢。"

其实，被大家称为"北大学霸""海军霸王花"的青春女孩宋玺就是这样真实！

（资料来源：李莉，冯戎.总书记点赞的北大女生［N］.山西晚报，2018-05-16.有删改。）

案例点评

2018年5月2日，"五四"青年节前夕，习近平总书记到北大考察，对青年的成长成才提出了四点希望：一是要爱国，二是要立志，三是要求真，四是要力行。总书记强调"广大青年应该在奋斗中释放青春激情、追逐青春理想，以青春之我、奋斗之我，为民族复兴铺路架桥，为祖国建设添砖加瓦。"在北大师生座谈会上，"国系90后"女孩宋玺成为唯一发言的学生代表。宋玺的青春是骄傲的，因优异的高考成绩而成为中国顶尖大学的学子；在合唱团唱歌当领唱拿冠军；进入海军陆战队，成为中国亚丁湾护航编队中唯一的女陆战队员……青春是用来奋斗的，宋玺用自己昂扬向上的斗志、永不懈怠的奋斗故事，告诉当代大学生，青年人就是要脚踏实地追逐自己的梦想，追求更有意义的生活。

学习建议

1. 学习本案例的目的和用途

通过本案例的学习，我们了解了"国系90后"女孩宋玺的人生追求。青年大学生，应当积极认真地面对人生，明确自己的历史责任，扎根基层，脚踏实地，在服务人民、奉献社会的实践中创造有意义的人生。

本案例可用于第一章第三节"创造有意义的人生"内容的辅助学习。

2. 学习本案例应注意的问题

学习本案例时，可结合当前青年大学生的思想现状，从宋玺奋发向上的青春故事中获取更多的正能量，帮助大学生增强责任担当意识。

案例八　"90后"成了"佛系青年"是消极还是调侃？

案例文本

今年的网络流行词喜欢总结人，这不，刚给中年人贴过"油腻"，又给青年人贴上了"佛系"的标签。有网友表示，"佛系青年"就是自己生活的写照。也有网友认为，凡事抱着"佛系心态"，未免有些消极。同一个"佛系"不同的理解，"佛系青年"到底是消极还是调侃？

佛系恋爱："我们恋爱吧。""都行，看你。"

现象："佛系"一词理解多

最近，一篇《第一批"90后"已经出家了》将"佛系"一词传播开来，网友更是造出一系列的"佛系"概念，其中大多数都与"90后"的生活息息相关，例如"佛系恋爱""佛系考研""佛系游戏"，甚至还有人总结出了"佛系十二星座"。

"佛系"一词由来已久，早在2014年，日本媒体曾把喜欢独自待着，关注自己兴趣爱好和生活节奏，不想在谈恋爱上浪费时间的男性称为"佛系男子"。2017年，"佛系追星"一词在粉丝圈流行开来，意思是那些曾深度参与过粉丝圈的粉丝，为纷争所累，转而追求不动怒、不吵架的一种平和的追星方式。

"佛系"火了之后，也引发一些讨论。有人认为，不是所有事都可以冠以"佛系"的方式，生活琐事可以无所谓，但谈恋爱不走心还怎么谈呢？做工作不上心还怎么成就一番事业呢？还有人认为，这只不过是"90后"用来调节心情的自嘲调侃而已。但不少网友也担心，这是用"佛系"的概念来掩盖逃避现实的心理。

"佛系游戏"：赢了就赢了，输了掉段位也不难过，就这样吧，下次再打上来就好了。

"我要是'佛系青年'，还申请什么博士？"1992年出生的小胡刚听说"佛系"这个词，她自认性格里充满胜负欲，尤其在学业方面，都会尽最大努力。不过，她也坦言，自己也有"佛系"的一面，"打车啊、坐地铁啊这些生活中的小事儿，我还是挺佛系的"。

来自南京的大学生小余则表示，刚看到"佛系"这个词，就觉得说的完全是自己。她理解的"佛系"是"对有些事不过度追求"。最近，小余正忙于准备英语四级考试，她抱着"佛系"心态准备着，"心里肯定是想考高分的，但如果没有取得预期成绩的话，也不强求，大不了明年再来"。

"就是词新而已，这种心态早就有吧。"来自洛阳的疏桐并不觉得"佛系"多么新鲜，她认为，这只是一个现象而已，上升到社会群像就有些以偏概全了。今年，疏桐同时备考国考和硕士研究生入学考试，在此之前，她已经参加过两次研究生考试了。在最后阶段，为了避免压力过大，她就保持着"佛系考研"的状态。

"佛系考研"：还有十来天，能考上就读吧，考不上就算了，哪搞得那么紧张，看得进书就看，看不进睡会儿再说。

观察："佛系青年"不消极

如果说，前段时间的"油腻"映射了中年人的危机，那么，"佛系"大概反映了

"90后"的生存现状。2017年，最后一批"90后"也已成年，部分"90后"开始在职场中初露锋芒。从学校进入社会，现实和理想的落差，快速的生活节奏、激烈的竞争都让他们压力增大，产生迷茫、焦虑以及自我怀疑的情绪。

中国社会科学院社会学所青少年与社会问题研究室副主任田丰曾分析称，当前我国整体还处于改革与变动的快速发展阶段，青年作为"危机的一代"，在就业、发展各方面都存在挑战，青年的生存压力相对加大。由此，网络上兴起一种调侃式自嘲的亚文化，并在社会中蔓延。

"90后"是互联网的原住民，他们跟"80后""70后"不同，更善于运用网络语言，或调侃，或嘲讽，嘻嘻哈哈地表达自己的看法。你以为他们不走心？实则他们心里都有数。

佛系英语口头禅：fine，anyway

对于很多人来说，"佛系"其实没什么，更多的是压力之下的放松，严肃之下的调侃，甚至只是一时的流行趋势。在网上跟人吵架，三百回合下来也分不清胜负，反而身心俱疲，那还不如不吵；刚毕业就面临"中年"，工作、房子、情感仿佛大山，苦大仇深还不如调侃一句，爱咋咋地吧；考研在即，不知道考不考得上，紧张兮兮还不如随缘吧……

"生活已经很艰难了，对待一些有的没的就没必要太较真了，给自己减负。"在谈及为什么会有"佛系"心态时，小胡如此表示，虽然她并不完全认同"佛系"的生活态度。

"'佛系'是一种旷达吧，并不那么消极，表面无所谓，暗地使劲。"今年26岁的疏桐还在学习、考试中"挣扎"，她表示，虽然有压力和些许消极情绪，但同时也充满动力，因为有值得努力奋斗的未来。

（资料来源：袁秀月."90后"成了"佛系青年"是消极还是调侃？［N］.中国新闻网，2017-12-15.有删改。）

案例点评

"佛系青年"，因其生动地反映了"90后"的生存现状，击中了一些青年的痛点而成为网络热词。现实和理想的落差，快节奏的生活、激烈的竞争、高昂的房价，生活的压力让他们产生了迷茫和焦虑。擅长网络语言的"90后"，用"佛系青年"来表达的是压力之下的放松，严肃之下的调侃，更多的是一种自嘲和解压。"佛系青年"一方面表达的是一种宠辱不惊、淡定自若的随性和豁达；另一方面，也表现出一种面对困难和压力时的消极、散漫和怠惰。但是，青春终究是需要奋斗的，正如习近平总书记所说，幸福都是奋斗出来的。只有以积极、乐观、有为的态度对待生活，精神饱满，不断开拓，勇于实践，才能成为生活的强者。

学习建议

1. 学习本案例的目的和用途

通过本案例的学习，帮助大学生学会辩证分析各种人生矛盾，以认真、务实、乐观和不断进取的态度对待人生。学会乐观豁达、热爱生活、对人生充满自信，以开拓进取的态度迎接人生的各种挑战，才能不断领悟美好人生的真谛，体验生活的快乐和幸福。

本案例可用于第一章第二节"正确的人生观"和第三节"创造有意义的人生"内容的辅助学习。

2. 学习本案例应注意的问题

本案例既可用来阐释如何对待人生矛盾，也可用来阐释人生态度的问题。运用此案例时，应注意帮助大学生客观正确地分析"佛系青年"这一网络热词涵盖的内容，既不可盲目追捧，也不要随意斥责，要学会理性地思考和辨别。

思考练习

一、单项选择题

1. 人生观的核心是（　　）。

A. 人生价值　　　　　　B. 人生目的　　　　　　C. 人生态度　　　　　　D. 人生信仰

2. 对"人的本质"认识正确的是（　　）。

A. "人性是自私的"　　　B. "人性本善"　　　　C. "人性本恶"

D. "人的本质不是单个人所固有的抽象物，在其现实性上，它是一切社会关系的总和"

3. 科学的人生观是（　　）。

A. 自保自利的人生观　　　　　　　　B. 及时享乐的人生观

C. 为人民服务的人生观　　　　　　　D. 合理利己主义的人生观

4. 印度的"狼孩"成不了"人"，鲁滨孙在孤岛漫长时间成不了"兽"，说明了（　　）。

A. 社会属性是人的本质属性　　　　　B. 自然属性是人的本质属性

C. 个体人可以离开其他人而生存　　　D. 个体可以离开社会而存在

5. 在人生旅途中，有的人旗开得胜，有的人屡屡败北；有的人顺顺当当，有的人一波三折；即使同一个人，在一生中也往往有顺境和逆境的交替。对于逆境，正确的人生态度是（　　）。

A. 意志消沉，妄自菲薄　　　　　　　B. 大胆正视，积极应对

C. 怨天尤人，自暴自弃　　　　　　　D. 玩世不恭，虚度光阴

6. 人生态度与人生观的关系正确的是（　　）。

A. 人生态度的形成是一定社会环境影响的结果，与其他无关

B. 人生观是人生态度的重要内容

C. 人生态度是人生观的表现

D. 人生观是人生态度的反映

7. 一个人的生命存在和活动所具有的价值是（　　）。

A. 人生价值　　　　　B. 人的价值　　　　　C. 自我价值　　　　　D. 生命价值

8. 衡量人生价值的标准应该是（　　）。

A. 拥有的财富　　　　　　　　　　　B. 获得的职称或学位

C. 劳动和贡献　　　　　　　　　　　D. 品德修养

9. 下列关于幸福观的正确表述是（　　）。

A. 幸福都是奋斗出来的　　　　　　　B. 物质幸福比精神幸福更重要

C. 幸福也可以坐享其成　　　　　　　D. 个人幸福与他人幸福是对立的

10. 极端个人主义主要表现为（　　）。

A. 在个人与社会的关系上以社会为本位　　B. 个人具有最高价值

C. 个人利益相加构成社会利益　　　　　　D. 以上答案都不对

二、多项选择题

1. 人生观与世界观的关系是（　　）。

A. 世界观包含人生观　　　　　　B. 世界观决定人生观

C. 人生观决定世界观　　　　　　D. 具有唯心主义世界观，人生观不一定就是完全不正确的

2. 人生观是人们对人生目的和人生意义的根本看法和态度。下列选项属于人生观范畴的有（　　）。

A. 人为什么活着　　　　　　　　B. 怎样生活才有价值

C. 思维和存在的关系如何　　　　D. 人类社会的发展规律是什么

3. 下列关于人生目的的正确说法是（　　）。

A. 人生目的是人的理性的重要标志

B. 人生目的是人们所处历史条件和社会关系的产物

C. 人生目的的形成与人们生活经历、知识水平、思想觉悟和道德修养密切相关

D. 人生目的是人生的根本愿望和目标

4. 歌德说过："你若喜欢你自己的价值，你就得给世界创造价值。"这说明（　　）。

A. 个人对社会的责任和贡献应该是第一位的

B. 个人的自我价值的实现，要以个人对社会的贡献为基础

C. 个人对社会的奉献既体现了个人的社会价值，又体现了个人的自我价值

D. 个人为社会作贡献也是自我价值的基本标志

5. 下列关于个人与社会辩证关系的正确表述是（　　）。

A. 个人与社会是对立统一的关系

B. 个人与社会相互依存、相互制约、相互促进

C. 社会需要是个人需要的集中体现

D.社会利益保障着个人利益的实现

6.金钱是实现人生价值的重要物质保证。但是，获取金钱的手段应该是正当的、合法的。下列对金钱的认识，正确的是（　　）。

A.金钱是商品流通的媒介，本身无善恶之分

B.金钱是人生幸福的重要条件

C.金钱是社会财富的象征，生产、生活都离不开它

D.金钱是万恶之源

7.下列哪些是消极无为、无益于社会的人生态度？（　　）。

A.悲观厌世型，天天叫"烦""没意思"

B.认为有权就有一切的权力至上观

C.追逐高消费、追逐名牌，不顾将来，不管亲人的月光族

D.热爱生命、珍惜生命、享受生命，对人生充满希望，以积极的行为充分显示生命价值的人生态度

8.下列属于错误人生观的有（　　）。

A.拜金主义　　　　　　　　　　　B.享乐主义

C.极端个人主义　　　　　　　　　D.娱乐至死的人生观

9.孟子说"无羞恶之心，非人也"，这句话告诉我们（　　）。

A.强调通过"知耻"来进行道德评价

B.羞恶之心是人和动物共有的

C.羞恶之心是人与动物的根本区别

D.人有着比动物更高的道德上的追求

10.对待人生顺境和逆境的正确看法是（　　）。

A.顺境和逆境是辩证统一的

B.顺境和逆境是相对的

C.顺境和逆境的作用都是双重的

D.没有永远的顺境，也没有永远的逆境

三、判断题

1.人生目的决定选择什么样的人生价值标准。　　　　　　　　　　　（　　）

2.人的个人需要即使是本能需要，也深深地打上了社会的烙印，成为一种社会性的需要。　　　　　　　　　　　　　　　　　　　　　　　　　　　　　（　　）

3.人生是一个充满矛盾的过程。　　　　　　　　　　　　　　　　　（　　）

4.人生的自我价值是个体生存和发展的基础。　　　　　　　　　　　（　　）

5.生命的意义以贡献来计算，所以我们这些普通人的人生都是没有价值的，就像蚂蚁一样。　　　　　　　　　　　　　　　　　　　　　　　　　　　　　（　　）

6. 社会是人的存在形式。　　　　　　　　　　　　　　　　　　　　（　）

7. 苦与乐既对立又统一，并可以在一定条件下相互转化。　　　　　　　（　）

8. 个人的权利和自由是在社会中获得的，没有社会，个人的权利、自由都无从谈起。（　）

9. 人既有自己的个性和独立性，又具有社会性，在社会中获得生存和发展。（　）

10. 评价人生价值大小应坚持物质贡献大于精神贡献的原则。　　　　　　（　）

四、材料分析题

生命的价值

在一次讨论会上，著名作家马克·吐温没讲一句开场白，手里却高举着一张20美元的钞票。面对会议室里的200个人，他问："谁要这20美元？"一只只手举了起来。

马克·吐温接着说："我打算把这20美元送给你们中的一位，但在这之前，请准许我做一件事。"他说着将钞票揉成一团，然后问："谁还要？"仍有许多人举起手来。

马克·吐温又说："那么，假如我这样做又会怎么样呢？"他把钞票扔到地上，又踏上一只脚，并且用脚碾它。尔后他拾起钞票，钞票已变得又脏又皱。他问："现在谁还要？"还是有人举起手来。

这时，马克·吐温说："朋友们，你们已经上了一堂很有意义的课。无论我如何对待那张钞票，你们还是想要它，因为它并没贬值，它依旧值20美元。人生路上，我们会无数次被自己的决定或碰到的逆境击倒、欺凌，甚至碾得粉身碎骨。我们觉得自己似乎一文不值，但无论发生什么，或将来要发生什么，在上帝的眼中，你们永远不会丧失价值。在他们看来，肮脏或洁净，衣着齐整或不齐整，你们依然是无价之宝。生命的价值不依赖我们的所作所为，也不依赖我们，而是取决于我们本身！你们是独特的，永远不要忘记这一点！"

马克·吐温20美元没有贬值的故事的人生启示是什么？

第二章
坚定理想信念

案例一　新生活是从选定方向开始的

案例文本

比塞尔是西撒哈拉沙漠中的一个小村庄，它靠在一块1.5平方公里的绿洲旁。从这儿走出沙漠，一般需要三昼夜的时间，可是在肯·莱文1926年发现它之前，这儿的人没有一个走出过大沙漠。据说不是他们不愿意离开这块贫瘠的地方，而是尝试过很多次都没有走出去。

肯·莱文作为英国皇家学院的院士，当然不相信这种说法。他用手语向这儿的人问其原因，结果每个人的回答都是一样的：从这儿无论向哪个方向走，最后都还要转回到这个地方来。为了证实这种说法的真伪，他做了一次试验，从比塞尔村向北走，结果三天半就走了出来。

比塞尔人为什么走不出来呢？肯·莱文非常纳闷。于是，他雇了一个比塞尔人，让他带路，看看到底是怎么回事？他们准备了能用半个月的水，牵上两匹骆驼，肯·莱文收起指南针等设备，只拄一根木棍跟在后面。

10天过去了，他们走了大约800英里的路程。第11天的早晨，一块绿洲出现在眼前，他们果然又回到了比塞尔。这一次，肯·莱文终于明白了：比塞尔人之所以走不出大漠，是因为他们根本就不认识北极星。

在一望无际的沙漠里，一个人如果凭着感觉往前走，他会走出许许多多、大小不一的圆圈，最后的足迹十有八九是一把卷尺的形状。比塞尔村处在浩瀚的沙漠中间，方圆上千公里，没有指南针，想走出沙漠，确实是不可能的。

肯·莱文在离开比塞尔时，带了一个叫阿古特尔的青年，这个青年就是上次和他合作的人。他告诉这个青年，只要你白天休息，夜晚朝着北面那颗最亮的星星走，就能走出沙漠。阿古特尔照着去做，三天之后，果然来到了沙漠的边缘。

现在，比塞尔已是西撒哈拉沙漠中的一颗明珠，每年有数以万计的旅游者来到这儿。阿古特尔因此成为比塞尔的开拓者，他的铜像竖在小城的中央。铜像的底座上刻着一行字：新生活是从选定方向开始的。

（资料来源：彭晓玲.思想道德修养与法律基础教学体系构建研究［M］.南京：南京大学出版社，2010.有删改。）

案例点评

肯·莱文带阿古特尔走出沙漠的故事告诉我们，一个人有什么样的目标就会有什么样的选择，有什么样的选择就会有什么样的人生。新生活是从选定方向开始的，一个人无论他现在多大年龄，他真正的人生之旅，是从设定目标的那一天开始的，以前的日子，只不过是在绕圈子而已。所以，与其一味追求好的结果，还不如尽早省察自己的内心，确定好人生方向，让自己的人生有一个好的开始。

学习建议

1. 学习本案例的目的和用途

本案例说明目标对人们的生活是十分重要的。每个人都渴望自己成功，也都羡慕别人的成功，但绝大多数人只能看到别人成功时的辉煌，而不能发现其成功背后所付出的艰辛和努力，因此始终把握不住自己成功的方向。所以在我们的生活中，总是少数人成功而更多的人失败，几乎每时每刻都在上演着成功与失败的人间悲喜剧。许多失败的人，他们不缺乏工作的热情也拥有丰富的知识，他们刻苦工作、积极进取，却总是与成功失之交臂。在经历一次失败后，他们急于证明自己不是失败者，于是在没有看清方向的情况下，又急匆匆地上路了，结果是一次又一次地走错，一次比一次绝望，生命的激情就在这种恶性循环中一点一点耗尽。尽管他们付出了一生的努力，却仍然默默无闻、一无所有。失败的原因也许有很多，但最根本的一点是没有把握正确的人生方向。

本案例可用于第二章第一节"理想信念的内涵及重要性"内容的辅助学习。

2. 学习本案例应注意的问题

作为当代大学生，要清楚我们都应该是有理想的。理想首先是一种奋斗目标。目标是希望达到的地方或标准，是人们根据一定的主客观条件所确立的对未来的一种期望。理想指向目标，目标多于理想。理想所确定的目标一般不是很具体，而是比较高远的、通过奋斗可以实现的。理想需要信念支撑。往往年纪越小，理想越大；年纪越大，理想越小。现实中，存在着有目标没有理想的现象。

案例二 霍懋征——把爱献给教育事业

案例文本

她是北京师范大学数学系的高材生，却在小学的讲台上一站就是 60 年。她曾先后提出设立教师节、制定义务教育法等若干重大建议。周恩来总理曾称她为"国宝老师"，温家宝总理曾夸奖她为"把爱献给教育的人"。她就是被列入中国现代百名教育家之一的霍懋征。

2010 年 2 月 11 日，这位令人敬仰的著名教育家因病与世长辞，享年 88 岁。

一生不离小学课堂 "因为我喜欢小孩子"

霍懋征出生在一个教师家庭，她的母亲是一位深受学生敬爱的中学老师。母亲与学生之间那种深厚的师生情谊，令霍懋征自幼就对将来成为一位好教师充满了向往。

1943 年，霍懋征从北京师范大学数理系毕业，作为多次获得奖学金的品学兼优的好学生，本来可以留校工作，但她选择了到北京师范大学第二附属小学（现北京第二实验小学）当一名小学老师。

半个多世纪以来，她经历了共和国教育改革的全过程，在小学的校园里和课堂上为教育教学改革创造了新经验，作出了巨大贡献。1956 年，她被评为我国首批特级教师，周总理握着她的手，称她为"国宝"。后来，教育部要调她去工作，她答应只能"借调"；人民教育出版社请她当编辑，她不去，只承担了教材的编审工作；全国妇联、北京妇联等单位都邀请她任职，但她最终都没有离开孩子和小学课堂。

霍懋征一生扑在基础教育事业上，经历几番打击都未放弃。1962 年 6 月，霍老师正在给学生上课时，二女儿病逝；1966 年 6 月，她被打成"资产阶级反动学术权威"，不能回家，孩子们丢在家里无人照管，13 岁的儿子被人扎死，15 岁的小女儿吓傻了；在一年零九个月的"牛棚"生活后，她没有屈服，依然坚持着基础教育事业。

霍懋征认为，小学教育是启蒙教育，是一个人一生中最重要的教育；基础打好了，才能盖起高楼大厦。有人曾问起霍懋征做了一辈子小学老师，放弃了那么多"高升"的机会，后悔不后悔时，霍懋征坚定地说："不后悔，因为我喜欢小孩子。"

爱心加真心 "不让一个学生掉队"

"没有教不好的学生，只有不会教的老师。"这是霍懋征的座右铭。

60 年的小学教师生涯，写满了霍懋征的真情付出。既然为了爱孩子而选择，在从事教育事业的漫长过程中，霍老师用自己全部的爱去干，对教育、教学艺术孜孜以求，将爱付诸实践。

北京第二实验小学是名校。霍懋征一视同仁，而且把爱更多地倾注在那些基础较差的淘气的学生身上，以及那些贫困的需要更多帮助的学生身上。学生病了，她带着去看病求医，为学生买药、送饭；学生家庭有困难，她就自己掏钱为学生买午餐；学生踢足球，没有鞋穿，她在比赛前夕为同学送去短裤、球鞋；学生的父母因公调外地工作，她就把孩子接到自己家食宿……

一个名叫小永的男孩，是全校有名的淘气鬼。只要他在班上，老师就无法上课；只要外宾来校参观，就得派专人看管，学校决定送他去工读学校。霍懋征对校长说："把他交给我。孩子虽然学习不好，但他还要一辈子做人呢！"把小永领回班后，她仔细分析这个孩子的长处，帮助他树立自信心。在霍懋征的关心和感召下，小永课上不随便说话了，课下也不胡闹了。

"文革"开始后，"红五类"出身的小永当上了红卫兵，而霍懋征却被打成了"反动学术权威"，被看押了起来。几乎每次批斗会只要小永在场，他就会暗中保护他的霍老师。更令霍老师感动的是10年之后的唐山大地震，震后的第二天上午，霍懋征正在屋里收拾东西，耳边突然传来小永的声音："霍老师，我叫了两个朋友给您搭防震棚来了！"后来，霍懋征接到了小永的电话，多年没联系的他头句话便是："娘啊，娘啊，我可找到您了。您是我的亲娘，没有您就没有我的今天。"

这就是老师的爱播下的种子、开出的花啊！霍懋征常常说："我们的教育不可能使每个学生都成为专家学者、部长司长，可我们应该把学生都培养成对社会有用的好工人、好农民、好公民。"

爱心加真心，使霍懋征一直慈母般地呵护着每一个孩子的成长。60年中，她带的学生没有一个掉队。

学习不该是苦恼事 "把课外时间还给孩子"

多年前，霍懋征就给自己定下了一个16字的教育改革方针："数量要多，速度要快，质量要高，负担要轻"。

她不主张留课外作业，而是靠课上精讲多练，合理组织教学，向课堂要质量。语文教材上一个学期是24篇课文，她教学生95篇。自己选了很多课外材料。比如书上讲一篇寓言，她就另外准备几篇寓言，教一篇带多篇。讲一篇故事，她就选一组故事。

许多人都记得霍懋征的一个口号："把课外时间还给孩子"，这是她最大的教学特点。她从不占用学生的自习课时间，低年级不留作业，高年级作业一般也不超过半小时。别人用四五个课时教一课书，她用两三个课时完成，剩下的时间让学生大量阅读，做自己感兴趣的事情。

对于现在许多地方加重学生负担的做法，霍懋征很不以为然。"我去外地考察时，一位家长说，孩子把逗号点错了，老师罚他写一千遍逗号。这位家长心疼孩子，说我帮你点得了。其实逗号是在句子当中使用的，单独把它拿出来，点一千遍又有什么用？这样加重学生负担毫无意义。"

"她的班不留或少留作业，学生课外活动非常丰富，可以参加各式各样的活动。"北京第二实验小学校长李烈回忆说，从三年级开始霍老师带的班级就有了图书箱，老师学生都从家里带书来，互相借阅。班上成立了各种兴趣小组，如写作组、故事组、阅读组、板报组，象棋组、美工组、小足球队等，还有饲养组养小鸡、小兔，学生喜欢哪项活动就参加哪个组。

"其实学习不是那么苦恼的事，把课外时间还给孩子，反过来学习质量倒高了。"这是霍懋征执教60年的经验。

一生桃李满天下　"她的思想、精神不会死去"

1998年，霍懋征从教育教学第一线退了下来，但是她始终关注着教育事业的发展。年过八旬的她还先后到新疆、甘肃、贵州、广西、内蒙古做教育考察，向西部地区的教育工作者介绍先进的教育思想和教育手段，传递最新的教改信息，交流教育教学的管理经验，宣传良好的师德典范，把多年积累的教育教学的宝贵经验毫无保留地奉献给西部的教育。

如今，她的徒弟遍布全国各地，大家共同丰富着霍老师的教育思想和实践。"当老师是最辛苦的，但也是最光荣的、最幸福的。当你的学生一批又一批地成为国家栋梁之材的时候，你获得的欣慰是任何人也理解不了的。"霍懋征对自己从事基础教育60年感到无限愉悦。

最让霍老师高兴的，是她付出真爱教育成才的学生们。一次过生日的情景，在霍懋征头脑里一直保持着清晰的记忆：三十几个50多岁的学生和老师聚在一块儿，拿童年的趣事说笑。一个学生上前说："霍老师，我小时候咬过您的手，您现在还疼吗？今天，我向您认错来了。"说着，便双膝跪地给霍老师磕了3个头。

霍老师连忙扶起他说："你看你，都当了国家干部了，还是个小淘气！"这时，老班长，已经退休的一位银行女干部拿着儿时的声调"命令"大家掏出手绢儿，伸出双手，让老师检查卫生。那情景让霍老师沉醉了：岁月虽然使当年的孩子们双手变大变粗了，但他们每人的指甲却仍像儿时一样，铰得秃秃的，小手绢儿依然按照老师当年的教导洗得干干净净。"少成若天性，习惯如自然"，孩子们就是这样带着童年的印记长大了。

霍懋征给这些学生带去了自己78岁时在海拔4 000米的九寨沟长河边骑着牦牛挥手扬鞭的照片。学生们像小时那样排成两队，伸出两只大手恭恭敬敬来接老师的照片。霍懋征激动地说："45年前，你们每个人每天伸着两只小手让我检查卫生。转眼间，今天你们每人伸着两只大手，来接我的照片。你们用这两只大手，在各自的工作岗位上为党为人民作出了贡献。作为你们的小学老师，我感到我是世界上最幸福的人。"

霍懋征去世后三天，正逢春节，许多学生从四面八方赶来悼念她。一位学生写下留言："霍老师离开我们了。但她的思想、精神不会死去，因为早已融入我们的血液中，融入中国教育的长河里。"

（资料来源：王思海.霍懋征——把爱献给教育事业［N/OL］.新华网，2010-02-18.有删改。）

案例点评

霍懋征是我国当代著名教育家，全国首批特级教师之一，我国高学历人才从事小学教育的先行者、成功者。她一生倡导和实践"爱的教育"，用"爱"诠释了教书育人的真谛，并将"爱"融入了中国教育的长河。周恩来称她为"国宝"，胡锦涛称赞她"把自己一生献给了教育事业"，温家宝赞誉她是"把爱献给教育的人"，刘延东称道她是"德高望重的教育大家"。其60年如一日献身教育的经历告诉我们，一个人只有树立社会需要的职业理想并持续不断地努力，才能实现职业理想到理想职业的转变。

大学生只有树立崇高的理想信念，才能激发起为民族复兴和人民幸福而发愤学习的强烈责任感和使命感，掌握建设祖国、服务人民的本领。不论今后从事什么职业，大学生都要把个人的奋斗志向同国家和民族的前途命运紧密联系在一起，把个人的学习进步同祖国的繁荣昌盛紧紧联系在一起，使理想信念之花结出丰硕的成长成才之果。

学习建议

1. 学习本案例的目的和用途

本案例旨在说明职业理想是人们以社会需要为导向，以个人条件为基础，对自己将要从事职业的设计和追求。在职业日益分化、就业岗位日益多样化和变动不定的现代社会中，重要的不在于一生中只选取某一种最理想的工作，而在于不论从事什么样的工作，都要将其当作一种理想来追求，并努力争取达到理想的境界。职业理想在社会实践中，既表现为对职业种类的选择，又表现为对职业最高成就的追求。比如当教师，当一个模范教师；当科学家，当一个对国家有突出贡献的科学家；当工人，当一个技师型的劳动模范等，都是把职业理想高层次化的体现。

本案例可用于第二章第一节"理想信念的内涵及重要性"内容的辅助学习。

2. 学习本案例应注意的问题

在学习本案例时，有两点需要明确：一是要明白实现社会需要和个人条件的有机结合是职业理想成功的要素；二是要认识到理想职业不等于职业理想，防止只讲理想职业、不讲社会需要。

案例三　王淦昌——我愿以身许国

案例文本

1961 年 4 月 1 日，从苏联回国不久的王淦昌精神抖擞地来到主管原子能工业的第二机械工业部办公大楼，副部长刘杰向他转达了党中央的决定，请他参加领导研制原子弹的工作。王淦昌没有犹豫，当即回答："我愿以身许国！"这句脱口而出的话是从他心里迸发出来的，他从此隐姓埋名"失踪"了 17 年。后来他被国家授予"两弹一星功勋奖章"。

在实验物理学领域翱翔

1907 年 5 月 28 日，王淦昌出生在江苏常熟县枫塘湾，父母都在他未成年时过世。1920 年他到上海浦东中学读书，1925 年考进清华学校，在物理系学习。清华良好的氛围和两位中国近代物理学先驱叶企孙、吴有训的引导，使他走上了实验物理研究的道路。

王淦昌在清华学习期间，亲历了西方列强对中国的凌辱和当时政府的软弱无能，这逐渐使这位热血青年成熟起来。1926 年 3 月 18 日，北平多所高校学生和群众为抗议日本侵略罪行一起上街游行，却遭到了反动政府的大屠杀，这就是震惊中外的"三·一八"惨案。王淦昌也在游行的队伍中，他亲眼目睹了身边同学惨遭杀戮，义愤的心情久久难以平复。

他向老师叶企孙倾诉，叶先生告诉他："归根结底是因为我们国家太落后了，如果我们像历史上汉朝、唐朝那样先进、那样强大，谁敢欺侮我们呢？要想我们的国家强盛，必须发展科技教育，我们重任在肩啊！"这句话有如醍醐灌顶，让他牢记在心间。

他努力学习，不再是为了报效父母养育之恩，而是为了拯救中华民族。他才思敏捷，对物理学概念有着深刻的理解和把握，对未知世界有着执着的探索精神。吴有训十分喜爱这个天资聪颖、后天勤奋的学生，让他毕业后留校当了助手，并指导他撰写出论文《北平上空大气层的放射性》。

1930 年王淦昌考取了德国柏林大学，继续研究生学习，师从著名核物理学家莱斯·梅特纳，他是这位女科学家唯一的中国学生。1934 年春，在苦学 4 年取得博士学位后，他毅然决定回国。有的教授想挽留他："中国那么落后，你回去是没有前途的。……要知道科学是没有国界的。"他坚定地说："科学虽然没有国界，但科学家是有祖国的！我出来留学就是为了更好地报效我的祖国，中国目前是落后，但她会强盛起来的。"

回国后，王淦昌先后任教山东大学和浙江大学，在战乱中的浙大教书 14 年。1950 年后，他调到中国科学院近代物理研究所。1959 年他在苏联杜布纳联合原子核研究所的研究中，从 4 万对底片中找到了一个产生反西格马负超子的事例，发现了超子的反粒子，在国际学术界引起轰动。

为祖国核事业舍生忘死

1959 年，苏联背信弃义撕毁了援助中国建设原子能工业的协定，企图把我国原子能事业扼杀在摇篮里。党中央决定自力更生建设核事业，1961 年 4 月王淦昌受命秘密参加到原子弹的研制工作中，负责物理实验方面的工作。当时还没有试验场地，借用的是部队的靶场。他和郭永怀走遍了靶场的每一个角落，和科技人员一起搅拌炸药，指导设计实验元件和指挥安装，直到最后完成实验；到 1962 年年底，基本上掌握了原子弹内爆的手段和实验技术。

1963 年春天，王淦昌告别自己的家和亲人，开创西北核武器研制基地。刚刚开始建设的基地条件极为艰苦，3 200 米的海拔让很多人高原反应不断。但他坚持深入车间、实验室和试验场地，去了解情况和指导工作，兴致勃勃地和大家讨论问题，常常一起工作到深夜。对每个技术、数据和实验的准备工作，他都一丝不苟严格把关，保证了一次次实验获得成功。

1964 年 10 月 16 日下午 3 时，茫茫戈壁滩上，升起了一个巨大的火球，原子弹成功爆炸了！在观察所里的人们叫着、跳着互相祝贺，王淦昌流下了激动的热泪。1967 年 6 月 17 日，我国第一颗氢弹爆炸成功，这里也有他的心血。1969 年他被任命为核武器研究院副院长，之后又领导了我国前三次地下核试验并取得成功。人们称王淦昌为"核弹先驱"，他却说：这是成千上万科技人员、工人、干部共同努力的结果，我只是其中的一员。

为高科技事业呕心沥血

1978 年，科学的春天来到了，王淦昌被任命为二机部副部长、原子能研究所所长。他积极推进中国核科学的发展，在他的倡导下我国相继建设了秦山核电站和大亚湾核电站。

为了我国科学技术，特别是高科技事业的发展，他与王大珩、陈芳允、杨嘉墀于 1986 年 3 月 2 日联名向中央提出了《关于跟踪研究外国战略性高技术发展的建议》。3 天后，邓小平在上面批示："这个建议十分重要。"国务院在听取专家意见的基础上，制订了我国高技术发展的"863 计划"，为我国高技术发展开创了新局面。

1998 年 6 月，王淦昌被授予中国科学院首批"资深院士"称号；1998 年 12 月 10 日他在北京逝世。他以自己的一生诠释了"科学家是有祖国的""我愿以身许国！"

（资料来源：周襄楠. 王淦昌——我愿以身许国［N/OL］. 清华大学新闻网，2008-09-05. 有删改。）

(**案例点评**)

邓小平曾说："为什么我们过去能在非常困难的情况下奋斗出来，战胜千难万险使革命胜利呢？就是因为我们有理想，有马克思主义信念，有共产主义信念。""在我们最困难的时期，共产主义的理想是我们的精神支柱，多少人牺牲就是为了这个理想"。王淦昌以自己的一生诠释了"科学家是有祖国的""我愿以身许国！"，说明了王淦昌坚定的、崇高的理想信念对其个人的成长、对国家的发展起到了至关重要的作用。

学习建议

1. 学习本案例的目的和用途

本案例旨在说明理想信念的具体作用。一是指引人生的奋斗目标。人生是一个在实践中奋斗的过程，要使生命富有意义，就必须在有意义的奋斗目标的指引下，沿着正确的人生道路前进。理想信念对人生历程起着导向的作用，是人的思想和行为的定向器。理想是一个人的灵魂，是人生大厦的支柱。科学崇高的理想，在人生成长成才过程中起着重要作用。二是提供人生的前进动力。一个人有了坚定正确的理想信念，就会以惊人的毅力和不懈的努力，成就事业、创造奇迹。古今中外无数英雄豪杰之所以能在充满困难的条件下最终成就伟业，一个重要的原因就在于他们胸怀崇高的理想信念，有锲而不舍、披荆斩棘的动力。三是提高人生的精神境界。人生是物质生活与精神生活相辅相成的统一过程。理想信念作为人的精神生活的核心内容，一方面能使人的精神生活的各个方面统一起来，使人的内心世界成为一个健康有序的系统，保持心灵的充实和安宁，避免内心世界的空虚和迷茫；另一方面又引导着人们不断地追求更高的人生目标，提升精神境界，塑造高尚人格。

本案例可用于第二章第一节"理想信念的内涵及重要性"内容的辅助学习。

2. 学习本案例应注意的问题

在学习本案例时，应该清楚理想信念是精神之"钙"，昭示奋斗目标，提供前进动力，提高精神境界。对于大学生而言有四个方面的作用。一是引导大学生做什么人。正如习近平总书记寄语青年的一样，"要励志，立鸿鹄志，做奋斗者。要培养奋斗精神，做到理想坚定，信念执着，不怕困难，勇于开拓，顽强拼搏，永不气馁。"做什么人，是我们在学习生活中面对的人生课题，只有树立崇高的理想和信念，才能解答好这一重要的人生课题。二是指引大学生走什么路。大学时期，我们普遍面临一系列人生的课题，这些问题的解决，需要一个总的原则和目标，这就是要确立科学崇高的理想和信念。三是激励大学生为什么学。对当代大学生而言，为什么学习的问题，是与走什么路、做什么人的问题紧密联系在一起的。建设社会主义现代化强国，发展是第一要务，创新是第一动力，人才是第一资源。大学生要珍惜大好学习时光，求真学问，练真本领，更好地为国争光、为民造福。四是坚定大学生的意志品质。一个人在成长成才的道路上，并非只有成功与鲜花，也可能遇到挫折和失败。我们一定要对此有充分的思想准备。是在逆境中奋起，还是在逆境中消沉，常常成为一个人能否成功的关键。理想信念是激励人们迎接挑战、克服困难的精神支撑和强大力量，理想信念越坚定，克服困难的勇气和意志就越坚定。

案例四　马克思——千年第一思想家

案例文本

人类在过去的一千年中取得了辉煌的成就，谁在过去的一千年中对人类文明的贡献最大？谁最能名留青史、受到万人敬仰？在新千年来临之际，在资本主义故乡，接连爆出了四条震惊世界的"千年第一思想家"的新闻：1999年，由英国剑桥大学文理学院教授们发起，评选"千年第一思想家"，结果是马克思位居第一，而被习惯公认第一的爱因斯坦却屈居第二。紧随其后，也就是1999年9月，英国广播公司（BBC）又以同一命题评选"千年第一思想家"，在全球互联网上公开征询投票一个月。汇集全球投票的结果，仍然是马克思位居第一，爱因斯坦第二。2002年，英国路透社邀请政界、商界、艺术和学术领域的名人评选"千年伟人"，结果是马克思以一分之差略逊于爱因斯坦。2005年7月，英国广播公司又以古今最伟大的哲学家为题，调查了3万名听众，结果是马克思得票率第一、休谟第二（马克思以27.93%的得票率荣登榜首，居于第二位的苏格兰哲学家休谟得票率仅为12.6%，远远落在其后）。西方其他著名思想家柏拉图、康德、苏格拉底、亚里士多德等更是望尘莫及，黑格尔甚至没有进入前20名。

原因在什么地方？马克思主义是科学的，又是崇高的。从1995到1998年，一千人以上的马克思主义国际学术研讨会开过4次，它们是：1995年为纪念恩格斯逝世100周年在巴黎举行的、有1500多位学者参加的"世界第一届马克思大会"，1996年在美国纽约召开的、有1500多位学者参加的"世界社会主义者大会"，接着在伦敦召开的、有6000多人参加、盛况空前的"伦敦马克思大会"，以及1998年为纪念《共产党宣言》发表150周年在巴黎召开的、有1500多人参加的马克思主义国际学术讨论会。此外，莫斯科每年举行国际社会主义研讨会。1998年在巴黎召开了有500人参加的"第二届国际马克思大会"，法国《人道报》在报道此次大会时有下面一段生动的文字：今年（1998年），从纽约到东京，从圣保罗到耶路撒冷，从新德里到伦敦，到处都奏起了《共产党宣言》的乐章，而这次会议将"再次让历史沸腾起来"。《宣言》对21世纪仍将发生重要影响，"马克思主义没有死，马克思仍然活着"。这些撼动人心的话语，道出了世界进步人士的心声。

当前，世界范围内的马克思主义研究热潮一浪高过一浪。东欧剧变后，在国外、特别是在欧美国家马克思主义研讨活动十分频繁、活跃。可以说，十多年来形成了三个热点：一是以法国"马克思园地"为中心，每年都要召开一次"马克思大会"，规模在五六百人，与会学者主要讨论马克思主义的一些基本理论问题和当代的重大现实问题。此外，还有纪念性的规模更大的理论讨论会，如恩格斯逝世一百周年、马克思逝世一百二十周年，以及《共产党宣言》发表一百五十周年等，都要举行规模很大的（一般为一千至一千五百人）理论讨论会。这些讨论会理论层次高，气势恢宏，气氛热烈，感染力强。而且有时能够集中地研讨某一个重大理论问题。如2002年巴黎"马克思大会"，五六百名学者利用三天时间，集中地讨论了当代资本主义变化和当前所处的发展阶段。大部分学者主张当代资本主义已经发展到金融垄断的资本主义阶段，认为这个概念能更好地反映当代资本主义的本质特征和发展规律。这样的见解无疑对我们研究这个问题具有启发意义。二是在纽约，每年四月初都要召开"世界社会主义学者大会"。每次会期两天半，与会者多达两千人。讨论问题十分广泛，但也有重点，比如，有一年比较集中地讨论了全球化和反全球化问题。在当代最大资本主义国家的金融贸易中心讨论马克思主义和社会主义问题，意义是很深远的。三是在拉丁美洲，以"圣保罗论坛"为中心，众多学者、特别是发展中国家的学者讨论他们所关心的政治、经济、社会和文化问题，尤其是研讨全球化与反全球化、批判"新自由主义"和美国的扩张政策。此外，还有在莫斯科每年都要召开的世界社会主义理论讨论会等。这些会议的一个中心思想是："马克思还活着""当今世界仍然需要马克思主义"。这些活动充分地表明，为了认识和解决当今世界诸多社会问题和社会矛盾，人们又到马克思主义学说中去寻找思想武器，说明马克思主义真理的光辉依然在照耀着人类社会的前程。生活在社会主义国家的我们，更应该珍惜马克思为我们提供的这些极其宝贵的精神财富，把马克思开创的伟大事业继续推向前进。

（资料来源：靳辉明.千年伟人马克思［N］.参考消息，2002-04-30.有删改。）

案例点评

马克思为何能成为"千年第一思想家"？马克思为何在西方资本主义社会受到如此青睐？我们认为，最根本的原因在于马克思主义的真理魅力。挪威的投票者科里森说："马克思启蒙了数以千计争取自由正义的斗争，他是现代政治思想之父。"西方媒体认为，马克思主义"对过去一个多世纪全球的政治和经济思想产生了深刻的影响"。在东欧剧变、苏联解体，世界社会主义处于低谷、出现严重挫折的情况下，这个评选结果无疑表明：马克思主义具有令人信服的科学性与价值力量。在人类思想史上，至今还没有哪一种理论，能够像马克思主义那样，对人类的思想、文化、社会发展产生如此深远的影响。这一点是人们不得不承认的。不管你是赞同马克思主义还是反对马克思主义，都会承认这一点。

西方人士评选马克思为千年第一思想家，是因为马克思主义深刻揭示了人类历史的发展规律，反映了无产阶级的革命本质和博大胸怀，以解放全人类为己任，为人类的进步和解放指明了正确方向，为人们认识世界和改造世界提供了科学的立场、观点与方法。马克思主义是指导工人阶级和广大劳动人民群众实现自身解放的强大思想武器。历史上，从来没有一种理论像马克思主义那样，与工人阶级和劳动人民的命运如此紧密地联系在一起。过去曾有种种同情人民群众的思潮或学说，但只有马克思主义才真正反映和代表人民群众的根本利益和要求，并用科学理论揭示了工人阶级获得自身解放乃至解放全人类的现实道路。马克思主义是科学性、革命性和崇高性相统一的思想体系，是工人阶级和人民群众争取自身解放的理论指南。马克思主义具有与时俱进的理论品格和持久的生命力，马克思主义发展史，就是一部不断发展、完善和创新的历史。马克思主义是认识世界、改造世界的科学理论，马克思主义关于人类社会必然走向共产主义的基本原理，是建立在对人类社会发展规律正确认识的基础上的科学预见。

正如邓小平曾强调："只有社会主义才能救中国，只有社会主义才能发展中国。"1992年，邓小平视察南方的重要谈话中，用朴素的语言讲了一个朴素的道理："我们讲了一辈子马克思主义，其实马克思主义并不玄奥。马克思主义是很朴实的东西，很朴实的道理。"

学习建议

1. 学习本案例的目的和用途

本案例旨在让大学生认识到马克思以及马克思主义在当今的世界仍然具有强大的影响力和生命力，使大学生坚定对马克思主义的信仰，自觉学习和运用马克思主义，树立科学的世界观、人生观、价值观。学习本案例有利于增强马克思以及马克思主义对大学生的吸引力和凝聚力，引导大学生自觉地学习马克思主义，正确理解和掌握马克思主义的基本立场、观点和方法，促进对中国特色社会主义道路、中国特色社会主义理论、中国特色社会主义制度、中国特色社会主义文化的认识。

本案例可用于第二章第二节"崇高的理想信念"内容的辅助学习。

2. 学习本案例应注意的问题

在学习本案例时，要认识到马克思以及马克思主义对整个世界的巨大影响和蓬勃的生命力。作为社会主义大国的中国，在新的历史发展阶段更应该坚持马克思主义、发展马克思主义、理直气壮地宣传马克思主义，而不应该怀疑马克思主义，同时要体现好马克思主义与时俱进的理论品质，要坚持用马克思主义观察时代、解读时代、引领时代，紧跟时代的进步、实践的发展，不断发展和完善自己，使之更好地指导新时代中国特色社会主义事业建设。

要认识到马克思的一生，是胸怀崇高理想、为人类解放不懈奋斗的一生，是不畏艰难险阻、为追求真理而勇攀思想高峰的一生，是为推翻旧世界、建立新世界而不息战斗的一生。学习马克思，就要学习和实践马克思主义关于人类社会发展规律的思想、关于坚守人民立场的思想、关于生产力和生产关系的思想、关于人民民主的思想、关于文化建设的思想、关于社会建设的思想、关于人与自然关系的思想、关于世界历史的思想、关于马克思主义政党建设的思想。

案例五　从丁晓兵喜爱格言看他的人生追求

案例文本

丁晓兵当过侦察兵，有着过硬的军事素质，但他绝非一介武夫，身为团政委的他最大爱好就是读书，且擅长书法。在他的书法、画幅以及文章、讲话中，不乏精彩的格言警句。

警句一："荣誉不关系未来，居功无异于自毁"

这句经他修改过的格言，来自著名科学家居里夫人。也正是这句话，使丁晓兵在20年前成为一名英雄之后，以超乎常人的非凡勇气，一次又一次超越自我。

1985年，丁晓兵面临人生的一次转折。此前，他把一只胳膊留在了祖国南疆，参军仅一年多的他瞬间成为共和国的英雄。一时间，鲜花、掌声和各种荣誉包围了他。在北京，他受到党和国家领导人的接见；在安徽老家，一场又一场的报告等待着他……

丁晓兵没有陶醉，他开始思索人生漫长的道路。失去一只胳膊，留在军营似乎不太可能，而一些负伤的战友也开始考虑转业安置问题。安徽省有关部门已决定让他担任省残疾人福利基金会副理事长……可是，丁晓兵舍不得离开军营。他太热爱部队了！

此间，他读了《居里夫人传》。书中记载，居里夫人获诺贝尔奖后把自己的奖牌拿给女儿当玩具，并讲了那句令丁晓兵怦然心动的话——"荣誉不关系未来"。丁晓兵如沐春风，眼前一片通透！

从鲜花、掌声中走出来，丁晓兵去了安徽一家干休所，去看望住在那里的老红军、老八路。"他们个个都是满身的伤疤，一大堆的军功章。"丁晓兵回来说，"跟他们比，我有什么好炫耀？"

荣誉不关系未来，居功无异于自毁；只有忘掉过去，才有勇气面对未来。丁晓兵急切地回到了部队，向领导提出两点请求："一要学习；二要工作！"他摘掉了自己头顶上的英雄光环，放弃了鲜花铺就的坦途，给自己选择了一条与正常人一样而又不同于常人的拼搏之路。他决心从零开始，在军营干一番事业，用残缺的躯体去书写完美人生！

警句二："苟利国家生死以，岂因祸福避趋之"

这是民族英雄林则徐的心声，也是丁晓兵非常喜欢的诗句。当丁晓兵面临一次艰巨的考验时，就是怀揣着这句名言出征的。

2001年，上级赋予丁晓兵所在团一项特殊的任务——赴东南沿海协助海关"把守国门"。上级下达任务时，特别指出某一地区打击走私形势严峻，要求特别加强领导力量。时任团党委常委、政治处主任的丁晓兵主动请缨，要求到这一地区率部执行任务。

当时，丁晓兵已任职4年，到了快"动一动"的节骨眼上。有人劝他，还是别冒这个险，万一有点闪失，提升的机会可能就没有了。"苟利国家生死以，岂因祸福避趋之"，此时的丁晓兵想起了林则徐的这句话。一事当前，首先想到的应该是国家的利益，而不是个人的得失。前人尚能为国挺身而出，担当风险，更何况我是一名共产党员！

在长达一年的执行任务期间，丁晓兵心中紧绷的弦一天也没有放松。他率领两个连的兵力分布在各个执勤点上，他撤掉了自己的指挥部，住在班排，每天一个点一个点地指导。过度的劳累，使他时常咳血，几次病倒在执勤点上。由于治疗不及时，导致他患胸膜炎，胸腔大量积水……

丁晓兵率领官兵拒贿34人次，查获走私案件121起，总案值达2900余万元。他所带领的两个连队一个荣立集体三等功，一个受到海关总署和武警总部通报表彰。

警句三："俯仰无愧天地，褒贬自有春秋"

这是最能表明丁晓兵心志的一副对联，挂在他家客厅的正面墙上。

在丁晓兵担任团政治处主任时，有一年年底，一名机关干部经团党委研究被确定转业。这名干部不想走，并由此对主管干部工作的丁晓兵产生了怨恨。有一天，这名干部来到丁晓兵家，当时丁晓兵正在团里开会，他妻子就让这名干部改时间再来。不料，这名干部竟借题发挥，出言不逊："一只手有什么了不起，老子好赖也是两只胳膊的好汉！"

丁晓兵的妻子气不过，和这名干部争吵起来。直到丁晓兵回家，妻子还在伤心地抹眼泪。丁晓兵闻知，也憋着一肚子火。他最忍受不了的就是别人拿他的身体残疾说事，他真想找到这名干部把他揍扁了。可他还是劝妻子不要计较。因为他想到自己是一名共产党员，是一名领导干部，应该有宽广的胸怀。再说，这名干部不想转业，说明他对部队还是有感情的。

后来，这名干部到南京联系工作未果，被连人带档案退回部队驻地。最后，组织上为他联系了驻地某市级机关。一天晚上，这个单位一名熟悉丁晓兵的领导同志给丁晓兵打来电话，询问这名干部的情况。丁晓兵不计前嫌，实事求是地讲了这名干部的优点，直接促成了这名干部的顺利安置。事隔多年，这名领导得知事情的缘由后，感慨道："晓兵啊，当时只要你一句话，这个干部我们是不会要的！"

这件事带给丁晓兵诸多思考，他展纸泼墨，在宣纸上写下了"俯仰无愧天地，褒贬自有春秋"。丁晓兵解释说，所谓的"天地"即指党的事业。

警句四："丁氏《陋室铭》"

"位不在高，为公则名；权不在大，爱兵则灵。吾是公仆，执政为兵。胸怀大目标，宗旨律己行；躬身干事业，弘扬求实风。心中有群众，廉明公；无虚谎之乱身，无取宠之劣行。军中诸模范，余辈之先锋。领袖云：'立党为公'。"

丁晓兵对唐代诗人刘禹锡的《陋室铭》珍爱有加，可刘禹锡的文字毕竟时过境迁，思想内涵也与今日要求相去甚远。于是丁晓兵深思熟虑，仿其文体，写就了"丁氏《陋室铭》"作为自己从军为官的准则，以自律、自省、自警。文采如何尚且不论，但丁晓兵作为一名共产党人立党为公、爱兵躬行的博大心胸和高尚的人生追求却跃然纸上。

注：丁晓兵，男，汉族，1965 年 9 月出生，1983 年 10 月入伍，1984 年 10 月在执行军事任务中英勇负伤，失去右臂。丁晓兵同志入伍 20 多年来，牢记使命，献身国防，以伤残之躯续写人生辉煌篇章，先后被人事部和中国残联授予"全国自强模范"称号，被武警部队评为第八届"中国武警十大忠诚卫士"，被中组部授予"全国优秀共产党员"荣誉称号，荣立一等功 1 次、三等功 2 次。现任中国人民武装警察部队广西总队政委。2015 年 1 月晋升为中国人民武装警察部队少将警衔。

（资料来源：冯春梅，张东波，朱玉. 从丁晓兵喜爱格言看他的人生追求［N/OL］. 人民网，2006-01-07. 有删改。）

案例点评

本案例说明丁晓兵作为中国共产党党员，其人生追求是全心全意为人民服务；以丁晓兵为代表的中国共产党人告诉我们应该坚定对中国共产党的信任。中国共产党是中国工人阶级的先锋队，同时是中国人民和中华民族的先锋队，是中国特色社会主义事业的领导核心。中国共产党的领导地位是历史形成的，是中国人民在长期的艰苦斗争中的选择。中国共产党建党 90 多年来，紧紧依靠人民完成了新民主主义革命，实现了民族独立、人民解放；紧紧依靠人民完成了社会主义革命，确立了社会主义基本制度；紧紧依靠人民进行了改革开放新的伟大革命，开创、坚持、发展了中国特色社会主义。实践证明，没有共产党就没有新中国，就没有中国特色社会主义。办好中国的事情，关键在党。坚持中国特色社会主义道路，推进社会主义现代化进程，实现中华民族伟大复兴，必须毫不动摇地坚持中国共产党的领导。在当今中国，只有中国共产党，才能领导中国人民建设和发展中国特色社会主义，才能担当起带领中国人民创造幸福生活、实现中华民族伟大复兴的中国梦的历史使命。在当代中国，坚持中国特色社会主义，就是真正坚持科学社会主义。一切有理想有抱负的中国青年和大学生，只有在中国共产党领导下，同人民紧密结合，为祖国奉献青春，才能大有作为。

⌈学习建议⌋

1. 学习本案例的目的和用途

本案例旨在说明以丁晓兵为代表的广大中国共产党党员，始终履行全心全意为人民服务的宗旨，所以我们要坚定对中国共产党的信任，树立中国特色社会主义的共同理想。要坚持中国特色社会主义的共同理想，就要在中国共产党领导下，坚持和发展中国特色社会主义，实现中华民族的伟大复兴。这个共同理想体现了我国广大人民群众的利益和愿望，是保证全体人民团结奋斗、克服困难、争取胜利的强大精神武器。

本案例可用于第二章第二节"崇高的理想信念"内容的辅助学习。

2. 学习本案例应注意的问题

在学习本案例时，要清楚中国共产党的领导是中国特色社会主义最本质的特征。党政军民学，东西南北中，党是领导一切的。树立中国特色社会主义的共同理想有三个方面的基本要求：一是坚定对中国共产党的信任；二是坚定中国特色社会主义信念；三是坚定实现中华民族伟大复兴中国梦的信心。三者缺一不可，不可偏废。

案例六　杨善洲——共产党员身份永不退休

▦案例文本▦

"是什么支撑着杨善洲以毕生精力坚守共产党员的精神家园？"云南省原保山地委书记杨善洲的感人事迹在大江南北传颂的同时，人们禁不住要问。

再次探访杨善洲生前的亲朋好友，听他们细数老人生前的一个个故事，不难发现：杨善洲有着坚定的共产主义信仰，坚持共产主义人生观，一直以共产党员的标准严格要求自己，从未改变。

"共产党员说话算数，不能糊弄群众"

时隔60年之后，施甸县的许多群众依然对当年杨善洲"重病赴会不失约"的故事津津乐道。

1951年9月，杨善洲在原保山县西南乡搞土改。一次，他与篱笆寨、甘蔗地的群众约定开会，可到了约定时间，天却下起了大雨，杨善洲又感染了疟疾，高烧不退。同事们劝他让其他同志代为开会，但杨善洲不同意："我和当地群众已经约好了，不能失信于民！"他叫同事们扶他走了6公里泥烂湿滑的崎岖山路，来到篱笆寨、甘蔗地。

"老书记经常说，共产党人说话算数，不能糊弄群众。他这辈子，向来是说到做到！"曾与杨善洲共事多年的施甸县原县委书记杨嘉宾感慨地说。

把信守承诺作为共产党员的一个起码标准来要求自己，是杨善洲的人生信条。退休后上大亮山种树，也一样是为了履行诺言。杨善洲曾这么解释自己种树的原因："在党政机关工作多年，因工作关系没有时间去照顾家乡父老，他们找过多次我也没给他们办一件事。但我答应退休后都乡亲们办一两件有益的事，许下的承诺就要兑现。至于具体做什么，考察来考察去还是为后代人造林绿化荒山比较现实。"

为了这句承诺，杨善洲把自己退休后的22个春秋献给了大亮山，每天起早贪黑，把荒山建成了苍翠的绿洲，不求一分钱的回报。他无怨无悔，因为他早就把"说话算数"四个字深深地刻进了自己的心里，并心甘情愿一辈子奉献不止。

"共产党员不要躲在机关里做盆景，要到人民群众中去当雪松"

杨善洲有句口头禅："共产党员不要躲在机关里做盆景，要到人民群众中去当雪松。"给杨善洲当过11年秘书的祝正光印象最深的，就是杨善洲时常和农民群众一起下地干活，他说："每次下乡，他都把锄头带在身边。那时他有一半的时间都在基层，他常说，与农民群众一起劳动是了解基层、了解农民疾苦很重要的方式，和农民在一起了解到的情况最真实。"

施甸县委宣传部退休干部孙中惠给记者讲了当地流传很广的"县委书记被当成老农"的故事。1965年的一个早晨，天麻麻亮，一个头戴竹叶帽、脚穿草鞋的矮个子出现在施甸县某人民公社："请问你们公社的领导在哪里？"

见来人一身农民装扮，接待员答："领导不在！"来人听了没作声，转身下了村子。过了约好的时间，公社领导仍然没见到县委书记。一打听，原来接待员把县委书记当成老农给打发走了！

这位县委书记就是杨善洲。因为一直保持着淳朴的农民本色，杨善洲被百姓亲切地唤作"草鞋书记"。保山当时下辖5个县，每个乡、村都留下杨善洲的足迹。

"作为共产党员，不能光想自己，要时刻牢记使命"

在许多人看来，杨善洲似乎不爱钱，甚至以"贫穷"为荣——

从1951年工作到去世前，杨善洲攒下的钱还不足1万元；他拒绝了绿化大亮山应得的高额提成和奖励，还把市里给他的20万奖金捐出了16万，仅留下4万元给老伴养老；一直到2006年前，杨善洲才在老家新盖了一栋砖瓦房。

作为一个共产党员，杨善洲认为自己的使命首先是为人民群众服务，其次才是自己。于是，他在退休后毅然拒绝了搬至昆明安享晚年的邀请，执意回到家乡义务植树造林，每月仅领取70元的生活补助。20多年之后，大亮山80个大山头、180个小山头全部被郁郁葱葱的森林覆盖；大亮山周边共有4个行政村解决了人畜饮水问题，6个行政村解决了公路交通问题，8个行政村解决了生产生活用电问题。在杨善洲的不懈努力下，大亮山的群众终于过上了致富的好日子！

到生命的最后一刻，杨善洲依然对自己的使命念念不忘："我只是在尽一名党员的职责，只要活着，我就有义务和责任帮群众办实事，共产党员的身份永远不退休。"

（资料来源：姜洁.共产党员身份永不退休——探寻杨善洲的人生观［N］.人民日报，2011-03-01.有删改。）

案例点评

本案例说明人的生命是有限的，为人民服务却是无限的。杨善洲曾说："共产党的宗旨是全心全意为人民服务，远大目标是使整个中华民族富裕起来，这正是我一直想做的事情。入党后，我很快找到了人生方向和奋斗目标。"作为一名普通的党员，他始终把党和群众的利益放在个人利益前面，淡泊名利，无私奉献。杨善洲退休后，本可在省城颐养天年，但是，他毅然放弃了省城安逸的享受，解甲归田，走进了大亮山，植树造林，造福百姓，成了"一名永不退休的共产党员"。创业之初，条件十分艰苦，但杨善洲"咬定青山不放松"，一干就是22年，建成面积5.6万亩、价值3亿元的林场。正因为他坚定共产主义理想信念、坚守共产党人的精神家园，他才做出了不平凡的举动，创造了不平凡的业绩，才赢得了人民群众的敬仰和缅怀。

当代大学生是祖国未来的建设者，肩负社会主义现代化建设和中华民族伟大复兴中国梦实现的重任。没有科学理想信念的支撑，必将失去前进的方向和动力。当努力奋斗的步伐停下，人生也将会变得一事无成。杨善洲同志是当代共产党人的先进代表，当代大学生应该向他学习，学习他的"坚定理想信念和坚守精神家园"的高贵品质以及几十年如一日将信念付诸行动的实践精神。大学生应树立在中国共产党领导下走中国特色社会主义道路、为实现中华民族伟大复兴而奋斗的共同理想。同时，大学生中的共产党员和先进分子，还应追求更高的目标，树立共产主义的远大理想。

学习建议

1.学习本案例的目的和用途

本案例通过原云南省保山地委书记杨善洲的故事，鲜活地展现了当代共产党人的高贵品质和光辉形象，说明当代大学生应确立马克思主义的科学信仰、树立中国特色社会主义的共同理想。其主要目的在于引导当代大学生思考应树立什么样的科学理想信念。

本案例可用于第二章第二节"崇高的理想信念"内容的辅助学习。

2.学习本案例应注意的问题

在学习本案例时，教师可以结合电影《杨善洲》，组织一次课堂大讨论，或组织学生搜集习近平总书记"点赞"的党员罗阳、兰辉、廖俊波、黄大年、邹碧华、李保国、焦裕禄的先锋模范事迹，使学生体会到科学理想信念是真实的、可为的，不是假、大、空的口号。

案例七 俞敏洪——像树一样地成长

案例文本

2008 年 2 月，在《赢在中国》节目中，评委俞敏洪对一位参赛选手进行点评，当时他也许还并没有想到，不久之后，他现场即兴点评中的这段"论草与树的人生"将会激起多少人内心的狂澜：

"人的生活方式有两种，第一种方式是像草一样活着，你尽管活着，每年还在成长，但是你毕竟是一棵草，你吸收雨露阳光，但是长不大。人们可以踩过你，但是人们不会因为你的痛苦而产生痛苦，人们不会因为你被踩了，而来怜悯你，因为人们本身就没有看到你。所以，我们每一个人，都应该像树一样地成长，即使我们现在什么都不是，但是只要你有树的种子，即使你被踩到泥土中间，你依然能够吸收泥土的养分，让自己成长起来。当你长成参天大树以后，遥远的地方，人们都能看到你，走近你，你能给人一片绿色。活着是美丽的风景，死了依然是栋梁之材，活着、死了都有用。"

片刻的寂静后，响起近乎狂热的掌声。俞敏洪的"树草理论"得到了《赢在中国》主持人王利芬的赞同。她说："一直以来没有为'赢在中国'的创业者找到形象代表，听了俞老师的说法之后，觉得把'树'当作'赢在中国'的形象代表很贴切。"

俞敏洪表示自己也曾是一棵无人知道的小草。学生时代，俞敏洪在北大，什么也不是，不会吹拉弹唱，不会说普通话，进入北大之初，老师和同学经常给俞敏洪的待遇就是"白眼"。

俞敏洪在大学期间是个边缘人物，非常自卑，不愿意跟大家交流。当时的俞敏洪由于得了一场肺炎，留级到了下一届，虽然俞敏洪跟了两届，但两届都不认为俞敏洪是他们的同学。

他说："记得我是从北大的 80 级转到 81 级的，因为我在大学三年级时肺结核病休学一年，结果 80 级和 81 级的同学几乎全部把我忘了。当时我的同学从国外回来，80 级的拜访 80 级的同学，81 级的拜访 81 级的同学，但是没有人来看我，因为两届同学都认为我不是他们的同学。……"

如今，俞敏洪明白了当时这种心态是错的。俞敏洪说："当你是地平线上的一棵小草的时候，你有什么理由要求别人在遥远的地方就看见你？即使走近你了，别人也可能会不看你，甚至会无意中一脚把你这棵草踩在脚底下。"

"当你想要别人注意的时候，你就必须变成地平线上的一棵大树。人是可以由草变成树的，因为人的心灵就是种子。你的心灵如果是草的种子，你就永远是一棵被人践踏的小草。如果你的心灵是一棵树的种子，你早晚有一天会长成参天大树。不管你是白杨树还是松树，人们在遥远的地方都能看见在地平线上成长的你。当人们从你身边经过的时候，你能送他们一片绿色、一片阴凉，他们能在树下休息。因此做人的要求是你自己首先要成为地平线上的一棵大树。当你是草的时候，你没有理由让别人注意到你。"

俞敏洪说："你种了一棵树，不能每天都说它长了多少，但是只要你种了，它就会生长。"

"人若总想依靠大树成长，就永远只是一根藤；一旦下决心不依靠大树时，也会长成大树。"

北大的陈文生校长在与我谈话的时候说，"过去你以北大为荣，现在北大以你为荣"，所以我很感激北大。

《时代周刊》称赞俞敏洪说："这个一手打造了新东方品牌的中国人被称为'偶像'，就像小熊维尼或米奇之于迪士尼。"《亚洲周刊》评选俞敏洪为"21世纪影响中国社会的10位人物"之一。

（资料来源：杨晨烁.俞敏洪谈创业［M］.深圳：海天出版社，2008.有删改。）

案例点评

本案例以俞敏洪创办新东方的历程说明，绝望中寻找希望，人生终将辉煌。俞敏洪认为，新东方的整个创办过程就是从一点点的希望做起，最后不断扩大希望的过程。请记住：绝望是大山，希望是石头，但是你只要砍出一块希望的石头，你就有了希望。因此，我们要正确对待人生道路上的挫折和困难。要实现人生理想，就会不可避免地遇到挫折和困难，由于客观环境的复杂多变以及人们认识能力、实践能力的有限，人生道路绝非平坦、笔直，而是顺境和逆境交替、前进与曲折统一。当厄运和不幸降临时，是悲观失望、沉沦颓废，还是勇敢面对、经过努力走出困境，这是能否实现自己理想的关键。

学习建议

1. 学习本案例的目的和用途

本案例旨在说明我们要正确对待人生成长路上的顺境和逆境，要在挫折和逆境中成才。纵观历史，古今中外一些伟人、名人，他们的成功都有一个特点，即他们都曾身处逆境厄运中，但经过他们的顽强拼搏，凭着超人的努力，最终都走出了逆境，创造了辉煌。俞敏洪也是在逆境中发奋成功的。为什么逆境厄运对成才有这么大的作用呢？这是因为，人有其自然性、惰性的一面，一旦饱食暖衣、一帆风顺，就会怡然自得、安于现状、不思进取。相反，当人处于逆境厄运，面临生存威胁时，人的生存欲望就会激发他的全部潜能去拼搏进取，从而走出逆境，创造辉煌。

从俞敏洪创业成功的案例中，我们还要清楚，在确定"我将来要成为怎样的人"这个人生的终极目标的时候必须冷静而理智，要洞悉自己心灵深处的所欲所求，审视自己的人生信条：自己到底要什么？什么才是自己生命中最重要的？自己生活的重心是什么？只有确立了符合自己价值观的人生目标，才能凝聚意志力，全力以赴，持之以恒地付诸实践，才能在内心深处产生满足感与成就感。只有在此前提下，才能对人生成长的顺境和逆境有清晰的认识。

本案例可用于第二章第三节"在实现中国梦的实践中放飞青春梦想"内容的辅助学习。

2. 学习本案例应注意的问题

在学习本案例时，要认识到逆境和顺境的关系是相互依存、相互包含、相互转化的辩证关系。所谓相互依存，是指逆境和顺境、厄运和幸运，都是相对而言、相比较而存在的。没有逆境就谈不上顺境，没有顺境也就没有逆境。做同样的工作，有的人成功了，有的人失败了；即使是同一个人，也会此时成功，彼时失败。可见逆境和顺境是相对而言，相比较而存在的。

所谓相互包含，是指顺境中有逆境，逆境中也有顺境。纯粹的顺境或纯粹的逆境都是不存在的。当我们说一个人人生顺利时，是说他的人生总体上是顺利的，而不是说他没有经历过任何困难和挫折。同样，当我们说一个人人生不顺利时，是就他的人生总体而言，而不是说他的人生中就没有任何顺利的因素。

所谓相互转化，是指顺境和逆境在一定条件下可以相互转化。顺境可以转化为逆境，逆境也可以转化为顺境。顺境和逆境的存在都是有条件的，条件改变了，顺境或逆境就会改变。我们的任务就是要防止顺境向逆境转化，并努力创造条件促使逆境向顺境转化。

案例八　扎根基层的大学生村官朱明磊

案例文本

朱明磊，男，内蒙古自治区赤峰市人，2014年6月毕业，是重庆市石柱县2014年选聘的大学生村官，一直以来都担任石柱县龙潭乡万宝村村主任助理一职。在重庆读了四年大学，让他深深地爱上了这片土地和这里的人，中国人讲求安土重迁，但是这里的一切让他下定决心扎根基层，服务群众，实现自我人生价值。

上任近两年来，他一心扑到村里的工作上来，一心一意谋发展，真心实意为万宝村村民服务。在本职岗位上认真践行为民服务的理念，以踏实苦干的敬业精神，无私奉献的公仆情怀，赢得了干部群众的认可，彰显了当代大学生的青春风采。

2016年7月19日石柱县境内大部分乡镇遭遇强降雨，其中龙潭乡局部地区洪涝灾害尤为严重。暴雨当天，天空中乌云密布，结合县上天气预报情况，他总感觉到惴惴不安，于是他马上联系村支部书记，迅速召集村"两委"成员、村民组长及党员干部冒雨集合，经过简短分析、研究和商定，一场抗洪抢险攻坚战迅速打响。面对困难不退缩，面对压力不妥协，朱明磊同志身先士卒，冒着大雨，奔波于四个村组之间。随着雨量增大，有些街上农户的家中已经开始进水，朱明磊意识到，如果再不转移群众和财产，后果将不堪设想。经过短暂分工，村干部分头开始组织农户转移。经过他们的不断努力，在最大程度上减轻了群众的损失。

在抗洪抢险的两天里，他始终保持高度的责任心，全身心投入抗洪抢险工作中，使受灾损失达到最低。当地群众一提到他，无不竖起大拇指，说："这样的干部真够格。"

万宝村位于重庆市石柱县龙潭乡西南部，海拔1 500米左右，是石柱县最偏远的村之一。共有人口280户766人，其中贫困户就有28户99人，占比达10%。

全村28户贫困户，用重庆话讲"他全部走高的"，每走一户都会将自己的电话号码写在小纸条上，并告诉他们有困难随时可以来找他。

从新一轮扶贫工作开始，由于他还承担其他业务工作，为了不输在起跑线上，每天只能利用休息时间恶补扶贫政策与业务知识，很快便能独立自主开展相关工作。

作为万宝村的大学生村官，做好万宝村的扶贫工作义不容辞，目前全村28户贫困户仅有4户脱贫，后面的扶贫任务还很重。核桃组赵明江，虽然不是他帮扶的户，但却是他联系最频繁的户。该户因病致贫，所居住的房屋感觉摇摇欲坠，随时都有可能发生危险。老两口一辈子都想住在自己新修的房屋上，赵明江一句话始终萦绕在他的脑海——"老伴跟了我一辈子了，都没让她住上过新房子，我欠她的"。因为病痛，把钱都花在了医药费上，根本无力修建住房，当县上关于农村D级危房整治文件一下来，朱明磊欣喜之余马上就联系到他，积极为他争取政策，看到他的笑容和连声感谢，也跟着高兴，这或许是赵明江"最高兴的一件事吧"。

在频繁的下乡走访了解情况之后，回到办公室，他周末在家里都时时刻刻在思考老乡们的问题，该怎么解决好他们的问题，切实实现脱贫才是关键。朱明磊说："为群众服务没有完成时，只有进行时，只有时时刻刻把贫困户放在心上，才能顺利如期打赢这场精准扶贫精准脱贫攻坚战。"

（资料来源：佚名.重庆大学生村官朱明磊同志个人事迹简介［N/OL］.中国青年网，2016-08-24.有删改。）

案例点评

本案例以"朱明磊当村官"为切入点，可以从以下几方面来认识。

一是承认理想信念的多样性，就必须尊重广大青年学生对于自己理想信念所作出的正确选择，只要他们的选择不违背社会的道德法律要求，有利于社会的发展进步，有利于社会的稳定，能够为广大人民的利益服务，无论是低层次上的还是高层次上的理想信念，我们都应当给予支持和肯定，并尽可能为他们创造条件。

二是理想信念源于现实生活和实践，它并不是凭空想出来的，它本身包含着现实的要素，尤其是反映着现实发展的客观规律和趋势，具有现实可能性。同时又具有超越性，是对现实生活的超越。在现实和理想信念之间总是存在一定的差距，理想信念的实现是需要付出自己的努力的。

三是作为当代大学生，在确立理想信念时必须注意从实际出发，要以现存的生产力水平和社会条件为基础，以自身条件为参照，在多样化的理想信念面前，正确辨析，选择适合自己、符合国家与社会需要的理想，在实践中将理想信念转变为现实。只要是努力用自己所学的科学知识为社会服务、为人民服务的选择，就应该为社会所提倡和肯定。

四是在实现中国梦的伟大征程中，大学生作出类似"朱明磊当村官"的理想选择，我们看到的是祖国的未来和民族的希望。

学习建议

1. 学习本案例的目的和用途

本案例旨在说明一个人只有在实践中才能把理想变为现实。一是实践是实现理想的根本途径。我们的个人理想只有脚踏实地地埋头苦干才能达到，如果不努力工作、努力奋斗，再美好的理想也难于实现。二是把理想变为现实必须从今天做起。要处理好"过去""现在"和"未来"三者之间的关系，认识到"现在"是时间链条上连接过去，通向未来的关节点，是成就事业、实现理想的立足点。因此，我们在为社会理想和个人理想奋斗时，必须从今天做起，做好当前的工作。否则，理想就会变成"水中月、镜中花"，可望而不可即。三是把理想变为现实必须从小事做起。崇高寓于平凡，伟大出自平凡。平凡细小的工作，就是通向理想的阶梯。将伟大的理想落实到每一件平凡小事，这是大学生应有的品格。有的人看不起平凡的小事，总想干一番惊天动地的事业，一飞冲天，一鸣惊人，这种想法是不切实际的。许多人之所以不成功，一个重要原因就是他们的眼睛老爱盯着所谓大的方面，而忽视了小的地方。所以，我们每个人都要胸怀远大目标，立足本职岗位，从点滴做起，兢兢业业地去实现自己的理想。

本案例可用于第二章第三节"在实现中国梦的实践中放飞青春梦想"内容的辅助学习。

2. 学习本案例应注意的问题

在学习本案例时，要明确理想和信念具有多样性，不同的人由于成长环境和性格等方面的差异而形成不同的理想信念。一方面，要承认这是正常的现象，不强求理想信念一律相同；另一方面，又要看到，在一定的社会中，人们各自的理想信念又有相同之处，从而形成共同理想信念。但是，理想信念都是在实践中才能变为现实的，要认识到个人理想和社会理想的统一。大学生肩负实现中华民族伟大复兴中国梦的历史重任，只有把实现理想的道路建立在脚踏实地的奋斗上，才能放飞青春梦想，实现人生理想。

思考练习

一、单项选择题

1. 理想是人们在实践中形成的、有（   ）的、对未来社会和自身发展目标的向往与追求，是人们的世界观、人生观和价值观在奋斗目标上的集中体现。

A. 实现必然性　　　B. 不可实现性　　　C. 超越客观性　　　D. 实现可能性

2. 在理想的内容体系中，（   ）是其中的核心。

A. 职业理想　　　B. 社会理想　　　C. 生活理想　　　D. 道德理想

3. 党的十九大报告提出在 21 世纪中叶要建成社会主义现代化强国，这主要表明的是理想具有（   ）。

A. 实践性　　　B. 超越性　　　C. 阶级性　　　D. 时代性

4. 现阶段，我国各族人民的共同理想是（   ）。

A. 建立共产主义社会

B. 反对霸权主义，维护世界和平

C. 民族独立，当家作主求解放

D. 坚持和发展中国特色社会主义，实现中华民族伟大复兴

5. 人生信仰多种多样，按其性质可分为科学信仰与盲目信仰。下列选项中属于科学信仰的是（   ）。

A. 金钱是伟大的，人是渺小的

B. 人生充满苦难和罪恶，尘世很难有幸福，幸福只能在天国

C. 人类社会最终必然实现共产主义

D. 个人本身就是目的，具有最高价值，社会只是个人达到目的的一种手段

6. 信念（   ）。

A. 是认识、情感和意志的融合和统一　　B. 是一种单纯的知识或想法

C. 是强调的是认识的正确性　　　　　　D. 是唯一的，不是多种多样的

7. 马克思主义具有（　）的理论品格和持久的生命力。

A. 与时俱进　　　B. 解放思想　　　C. 善于求真　　　D. 抽象思辨

8. 司马迁惨遭宫刑之祸，却能成就不朽历史巨著《史记》，这说明（　）。

A. 逆境更能实现人生目标

B. 逆境比顺境好

C. 逆境也能实现人生目标，需要付出更大的努力和艰辛

D. 逆境一定能成就人生目标

9. 理想和现实的矛盾，属于（　）。

A. "应然"和"实然"的矛盾　　　　　B. 水火不相容的矛盾

C. 完全对立的矛盾　　　　　　　　　D. 不可调和的矛盾

10. 马克思主义迄今尚未过时，是因为它的（　）没有过时。

A. 具体结论　　B. 立场、观点和方法　　C. 所有理论　　D. 社会主义理论

二、多项选择题

1. 邓小平说："美好的前景如果没有切实的措施和工作去实现它，就有成为空话的危险。"这说明（　）。

A. 社会实践是科学知识产生的源泉

B. 社会实践是联系理想和现实的桥梁

C. 把理想转变为现实要付出辛勤的劳动，要靠实实在在的实践

D. 有了理想并不意味着成功，更不意味着已经成功

2. 对于理想和现实的关系，正确的理解有（　）。

A. 理想不等同于现实，不是立即可以实现的

B. 现实是理想的基础，理想是由对现实的认识发展而来的

C. 现实是不完善和有缺陷的，理想的生命力表现为对现实的否定

D. 理想可以转化为现实，但这个转化是有条件的，是个艰苦奋斗的过程

3. 无产阶级革命家、共产主义战士陈毅元帅曾经说："我们是世界上最大的理想主义者。我们是世界上最大的行动主义者。我们是世界上最大的理想与行动的综合者。"这句话包含着陈毅元帅对共产主义的理解有（　）。

A. 共产主义既是一种社会理想，又是一种社会的现实运动

B. 既要树立共产主义的远大理想，又要在实践中为实现这个远大理想而不懈奋斗

C. 在共产主义社会制度完全实现之前，不可能存在共产主义理想和共产主义实践

D. 共产党人选择的共产主义理想，是人类历史上最远大、最进步、最美好的理想

4. 理想信念的作用有（　）。

A. 昭示人生的奋斗目标   B. 预见社会发展前景

C. 提高人生的精神境界   D. 提供人生的前进动力

5. 理想具有的特征是（ ）。

A. 超前性   B. 阶级性   C. 科学性   D. 时代性

6. 理想是否合理、进步与科学的判断标准是（ ）。

A. 是否正确反映了客观事物的发展规律 B. 是否合乎历史的发展方向

C. 是否有益于社会的发展与进步   D. 是否为社会的大多数谋利益

7. 实现理想要有艰苦奋斗的精神。在社会主义条件下，艰苦奋斗的精神表现在（ ）。

A. 鄙视物欲，禁绝享受，倡导苦行僧式的生活

B. 自力更生，奋发图强，不怕困难，不避艰险地去完成各项任务

C. 艰苦朴素，勤劳节俭，抵制和反对剥削阶级腐朽生活作风的侵蚀

D. 刻苦钻研，勇于探索，孜孜不倦地学习马克思主义理论和专业知识

8. 个人理想与社会理想的关系，以下表述正确的是（ ）。

A. 实质上是个人和社会关系在理想层面的反映

B. 相互联系、相互影响、相互制约

C. 个人理想以社会理想为指引

D. 社会理想是对个人理想的凝练和升华

9. 新时代，我们之所以要信仰马克思主义，是因为（ ）。

A. 马克思主义是万能的精神良药

B. 马克思主义具有持久的生命力

C. 马克思主义体现了科学性和革命性的统一

D. 具有鲜明的实践品格

10. 社会主义运动的历史进程，充分印证了社会理想实现的道路是（ ）。

A. 长期的   B. 艰巨的   C. 一帆风顺的   D. 曲折的

三、判断题

1. 理想作为一种精神现象，是人类社会想象的产物。   （ ）

2. 在阶级社会里，理想必然带有特定阶级的烙印。   （ ）

3. 实践产生理想，理想指引实践，理想与实践相互作用、不断循环上升的过程，推动人们立足现实、着眼未来，在奋斗中追求，在追求中奋斗。   （ ）

4. 共同理想是一切时代都共同具有的理想。   （ ）

5. 追求共产主义远大理想与坚定中国特色社会主义共同理想是统一的。 （ ）

6. 社会理想的实现归根结底要靠社会成员的共同努力，并体现在实现个人理想的具体实践中。   （ ）

7. 共产主义是一种理想、一种学说、一种制度，更是一种实践，需要千百万人一代又一代

不懈的努力。   （ ）

8. 中国特色社会主义是科学社会主义，不是别的什么主义。   （ ）

9. 如果说现实是此岸，理想是彼岸，那么，唯有实践才是通往理想彼岸的桥梁。 （ ）

10. 中国共产党的领导是中国特色社会主义最本质的特征。   （ ）

四、材料分析题

"中国天眼"之父南仁东

"中国天眼"首席科学家兼总工程师、中国科学院国家天文台研究员南仁东因罹患肺癌、病情恶化抢救无效于 9 月 15 日夜间逝世，享年 72 岁。遵其遗愿，丧事从简，不举行追悼仪式。

领军"中国天眼" "我们也要造一个"

1968 年，南仁东自清华大学无线电系真空机超高频技术专业以优异成绩毕业后，回到吉林省通化市无线电厂工作。

十年后的 1978 年，他进入中科院研究生院攻读硕士研究生。毕业后，他留在当时的中科院北京天文台（现中科院国家天文台）工作。1992 年，他晋升中科院北京天文台研究员，并任博士生导师。

在南仁东的学生和同事们看来，他 20 多年来只做了一件事，就是建设具有"中国天眼"之称的 500 米口径球面射电望远镜（FAST）。

1993 年，国际无线电科学联盟大会在东京召开，与会科学家们提出，在全球电波环境继续恶化之前，建造新一代射电望远镜，接收更多来自外太空的讯息。南仁东就向同事提出："我们也要建设一个。"

当时，南仁东回国三年。此前，他在日本国立天文台担任客座教授，一天的薪水相当于国内一年。

从 300 多个候选洼地里选址

FAST 的选址要求特别严格，要找到一个能放下超大反射面的天然大坑，还要符合 FAST 建设的诸多要求。建设这个射电望远镜的地方，需要有一个数百米大的被四面山体围绕的山谷，而且山体还要挡住外面的电磁波。

为了找到能满足建设条件的位置，从 1994 年开始，国家天文台专家就利用遥感等技术在全国范围内海选合适的区域，并多次到西南等地区现场考察。南仁东带着 300 多幅卫星遥感图，几乎踏遍了西南山区所有洼地，有些荒山野岭连条小路都没有。

最终，南仁东选择了贵州省平塘县金科村大窝凼的喀斯特洼坑。这个洼地刚好能盛起差不多 30 个足球场面积的 FAST 巨型反射面。这附近 5 公里半径之内没有一个乡镇，距平塘县城约 85 公里，距罗甸县城约 45 公里，适合 FAST 需要的无线电环境。

南仁东曾告诉到访 FAST 建设基地的人员，这是从 300 多个候选洼地里选出来的，从洼地的地形地貌、工程地质、水文地质等多方面满足了要求。在他看来，这里是地球上独一无二、最适合 FAST 建设的台址。

"FAST 是他人生的最后一次拼搏"

研究员陈学雷说，有一年国家天文台开全体大会，他正好坐在南仁东旁边。台领导在上面宣布当年获奖情况。南仁东突然告诉陈学雷，他从未得过奖，连先进工作者之类的都没得过。那时，南仁东已过了退休年龄。

陈学雷认为："我想他心中一定有很多感慨，所谓的奖励、荣誉，他未必看重。只是，他追求的人生奖励还没有实现，FAST 是他人生的最后一次拼搏。"

功夫不负有心人。2001 年，FAST 预研究作为中科院首批"创新工程重大项目"立项。2007 年 7 月，国家发改委批复了 FAST 国家重大科技基础设施立项建议书。FAST 工程进入可行性研究阶段。2008 年 10 月，国家发改委批复了 FAST 国家重大科技基础设施项目可行性研究报告，FAST 工程进入初步设计阶段。2011 年 3 月，FAST 工程正式动工建设，到 2016 年 9 月 25 日 FAST 建成启用，历时 5 年。

中科院年龄最大的院士候选人

FAST 被誉为"中国天眼"，是具有我国自主知识产权、世界最大单口径、最灵敏的射电望远镜。利用这一世界最大的单口径球面射电望远镜，人类有望观测脉冲星、中性氢、黑洞等这些宇宙形成时期的信息，探索宇宙起源。

正因为在 FAST 建设方面的贡献，南仁东进入 2017 年中科院院士增选初步候选人名单。在 2017 年 8 月 1 日中科院公布共 157 人的院士增选初步候选人名单中，年龄最大的就是 72 岁的南仁东。这也是对他在天体物理领域科研工作的莫大认可。

根据上述材料，谈谈"中国天眼"之父南仁东的故事带给你什么启发？

第三章
弘扬中国精神

案例一　《老子》中蕴含的中国精神

案例文本

鲁迅先生在《学界三魂》中指出："惟有民魂是值得宝贵的，惟有它发扬起来了，中国才有真进步。"民魂就是中国精神！

什么是中国精神？

中国当代历史学家、西北大学中国思想文化研究所所长张岂之先生用十二个词语来概括中国优秀传统文化中所蕴含的中国精神：

自强不息、道法自然、天人和谐、居安思危、诚实守信、厚德载物、

以民为本、仁者爱人、尊师重道、和而不同、日新月异、天下大同。

儒道思想是中国传统文化的重要组成部分

张岂之先生所列出的12个理念，基本包含了中国传统儒家、道家文化中的思想精华。中国古代思想文化并非一家独大，而是儒、释、道三足鼎立。春秋战国百家争鸣，形成了儒、墨、道、法等九流十家相互争鸣的繁荣景象，然秦始皇"焚书坑儒"之后，中国思想界进入了沉寂阶段。汉刘邦立国，有鉴于秦法严苛以致灭亡，且长期战争使得社会民生凋敝，百废待兴，遂采用了道家"无为而治"的思想治理国家，给老百姓时间与自由休养生息。经过三代经营，社会得到了恢复，百姓安乐，经济繁荣，汉武帝雄才大略，不满足于汉初保守的治国方针，遂放弃了道家的治国理念，采用董仲舒"罢黜百家，独尊儒术"的建议，将儒学立为官学。从此之后的两千年专制统治，儒学官方意识形态，一直是思想界的主流。道家虽然不再作为主要的治国思想，但并没有完全被统治者放弃，而是朝着两个方向转化，一是从"黄老学"一变而为"黄老道"，由治国思想向养生思想转化，最终在东汉末形成了道教。一是作为儒学的补充，成为中国政治思想的暗流。当国家兴盛，统治者多采取儒学治国，中华人民共和国成立之初，社会亟须恢复时，则采用道家的思想。因此虽然儒学长期居于官方正统意识形态的地位，但是道家作为中国思想的暗流，也一直传承不息。儒道思想共同成为中

国传统文化的重要组成部分。

吸收道家优秀思想

道家文化的创始人为老子，活动于春秋末期，代表作为《道德经》，亦名《老子》；《老子》一书只有区区五千字，却蕴含了哲学、政治、军事、管理、经济、人生等多方面的哲学，内容丰富，影响深远。据联合国教科文组织统计，被译成外国文字发行量最多的世界文化名著，除了《圣经》以外就是《道德经》，被称为"东方圣经"。

《老子》思想流传至今，作为中国优秀传统文化的代表，我们必然要端正态度，取其精华为我所用，对于其中的不合理或不合时的部分要予以改正或抛弃，发扬其中的优秀思想，为建设社会主义和谐社会、共筑中国梦服务。《老子》思想助于建设和谐社会，概而言之，有以下几点：

1. 无为而治的思想

无为而治是道家的标志性思想，《老子》书中对无为而治的理论与实践、作用都有论述。《老子》曰："人法地，地法天，天法道，道法自然。"人要效法大地，地要效法天，天要效法大道，也就是说道是天、地、人的最高准则，那么道的本性是什么呢？"道法自然"，就是说道本身就是自然而然的，道以自然为其本性。《老子》此处是告诫统治者要效法自然之道，不要过多地干预人民，如果过多干预，只会收到相反的效果。老子说上位者忌讳越多，老百姓越穷困；民间利器越多，国家就越混乱；人们发明的奇巧之物越多，邪恶的事情就越多；法令越严密，盗贼就越多。因此，统治者自然要采取无为而治的思想。上无为则百姓自然化育，上好静则人民自然走上正道，上不扰民则民自然富足，上无欲则民自然朴实。

2. 天人和谐的可持续发展观

《老子》中蕴含着丰富的生态思想，为人类社会的可持续发展提供了有益的借鉴，具有重要的现实意义。《老子》中以"道"作为万事万物共有的属性、天地万物的根源："道生一，一生二，二生三，三生万物。""道"是独一无二的，由"道"产生阴阳二气，阴阳二气相互作用产生千差万别的天地万物。在这个由"道"产生的宇宙系统中，"道大，天大，地大，人亦大。域中有四大，而人居其一焉"。即天、地、人同是这个宇宙系统的一个子系统，同为四大之一，它们是平等的。欲要共存在这一宇宙体系中，当应相互扶持，和谐共处。如果我们违反了万物生长的规律，妄作主张就会招致祸殃，这就是老子所言："不知常，妄作凶。"老子说，如果不遵守规律，天不能保持清明，恐怕会崩裂；大地不得安宁，恐怕会震溃；人不能保持灵性，恐怕会消失；河谷不能保持充盈，恐怕会枯竭；万物不能生长，恐怕会灭绝；侯王不能保持清净，恐怕会颠覆。若不能遵守自然规律，即老子所言之道，天、地、人恐怕都会招致祸殃。

3. 以民为本的仁民爱物思想

老子生活在战火纷乱的春秋战国时代，统治者穷兵黩武，各逞私欲，老百姓流离失所，朝不保夕。老子有鉴于此，对战争和统治者的各种作为进行了批判。老子说武器是不祥之物，有道君子不应该使用它，即使不得已用了，战胜了敌人，也不应该存在高兴的情绪，因为胜利是以生命为代价的，因此打了胜仗要用丧礼的仪式去纪念。对于统治者的残暴和穷奢极欲，老子一针见血地揭露说夺民之财，争民之利是有违天道的，统治者应该爱护百姓，让利于民，而不是抢劫老百姓本就不多的财物来满足自己不必要的私欲。《老子》中的仁民爱物思想和我们政府提倡的以人为本的思想不谋而合。

总之，《老子》中有很丰富的修身理国思想，我们要珍惜中国优秀的传统文化，认真、客观地对待，去粗取精，汲取其中合理的部分，使其为社会主义和谐社会建设服务，汲取中华优秀传统文化的思想精华和道德精髓，大力弘扬以爱国主义为核心的民族精神和以改革创新为核心的时代精神。

（资料来源：涂立贤.《老子》中蕴含的中国精神［EB/OL］.腾讯网，2015-11-02.有删改。）

案例点评

《老子》作为中国优秀传统文化的代表，蕴含着丰富的治国思想精华，我们一定要取其精华，去其糟粕，为我所用。习近平总书记多次在重要场合的讲话中引用老子的治国思想，例如："为之于未有，治之于未乱""上善若水""圣人无常心，以百姓之心为心""治大国如烹小鲜"等名句，来指导建设社会主义和谐社会。《老子》中的仁民爱物思想和我们政府提倡的以人为本思想也不谋而合；《老子》中的"无为"思想，要求统治者不扰民，不过多地干预社会的自然发展，这和今天政府职能转变，正确处理政府和市场的关系时采取的"有所为，有所不为"的思想相通；《老子》中的"上善若水"，讲的是最高的善就像水一样，要人们把眼睛向低层去看，向民间去看，"以百姓之心为心"。"上善若水"还指心还要像水那样清澈，交朋友要像水那样相亲，语言要像水那样真诚，办事要像水那样清晰，正因为像水那样，所以它能够成功。总之，《老子》中蕴含了深厚的治国思想和中国精神，我们要深入挖掘中华优秀传统文化中讲仁爱、重民本、守诚信、崇正义、尚和合、求大同的传统精神财富，并与时代价值结合，使中华优秀传统文化成为涵养社会主义核心价值观的重要源泉。

学习建议

1. 学习本案例的目的和用途

本案例选择"《老子》中蕴含的中国精神"的目的和用途是增强大学生传承弘扬中华优秀传统文化的责任感和使命感，要让大学生多读一些关于中华优秀传统文化的经典名著，从中吸收精神营养，提高自身素质，加深对社会主义核心价值观来源于优秀传统文化的理解，了解实现中华民族伟大复兴的中国梦离不开中华优秀传统文化的滋养和教育。

本案例可用于第三章第一节"中国精神是兴国强国之魂"内容的辅助学习。

2. 学习本案例应注意的问题

本案例旨在让大学生明白,实现"中国梦"离不开中华传统文化的滋养,抛弃传统文化,就等于斩断了自己的精神命脉。博大精深的中华优秀传统文化是我们今天在世界文化激荡中站住脚跟的根基。我们要在世界文化激荡里站稳脚跟,离不开中华优秀传统文化这个根本。

案例二　中国神话与民族精神

案例文本

中国是一个充满神话的国度。神话则表现了古代劳动人民探索自然、征服自然、改造自然的强烈愿望和持之以恒、艰苦奋斗的精神。神话具有一定的可信性和传奇性。神话不是历史的真实记录,但它却隐隐约约地浮动着历史的影子,它是一个民族精神的寄托。

从现存的《山海经》《穆天子传》《楚辞》《淮南子》《西游记》等书中能够看到中国神话的原貌。诸如上古神话中开天辟地的盘古,造人补天的女娲,射日除害的后羿,与太阳竞走的夸父,衔微木填海的精卫,治理洪水的鲧、禹等。从神话塑造的这些形象中,都可以看出中华民族是一个富有想象力和创造力的民族,人们热情讴歌神话中具有超凡智能和百折不挠的英雄们,其目的正是歌颂这个民族不屈不挠、坚忍不拔的抗争精神。

如果说盘古开天辟地、后羿射日、鲧禹治水等是神话,是形象生动地表现人们依靠自己艰辛劳动而战胜自然力的雄伟力量;那么夸父逐日、精卫填海等神话则表现了古代劳动人民探索自然、征服自然、改造自然的强烈愿望和持之以恒、艰苦奋斗的精神。这种造福于民、牺牲自己的壮举正是中华民族泽福后代、自甘吃苦的精神表现。

中国神话中的人物表现出中华民族向大自然斗争的宏伟气魄、坚忍不拔的民族斗争精神,像开天辟地创造世界的盘古,与日竞走的巨人夸父,移山的愚公,具有反抗精神的鲧,疾恶如仇、敢于斗争、不怕困难而又充满智慧和神奇力量的孙悟空,这些人物在自然灾害、社会暴力面前,即使屡受挫折,也决不屈服。……

神话具有一定的可信性和传奇性。它既是人类对过去生活的回忆,也是对现实社会的现象反映。我国很多民族都有有关人祖的神话,诸如说的是远古浑水时,人类将近灭绝,只剩一个人与仙女相配生下一对子女,神话中人物多以所在地区的一些民族为同胞兄弟。如云南魁山彝族神话中传说老大为汉族之祖,老二为彝族之祖,老三为哈尼之祖，老四为傣族之祖……其他地区的神话也多与此类似，对神话中所传说的民族，认为都是同胞兄弟。中华民族成为名副其实的兄弟民族，这个民族有一个共同的根，是一个团结的整体。

上古神话反映了人类的优美情操和高尚品德。原始社会的氏族内部，没有生产资料，没有剥削，没有阶级，大家共同劳动，共同享受，不欺诈，不争利，没有高低贵贱之分，这叫"天下为公"；如遇打猎、迁徙、祭祀等大事，只推公正勇敢的领导人负责，但领导没有特殊的权利，不尽职可以撤换，这叫"选贤与能"；对氏族外部的其他氏族，大家讲究信誉和平，这称为"讲信修睦"。因此，盗贼不作，路不拾遗，夜不闭户，是谓"大同"，也就是原始的共产主义社会。恩格斯说："而这种十分单纯质朴的氏族制度是一种多么美妙的制度啊！"神话不仅仅反映现实，更重要的是还崇尚未来，它激励鼓舞中华民族为实现"各尽所能，按需分配"的无比美好的共产主义而努力奋斗。在现阶段看来，中国神话的这种精神，也是我们共同努力为实现伟大的中国梦所需要的。

神话不是历史的真实记录，但它却隐隐约约地浮动着历史的影子，它是一个民族精神的寄托。正如鲁迅先生在《中国小说史略》中指出，《西游记》"讽刺揶揄则取当时世态，加以铺张描写"。又说："作者禀性，'复善谐剧'，故虽述变幻恍忽之事，亦每杂解颐之言，使神魔皆有人情，精魅亦通世故。"的确如此。通过《西游记》中虚幻的神魔世界，我们处处可以看到现实社会的投影。如在孙悟空的形象创造上，就寄托了作者的理想。孙悟空那种不屈不挠的斗争精神，奋起金箍棒，横扫一切妖魔鬼怪的大无畏气概，反映了人民的愿望和要求。他代表了一种正义的力量，表现出人民战胜一切困难的必胜信念。又如取经路上遇到的那些妖魔，或是自然灾难的幻化，或是邪恶势力的象征。他们的贪婪、凶残、阴险和狡诈，也正是封建社会里的黑暗势力的特点。不仅如此，玉皇大帝统治的天宫、如来佛祖管辖的西方极乐世界，也都浓浓地涂上了人间社会的色彩。而作者对封建社会最高统治者的态度也颇可玩味，在《西游记》中，简直找不出一个称职的皇帝；至于昏聩无能的玉皇大帝、宠信妖怪的车迟国国王、要将小儿心肝当药引子的比丘国国王，则不是昏君就是暴君。玉皇大帝手下十万天兵天将，竟然抵不过孙猴子一根金箍棒，而让真正的贤才去当不入流的马夫，其统治之昏暗，虚弱，不言而喻。如来佛祖所创佛教，僧人自然不能以钱财所迷，可是佛祖竟然默许手下人收取贿赂，而《西游记》一路上妖魔鬼怪，多与神佛有瓜葛，如青牛精是太上老君坐骑，金银角大王是太上老君的童子，狮驼岭三魔王均与文殊、普贤菩萨甚至如来佛祖有关系，这反映封建社会官官相护的黑暗情景。

读中国神话，看中国历史，同样能得出中华民族在长期的认识自然、改造自然的过程中形成一种勤劳、团结、奋发向上、不怕困难、自强不息的民族精神，同时也看得出这个民族有着丰富的斗争经验和卓越的智慧。

（资料来源：张世东.中国神话与民族精神［J］.都市家教·下半月，2016（10）.有删改。）

案例点评

中国神话故事是中国古代文化的一块瑰宝，其中体现出的以国家民族大义为己任，勤劳勇敢，自强不息，奉献牺牲的民族精神，已成为中华民族优秀传统文化的一个重要组成部分，至今仍为人们所传颂、继承和发扬。比如《盘古开天辟地》神话故事体现了中华民族开创世界，奉献牺牲的伟大精神。《夸父逐日》的故事表现了夸父不畏艰难，追求光明，死后不忘为人民造福的崇高精神。《愚公移山》的故事表现了我国古代劳动人民移山填海的坚定信心和顽强毅力。1945 年，毛泽东在中共七大作闭幕词时引用该典故，对其重新诠释，赋予崭新的时代含义，成为中国共产党人坚韧不拔、不懈奋斗精神的写照。《大禹治水》的故事表现了大禹以天下为己任，忧国忧民，公而忘私，三过家门而不入的精神。此外，还有《精卫填海》《刑天舞干戚》《女娲补天》《后羿射日》等神话与传说，不仅是灿烂民族文化的源头，更是中华民族的精神支柱。天下兴亡，匹夫有责，勤劳勇敢，自强不息，这种精神就像是泰山、长城一般地雄峙于世界的东方！它将永远鼓舞着我们不忘初心，继续前进！

学习建议

1. 学习本案例的目的和用途

本案例解读了在中华民族文化源头的中国神话中蕴含的民族精神。通过本案例学习，学生了解中国神话故事，掌握中国神话所蕴含的民族性格与精神，激发民族自豪感、民族文化自信心，激发学习传统文化的热情，树立传承、弘扬中华优秀文化的责任感和使命感。

本案例可用于第三章第一节"中国精神是兴国强国之魂"内容的辅助学习。

2. 学习本案例应注意的问题

学习本案例应让大学生明白，中华民族能够在五千多年的历史长河中生生不息、薪火相传，很重要的一个原因，就是拥有孕育于中华民族悠久辉煌历史文化之中的伟大的民族精神。

案例三 《七子之歌》的爱国情怀

案例文本

《七子之歌》是闻一多 1925 年在美国纽约留学期间创作的一组组诗。诗人以拟人的手法将这七处"失地"比作远离母亲怀抱的七个孩子，用小孩子的口吻哭诉他们被迫离开母亲的襁褓，受尽异族欺凌，渴望重回母亲怀抱的强烈情感。

写作这组诗篇的时候，正值闻一多在美国纽约艺术学院留学期间。在美国已经生活了将近三年的他，多次亲身体会到种族歧视的屈辱，他所看到和听到的一切都激发起他强烈的民族自尊心。加上三年背井离乡的经历，使他更对祖国和家乡产生了深深的眷恋，也使他加深了对民族传统文化的理解和热爱。因此，在这段时间里，他创作了大量的爱国主义诗篇，一方面怀念和赞美祖国，一方面表达对帝国主义列强的诅咒。这组《七子之歌》就在这种背景下诞生了。

1925 年 5 月，闻一多踏上了归国的旅程，当他乘坐的轮船停靠在上海码头，踏上了祖国的土地的时候，令他万万没有想到的是，两天前这里刚刚发生了震惊中外的"五卅惨案"，上海的马路上仍然血迹斑斑。一个满怀热情回国实现理想的青年就这样被巨大的失望乃至绝望所笼罩。不久，《现代评论》杂志上发表了闻一多回国后的第一组爱国诗作，其中，就有这组《七子之歌》。全文如下：

邶有七子之母不安其室。七子自怨自艾，冀以回其母心。诗人作《凯风》以愍之。吾国自《尼布楚条约》迄旅大之租让，先后丧失之土地，失养于祖国，受虐于异类，臆其悲哀之情，盖有甚于《凯风》之七子，因择其与中华关系最亲切者七地，为作歌各一章，以抒其孤苦亡告，眷怀祖国之哀忱，亦以励国人之奋兴云尔。国疆崩丧，积日既久，国人视之漠然。不见夫法兰西之 Alsace-Lorraine 耶？"精诚所至，金石能开"。诚如斯，中华"七子"之归来其在旦夕乎？

《七子之歌》之一

澳门

你可知"Macaco"不是我的真名姓？……

我离开你的襁褓太久了，母亲！

但是他们掳去的是我的肉体，

你依然保管着我内心的灵魂。

三百年来梦寐不忘的生母啊！

请叫儿的乳名，叫我一声"澳门"！

母亲！我要回来，母亲！……

当此诗一发表，激荡在诗行间的热爱祖国、热盼统一的浓烈情感立即在读者中引起了强烈反响。一位姓吴的青年在给编辑部的信中写道："余读《七子之歌》，信口悲鸣一阕复一阕，不知清泪之盈眶。读《出师表》《陈情表》时，故未有如是之感动也。"

从《七子之歌》，我们看到了中国人强烈的爱国情怀。这种爱国情怀是如何产生的？这就得从中华民族根深蒂固的天下大一统观念和近代中国屈辱史说起。

天下大一统观念是由于中国的地域广大，统治者追求统一而逐渐形成的。分裂与统一是中国历史的两大现象，统一总是占主导倾向的追求。这样的追求来源于广大地域上人群的迁移及人群间许久以来的相互交流。天下观念的一个重要作用就是追求统一。尽管中国历史上的分裂不在少数，时间也不算短，但追求统一始终是政治观念的基调，也是历史的基本倾向。天下一家的大一统意识，是威力持久的中国理论，对中华民族的不断发展壮大，起着重要作用。中国古代从秦始皇开始，还经历了西汉、东汉、西晋、隋朝、唐朝、元朝、明朝、清朝的大一统王朝。追求、渴望一个统一的国家，不仅是统治阶级的愿望，还是全国人民的民心所向。

从1840年鸦片战争起到1900年，帝国主义列强已在中国土地上强行开辟商埠上百处，在10多个城市划定租界20余处。"中华七子"在英、法、日、俄等帝国主义列强的淫威下四散飘零。有一首诗代表了当时爱国志士们的心境："沉沉酣睡我中华，哪知爱国即爱家，国民知醒宜今醒，莫待土分裂似瓜。"

正是由于中国一直以来就存在的大一统思想，在受外国凌辱、瓜分的时候，中国人的强烈自尊、责任感、荣辱观、爱国情怀得以充分体现。闻一多作《七子之歌》之时，正值中国人民反帝反封建斗争的高潮期，他代表的是国人的情感，道出国人的心声，因而引起全国人民的共鸣。至今，回想当年的耻辱，每一个有爱国之心的中国人再读《七子之歌》也都同样感到悲愤、心碎。1999年，澳门回归，为了纪念澳门九九归一，由著名作曲家李海鹰谱曲，澳门培正中学小学部年仅七岁的容韵琳同学，用她地道的澳门乡音唱出了这首朴素真挚、深刻感人的歌，唱出了中华民族的共同心声，顷刻震慑了全中国，许多人听着潸然泪下，这首歌被看作迎接澳门回归的"主题曲"。

如今，"七子"中的台湾问题始终是祖国统一大业的核心问题，是海内外中华儿女的共同心愿，是中华民族的根本利益所在。中国共产党人始终把实现祖国的完全统一作为自己的历史使命，为此进行了长期不懈的奋斗。香港、澳门顺利回归祖国，是祖国统一大业进程中的重要里程碑，是中国共产党对于中华民族的历史性贡献。推进祖国统一大业，最终就要解决台湾问题，没有祖国的完全统一，就没有完全意义上的民族振兴。实现祖国的完全统一和维护祖国的安全，是中华民族伟大复兴的根本基础，也是全体中国人民不可动摇的坚强意志。不管在实现祖国完全统一的道路上还有多少艰难险阻，海峡两岸全体中国人和所有中华儿女，从中华民族的根本利益出发，携手共进，祖国的完全统一和民族的全面振兴就一定能够实现。

（资料来源：胡焱喆．闻一多和他的"七子"［EB/OL］．中国广播网，2013-04-25．有删改。）

（案例点评）

《七子之歌》诗中所说的"母亲""生母"是指祖国母亲，"他们"是指英国、法国、俄国、葡萄牙等殖民帝国，"我"指澳门、香港、台湾、威海卫、广州湾、九龙、旅顺大连七地。《七子之歌》表达了人们爱国情感产生的基础、个人对祖国的依存关系以及人们爱国情感的内涵是人们对自己故土家园、种族和文化的归属感、认同感、尊严感与荣誉感的统一。人们来到世界上，都要在社会生存，获取生存和发展的物质条件，都要寻求慰藉心灵的精神家园，这就是我们通常说的归属感。每个人都有归属的需要，归属得到满足，就不是一个孤独的人，不仅有了安全感，而且有了生命的依托、精神的依托，也才有了自信心、自尊心和荣誉感。所以我们把祖国比作母亲，失去了母亲，我们就是流浪儿，没有任何尊严和荣誉。

学习建议

1. 学习本案例的目的和用途

《七子之歌》案例表达的是人民几千年凝结、积淀起来的对祖国的最朴实、最纯洁、最高尚、最神圣的感情。这种情感表现出爱国是一种奉献，祖国的利益高于一切；爱国是一种尊严，爱国没有懦弱，没有退缩，只有勇敢、智慧和忠诚。爱国是一种信念，爱国没有选择、没有抱怨。爱国情感在特定情况下会产生强烈的感染力，这种感染力是发自内心的、真挚的感情。就像意大利作家亚米契斯在《爱的教育》中充满激情地表白："我为什么爱意大利！因为我母亲是意大利人，因为我血管里所流着的血是意大利的血，因为我祖先的坟墓在意大利，因为我自己的诞生地是意大利，因为我所说的话、所读的书都是意大利语，因为我的兄弟、姐妹、友人，在我周围的伟大的人们，在我周围的美丽的自然，以及其他我所见、所爱、所研究、所崇拜的一切，都是意大利的东西，所以我爱意大利。"这个表白反映了人们对祖国和民族的深厚情感不是虚幻的，而是实在和真切的，爱国就是爱故土、爱同胞和爱国度。当祖国受到外敌侵略的时候，要挺身而出保卫祖国，虽然现在是和平时期，但每一位公民都应该在自己的岗位上，努力工作，为祖国建设出力。

本案例可用于第三章第一节"中国精神是兴国强国之魂"内容的辅助学习。

2. 学习本案例应注意的问题

明确以爱国主义为核心的民族精神和以改革创新为核心的时代精神构成了中国精神。民族精神的主要内容是爱国主义为核心的团结统一、爱好和平、勤劳勇敢、自强不息。如何弘扬民族精神就是要树立爱国主义理想信念，增强民族自尊心、自信心、自豪感。爱国主义除了有人民群众对自己祖国的深厚情感外，它还是调节个人与祖国之间关系的道德要求、政治原则和法律规范。道德要求主要表现在千百年来人们总是把爱国、报国、强国、兴国看作一种高尚的道德情操，把卖国、祸国、辱国、叛国视为最不道德的行为，是人们所鄙视的。政治原则就是我们在任何时候、任何情况下都不能丢掉国格和人格。法律规范就是要按照宪法的规定担负起公民的义务和职责。爱国主义是民族精神的核心，这个本质界定更加明确了爱国主义在民族精神中极其重要的地位和价值。

案例四　中华之世界文化遗产

案例文本

自中华人民共和国在 1985 年 12 月 12 日加入《保护世界文化与自然遗产公约》的缔约国行列以来，截至 2017 年 7 月 9 日，中国世界遗产已达 52 项，其中世界文化遗产 36 项、世界文化与自然双重遗产 4 项、世界自然遗产 12 项，在世界遗产名录国家里排名第二，仅次于意大利（53 项），中国是世界上拥有世界遗产类别最齐全的国家之一，也是世界文化与自然双重遗产数量最多的国家（与澳大利亚并列，均为 4 项）。中国的首都北京是世界上拥有遗产项目数最多的城市（7 项），苏州是中国至今唯一承办过世界遗产委员会会议的城市（2004 年，第 28 届）。这些中华文明的重要代表，承载的历史文化信息弥足珍贵，向全世界展示了伟大中国文明沧桑的深厚积淀，不仅是中华民族的骄傲，而且更是全人类的瑰宝。《世界遗产名录》如下：

自然遗产 12 项：

（1）四川黄龙；（2）湖南武陵源；（3）四川九寨沟；（4）云南"三江并流"自然景观（怒江、澜沧江、金沙江）；（5）四川大熊猫栖息地；（6）"中国南方喀斯特"（含云南石林、贵州荔波和重庆武隆）自然遗产中国南方喀斯特二期（含广西桂林喀斯特、广西环江喀斯特、贵州施秉喀斯特、重庆金佛山喀斯特）；（7）江西三清山；（8）"中国丹霞"（湖南崀山、广东丹霞山、福建泰宁、贵州赤水、江西龙虎山、浙江江郎山）；（9）云南澄江县帽天山化石地；（10）新疆天山；（11）湖北神农架；（12）青海可可西里。

文化遗产 36 项：

（1）北京周口店北京猿人遗址；（2）甘肃敦煌莫高窟；（3）长城；（4）陕西秦始皇陵及兵马俑；（5）明清皇宫：北京故宫、沈阳故宫；（6）湖北武当山古建筑群；（7）山东曲阜孔庙、孔府及孔林；（8）河北承德避暑山庄及周围寺庙；（9）西藏布达拉宫；（10）苏州古典园林；（11）山西平遥古城；（12）云南丽江古城；（13）北京天坛；（14）北京颐和园；（15）重庆大足石刻；（16）安徽古村落：西递、宏村；（17）明清皇家陵寝：明显陵（鄂钟祥市）、清东陵（冀遵化市）、清西陵（冀易县）、明十三陵（北京）、明孝陵（南京）、盛京三陵（辽宁）；（18）河南洛阳龙门石窟；（19）四川青城山和都江堰；（20）山西大同云冈石窟；（21）中国高句丽王城、王陵及贵族墓葬；（22）澳门历史城区；（23）河南安阳殷墟；（24）广东开平碉楼与村落；（25）中国福建土楼；（26）河南登封"天地之中"历史建筑群；（27）内蒙古自治区锡林郭勒盟正蓝旗元上都遗址；（28）中国大运河；（29）丝绸之路（中哈吉联合）；（30）中国土司遗址，包括湖南永顺老司城遗址、湖北恩施唐崖土司城址、贵州遵义海龙屯三处；（31）江西庐山风景名胜区；（32）山西五台山；（33）杭州西湖；（34）云南哈尼梯田；（35）左江花山岩画文化景观；（36）鼓浪屿。

自然与文化遗产4项：

（1）山东泰山；（2）安徽黄山；（3）四川峨眉山—乐山风景名胜区；（4）福建武夷山。

跨国项目1项：

丝绸之路：长安—天山廊道路网

（资料来源：百度百科，2017-07-09.有删改。）

案例点评

中国是一个持续进化，唯一生存下来的文明古国，黑格尔认为："只有黄河、长江流过的那个中华帝国是世界上唯一持久的国家。"罗素认为："自孔子以来，埃及、巴比伦、波斯、马其顿，包括罗马的帝国，都消亡了；但是中国却以持续的进化生存下来了。"中华民族在漫长的历史演进中，以非凡的智慧和勤劳的双手创造了十分丰富的、辉煌璀璨的文化遗产，留下了无数精美绝伦的自然遗产，这些文化和自然遗产屹立于世界东方，名列世界遗产的前茅。文化传统作为一个民族群体意识的载体，常常被称为国家和民族的"胎记"，是一个民族得以延续的"精神基因"，是培养民族心理、民族个性、民族精神的"摇篮"，是民族凝聚力的重要基础。人类文明经过历代传承，积累成珍贵的世界遗产，它荟萃人类文明的结晶和自然环境的精华，成为人类薪火相传的一段共同记忆。中国文化遗产使祖国的山河具有了人文精神的内涵，使祖国成为一个富有实际内容和生命力的有机体。

学习建议

1. 学习本案例的目的和用途

本案例旨在介绍中华文明博大精深、灿烂辉煌，及其对东方以至世界文明发展起到了举世公认的巨大推动作用。中华的物质财富和精神财富使祖国的山河具有了人文精神的内涵，使祖国成为一个富有实际内容和生命力的有机体。

本案例可用于第三章全部内容的辅助学习。

2. 学习本案例应注意的问题

本案例不仅说明爱国需要学习和了解祖国灿烂的文化，而且"读万卷书，行万里路"、游览祖国的大好河山也是了解中国传统文化的一种很好的治学形式，通过这种形式能够更深刻地感受中华文化的博大精深，获得精神享受；而且还要注意说明爱国也是一种责任，我们应该善待中华文化和环境，保护中华文化和环境，否则就会遭到惩罚。

案例五　霍英东的人生传奇

案例文本

2006年10月28日，香港著名的爱国实业家、慈善家霍英东先生病逝，享年84岁。"聚财有道，散财亦有道"的霍英东成为2006年感动中国的人物，中央电视台的"颁奖词"说："生于忧患，以自强不息成就人生传奇。逝于安乐，用赤诚赢得生前身后名。他有这样的财富观：民族大义高于金钱，赤子之心胜于财富。他有这样的境界：达则兼济天下。"上述精练的语言高度概括了霍老的一生，是他人生的光辉写照。

霍英东给人的印象，一是官至高位，在政界、商界、体育界拥有众多的头衔；二是他是个慷慨的有钱人。从小吃过不少苦的霍英东聚财有道，但也热心公益，散财有道。多年来，他对社会的各类捐助金额接近200亿元，单是在家乡番禺的捐助就超过40亿元，有报道称，他是港澳地区为家乡捐赠最多的富豪。说起父亲生前的善行，其子霍震霆回忆道："他说过一句话：人一生一定要做有意义的事。有钱，是给他一个机会，能对国家做自己的贡献。"

做善事也并非一帆风顺，曾经发生过这样的事：20世纪80年代初，霍英东先生为修建广州的洛溪桥无偿捐款1 700万，按工程预算，这笔款项即使不够建桥，也差不了多少。然而快20年后，人们忽然发现了大问题：番禺区政府一直在向过桥的车辆收取"买路钱"。霍英东先生得知此事后声明：自己从没有拿过一分钱的过桥费，以后也不会拿，同时"要给政府一个教训"。此后，广东省人大代表开始围绕洛溪收费事件对番禺区政府进行不依不饶的追究，查阅了许多文件资料，并一笔一笔地给番禺区政府算工程账，算得番禺区政府相当狼狈。这件事并没有太多影响他做公益的热情，此后还是不断对我国体育事业的发展倾力相助。这更反映出霍英东人格的高尚，说他热爱祖国矢志不渝一点都不为过。他的确是大家学习的榜样。

（资料来源：中央电视台．2006年感动中国人物霍英东"颁奖词"；陈永．传奇人生——香港红顶商人霍英东［N/OL］．凤凰资讯，2013-10-28．有删改。）

案例点评

一个人能够成为什么人，应该成为什么人，在很大程度上依赖于社会，依赖于生于斯、长于斯的祖国，爱国是个人实现人生价值的力量源泉。霍英东先生，许多人能记住他的名字，并不仅仅是因为他生前是一位富豪，更多的是他对待财富的方式。出身寒门、卖杂货起家的霍英东先生，积极投身公益慈善事业，把个人拥有的财富回报社会，用于内地教育、医疗、体育、文化事业发展，是一种成熟而理性的财富观。与霍英东先生不同的是，中国内地的少数富翁财富不多，却挥霍无度。对于社会慈善事业，这些富翁斤斤计较，相当小气。俗话说，饮水当思源。

因此，富豪更应当认识到，财富意味着社会责任，财富越多，责任也就越大。这个责任就是扶持一些落后的行业、群体，为实现社会的文明进步、和谐发展作出积极贡献。霍英东先生以他的爱国行动实现了自己高尚的人生价值。

学习建议

1. 学习本案例的目的和用途

本案例的目的和用途主要是通过霍英东的传奇人生和财富观说明爱国主义是个人实现人生价值的力量源泉，一个人能够成为什么人，应该成为什么人，在很大程度上依赖于社会，依赖于生于斯、长于斯的祖国。祖国给个人的成长发展创造条件，对个人创造的成果给出评价，为个人实现人生价值提供舞台，指明方向。

本案例可用于第三章第二节"爱国主义及其时代要求"内容的辅助学习。

2. 学习本案例应注意的问题

此案例不仅仅讲述了霍英东先生的财富观，更重要的是霍英东先生有"达则兼济天下"的境界，这种境界可以对大陆富豪财富精神产生启迪，让他们多多了解霍先生的内心世界，而不只是仰慕霍先生的财富和其经商致富之术。

案例六 侠者黄大年：半生归来不负爱国心

案例文本

黄大年，半生归来，初心不改，在祖国需要他的时候，义无反顾地做出"必然"的选择，他的"归来"不负国，投身"事业"不负国，名利"淡泊"不负国。在"中国梦"的征程上，他为祖国奉献终生的炽热情怀，像一颗种子，播撒在无数人身边。

黄大年，侠之大者，为国为民。一般侠者，顶多"江湖"上流传着他的传说，而"黄大侠"却在太平洋上威名远扬。话说2009年，恰逢某国航母舰队耀武扬威正在太平洋演习。听说黄大年回到中国，这个舰队自动后退100海里。此事外媒有报，新华社有转，惊动中外。航母舰队何以后退？盖因黄大年身怀绝技使然。

黄大年是国际知名地球物理学家、战略科学家，擅长"给地球做CT"。他回国前研发的高科技整装技术装备，能在快速移动条件下探测地下和水下隐伏目标，广泛应用于油气和矿产资源勘探，尤其潜艇攻防和穿透侦查等军民两用技术领域。他带领团队成功研制出的航空重力梯度仪系统，能精确探测位于国界和交战区地下隧道以及隐藏在民用建筑物地下的军事设施。他曾在某国军队的"潜艇"和"飞机"上做过试验，搞过技术攻关。

这样的高手，自然让人联想到"一个人顶几个师"的钱学森，而李四光、钱学森、邓稼先那一代"前辈高手"，恰是黄大年自小的偶像，他曾在自己的朋友圈用邓稼先的例子发出过"黄大年之问"——"看到他，你会知道怎样才能一生无悔，什么才能称之为中国脊梁。当你面临同样选择时，你是否会像他那样，义无反顾？"

1982年，黄大年从长春地质学院大学毕业，题赠友人以照片，上书9字："振兴中华，乃我辈之责！"感叹号落笔之际，侠气跃然纸上。1993年初冬，他奔赴英伦深造，启程前回望同学，大声说："等着我，我一定会把国外的先进技术带回来。"2009年，他51岁，正是科学家的黄金年龄，绝学练成，声播宇内，却选择归来，成为东北地区引进的第一位"千人计划"专家。一边是洋房名望，英伦风景，剑桥流水；一边是祖国召唤，从头开始，道远任重。选择面前，黄大年义无反顾。他最短时间辞职、售卖别墅、办回国手续。"他肯定会回来。"熟悉他的亲友，无不如是说。"多数人选择落叶归根，但是高端科技人才在果实累累的时候回来更能发挥价值。"他说，"现在正是国家最需要我们的时候，我们这批人应该带着经验、技术、想法和追求回来。"

黄大年是一个"被仰望、被追赶的传奇人物"。作为侠者，与高手过招，他从未败过。他在英国剑桥ARKeX地球物理公司任研发部主任时，手下管着300号"高配"人马，包括他国院士。大家服他。在英国，他带领团队实现了"在海洋和陆地复杂环境下通过快速移动方式实施对地穿透式精确探测的技术突破"。回国不久，他出任"深部探测技术与实验研究"项目第九分项的首席专家，这是国内有史以来最大规模深探项目。作为侠者，他志存高远，不愿做花匠。英国的生活很好，但在他看来："在这里，我就是个花匠，过得再舒服，也不是主人。国家在召唤，我应该回去！""作为一个中国人，国外的事业再成功，也代表不了祖国的强大。只有在祖国把同样的事做成了，才是最大的满足。"他回国后，国家"巡天探地潜海"得以填补多项空白。因为他，中国深部探测能力已达国际一流水平，局部处于国际领先地位。作为侠者，他拼命"疯魔"，将生死看淡。他说："中国要由大国变成强国，需要有一批'科研疯子'，这其中能有我，余愿足矣！"他身体不好，常年大把吞速效救心丸，却说："我是活一天赚一天，哪天倒下，就地掩埋。"他曾经晕倒在万米高空，被送医院，人未醒，双手却紧抱电脑，掰不开。醒后第一句话是："我要是不行了，请把我的电脑交给国家，里面的研究资料很重要……"作为侠者，他不图名利，却名动朝野。有一项地球勘探项目缺领军人物，但这个上亿元项目却一分钱也分不到他头上，他二话不说，披挂上阵。学校屡次催他抓紧申报院士，他说，"先把事情做好，名头不重要"。

施一公曾说："大年是我见过的最纯粹、最赤胆忠心的科学家！""千人计划"

联谊会，大家公选黄大年任副会长。高风懿行，自成楷式。2017 年 1 月 8 日，黄大年因胆管癌去世，享年 58 岁。整个中国，都在怀念他，怀念这位侠者，怀念他微笑的面庞、开阔的胸襟、精深的业务。

侠者黄大年用"归来"诠释了"只要祖国需要，我必全力以赴"的爱国誓言。国家的召唤，响起他"初心的号角""我一定会回来的"，他放弃了高薪与名望，放弃了在外的"果实累累"，带着"经验、技术、想法和追求"回来了。他说："能够越洋求学，获取他山之石仅是偶然，回归故里报效祖国才是必然。""出走"的"偶然"与"回归"的"必然"让我们看到了他对祖国的赤诚之心，不管何时，不论何地，他的心未曾与祖国分开，祖国始终是他内心最崇高的"归宿"，他把为祖国富强、民族振兴、人民幸福贡献力量作为毕生追求，年少对国许下的誓言，他用毕生来兑现。

侠者黄大年用"事业"践行了"振兴中华，乃我辈之责！"的爱国使命。"我要是不行了，请把我的电脑交给国家。"怎样的使命感和责任感，才能让他在生命未卜之际对国家科技的发展"念念不忘"，殊不知，他早就做好了随时准备为国奉献生命的准备了，"哪天倒下，就地掩埋"的信念早就扎根于心，在科技强国的路上，他是"奔跑使者"，和时间赛跑，和生命赛跑，朝着"深地时代"奔跑，他背负着"振兴中华"的使命，创造了多项"中国第一"，却把自己在奔跑的途中"弄丢了"，但是他的学生不会忘了他，科学界不会忘了他，祖国不会忘了他。

侠者黄大年用"淡泊"书写了"心有大我，至诚报国"的爱国情怀。心中有祖国，肩上有使命，黄大年一片冰心置于国。他"什么职务也不要，就想为祖国做些事"，对他而言"先把事情做好，名头不重要"。古语道"非淡泊无以明志"，一个人只有抛开了一己之私，才能成就"心有大我"；心无旁骛以诚明"志"，才能有"我以我血荐轩辕"的"无畏"，才不至于在名利欲望前迷失自我。黄大年正是有了"淡泊"之境，才能对科学舍身忘己，对祖国忠诚如初，把爱国之情、报国之志，融入祖国改革发展的伟大事业之中，融入人民创造历史的伟大奋斗之中。

侠者黄大年是在外漂流的船只，扬帆起航，祖国是他最后的"归宿"；他是一朵小小的浪花，一旦奔腾，便激起千层涟漪；他是一流清泉，纯粹宁然，未曾遗忘"泉眼"。虽死之日，犹生之年，试问"当你面临同样选择，你是否会像他那样，义无反顾？"

（资料来源：谢玉. 黄大年：半生归来不负爱国心［EB/OL］. 人民网—云南频道，2017-07-22；陈振凯. 侠者黄大年［N］. 人民日报海外版，2017-07-21. 有删改。）

案例点评

案例选择黄大年半生归来不负爱国心的故事，让我们领略了他"只要祖国需要，我必全力以赴"的爱国誓言，"振兴中华，乃我辈之责！"的爱国使命，"心有大我，至诚报国"的爱国情怀。黄大年秉持科技报国理想，把为祖国富强、民族振兴、人民幸福贡献力量作为毕生追求，为国家教育科研事业作出了杰出的贡献。在实现中华民族伟大复兴中国梦的征途中，正因为有像黄大年这样无私奉献的科学家，国家才得以不断追赶并打破西方发达国家在科学技术领域的"垄断"。黄大年淡泊名利、甘于奉献，把爱国之情、报国之志融入祖国改革发展的伟大事业之中，为中国的建设贡献了智慧和力量，他是时代的英雄，爱国的典范，我们应该永远铭记他！

学习建议

1. 学习本案例的目的和用途

本案例选择黄大年半生归来不负爱国心的故事，引导当代大学生要以黄大年为榜样，学习他心有大我、至诚报国的爱国情怀，黄大年放弃了国外的丰厚的物质条件，选择了回到祖国的怀抱，并在自己的科研领域取得了一系列重大科技成果，用自己的精神甚至生命感染和影响了身边的人，践行了爱国报国的人生理想，践行了自己的人生目标。引导当代大学生以黄大年为榜样，学习他的淡泊名利，以国家、人民的需要为导向，放弃国外优越的科研环境和安逸的生活，毅然回国默默奉献的精神。引导当代大学生以黄大年为榜样，学习他在自己的工作岗位上实干苦干的精神。

本案例可用于第三章第二节"爱国主义及其时代要求"内容的辅助学习。

2. 学习本案例应注意的问题

选择本案例是为了说明黄大年的爱国是包括了情感、思想和行动三种要素的统一体。爱国情感是爱国的感性基础；爱国思想或觉悟是爱国的理性升华，是个人与祖国关系的理性认知以及个人责任和使命的自觉承担；爱国行为是爱国的具体实践，黄大年就是用自己的实际行动抒发和表达自己的爱国情感，实践爱国思想，完成爱国志向。

案例七　华为的创新和成功

案例文本

在过去的 30 年时间里，华为从 2 万元起家，从名不见经传的民营科技企业，发展成为世界 500 强和全球最大的通信设备制造商，创造了中国乃至世界企业发展史上的奇迹！华为成功的秘密就是创新。2017 年 3 月 18 日，中共中央政治局常委、国务院副总理张高丽在中国发展高层论坛开幕式上的讲话中提到："100 个世界知名品牌，我们只有华为一个"。

"创新"使华为从一个弱小的、没有任何背景支持的民营企业快速地成长、扩张成为全球通信行业的领导者

华为 2017 年年报显示，华为业绩实现全球销售收入 6 036 亿元人民币，同比增长 15.7%，净利润 475 亿元人民币，同比增长 28.1%。2017 年华为持续投入未来，研发费用达 897 亿元人民币，同比增长 17.4%，近十年投入研发费用超过 3 940 亿元。华为从做贸易起步，但没有继续沿着贸易的路线发展，而是踏踏实实地搞起了自主研发，华为对研发的高投入一直是业界的标杆，目前华为员工约 18 万名，其中有 8 万多名是研发人员，占比近 50%。2017 年华为支付雇员费用为 1 068.51 亿元，拥有超过 160 种国籍，海外员工本地化比例约为 70%，华为员工 2017 年的薪酬，平均每人达到 68.89 万元。对于研发，华为表示坚持内生外引结合的方式吸引优秀人才。对内，不以成败论英雄，即使是失败的人才、经验，也要继续留在华为的队伍里，从中提取失败因子，总结和持续探索；对外，接纳各种科学家，各取所长，例如日本科学家精细、法国数学家浪漫、意大利科学家忘我工作，英国、比利时科学家具有领导世界的能力等。

目前，华为已经全面进入全球各大市场，且 65% 以上的销售收入来自海外市场，业务遍及全球 170 多个国家和地区，已在 150 个左右的国家和地区设立了海外办事处，许多办事处设在较为艰苦的非洲、中东等地。华为在美国招聘优秀中国留学生全部都要求去非洲，去艰苦地区，华为的口号是"先学会管理世界，再学会管理公司"。

华为成立以来，没有做过资本化的运营，是世界 500 强中唯——一家没有上市的公司和一家 100% 由员工持股的民营企业。目前，华为有 8 万多名员工持有公司股权，全员持股吸引了越来越多的人才到华为工作，全员持股成为激活华为员工创造潜力与创新能力的重要因素。

华为还探索了一套独特的商业模式，建立了一套行之有效的人力资源管理体系，尊重和爱护人才，聚集了一大批技术精英，为华为的可持续发展提供了人力保障。在培养接班人方面，任正非打破家族式继承，推行轮值 CEO 制度，让没有血缘关系的优秀后继者担任轮值 CEO，首开中国民营企业"代际传承"之先河。

华为的创新是全方位的创新

第一，客户需求是创新之本。华为的理念创新最核心的是以客户为中心，以奋斗者为本，长期坚持艰苦奋斗，坚持自我批判。华为以客户需求为导向，前端是客户，末端也是客户的端到端的流程。30 年以来，华为持续进行组织变革，但变革只有一个聚焦点，围绕着以客户为中心这个方向进行变革。华为的任何一级管理者，包括任正非，到全世界出差，不能坐飞机的头等舱，如果坐头等舱，多出来的钱需要自费。这是一种价值趋向，即整个组织的所有"神经末梢"、任何人，所有的劳动和奋斗，所有的组织成本都只能围绕客户这样一个方向。华为没有专为领导人使用的专车、司机，

在国内任何地方，多数情形下，任正非出差不是自己开车就是打出租车，上飞机没有人送，下飞机没有人接。经常自己拉着一个行李箱去坐出租车。作为企业领袖或者创始人的任正非，必须通过严格的自我约束形成表率——公司支付的成本是要用于客户，而不是用于各级管理者。华为的"客户创新中心"和"诺亚方舟实验室"就是专门为客户量身打造的创新研究机构。通过对客户个性化需求的解读与研判，创造性地为客户进行"量体裁衣"式的个性化服务。满足各个国家客户不同的需求，成为华为进行创新的动力。

第二，开放式合作是创新的基石。华为奉行站在巨人的肩膀上发展的原则，一是实行以土地换和平的技术路线。包括专利互换、支付专利费等。对所缺少的核心技术，华为通过购买或支付专利许可费的方式，实现产品的国际市场准入，再根据市场需求进行创新和融合。二是与包括竞争对手、客户等建立战略伙伴关系。华为先后在德国、美国、瑞典、英国、法国等国家设立了20多个研究所，与世界领先的运营商成立了30多个联合创新中心。三是招揽全世界的人才为华为服务。华为与全球200多所大学、研究机构在开展研发合作。从而实现了全球同步研发，不仅把领先的技术转化为客户的竞争优势，而且还为华为输入了大量高素质的技术人才。

第三，基于开放式、学习型的创新理念。华为先后与IBM、HAY、MERCER、PWC等国际著名公司合作，不惜花数十亿资金，引入先进的管理理念和方法，对集成产品开发、业务流程、组织、品质控制、人力资源、财务管理、客户满意度等方面进行了系统变革，把公司业务管理体系聚焦到创造客户价值的核心上。经过不断改进，华为的管理实现了与国际接轨，不仅经受了公司业务持续高速增长的考验，而且赢得了海内外客户及全球合作伙伴的普遍认可，有效支撑了公司的全球化战略。

第四，基于尊重知识产权基础上的创新。华为的创新信奉的是对知识权益的尊重与认可。华为每年要向西方公司支付2亿美金左右的专利费，每年拿出1亿多美金参与一些研发基金，并且参与和主导了多个全球行业的标准组织。近20多年来，华为在全球累计申请了近8万项专利，由于华为拥有庞大的专利组合，才可以跟西方公司形成平等的专利交叉许可格局。由于华为拥有强大的科学家加工程师的研发组织，所以也形成了很多基础专利。在全球170多个主流标准组织中，华为担任了180多个重要职位，包括主席、副主席等。华为认为，未来5至8年，会爆发一场"专利世界大战"，华为必须对此有清醒的战略研判和战略设计。

第五，开放、包容、鼓励试错是创新之源。任正非曾说，华为研发20多年浪费了1000亿，但正是这1000亿构筑了华为的软实力，华为的世界级创新实力就是构筑在华为无数的学费之上的，允许试错，鼓励试错，华为就是在数不清的教训的基础上积累了创新成功的经验。

（资料来源：佚名．华为的创新哲学：把二道贩子公司做到通信老大［N/OL］．网易教育频道综合，2014-05-14；田涛．万字长文解读华为的创新和成功［N/OL］．虎嗅网，2016-04-18；快科技．华为发布2017年年报：研发费用支出近900亿［N/OL］．快科技，2018-03-30．有删改。）

案例点评

创立于1987年的华为，经过近30年艰苦卓绝的奋斗，终于成为世界级优秀企业。2016年全球创新企业100强揭晓，中国内地仅华为上榜（华为在2014年也曾上榜），而美国与日本分别上榜39家与34家企业，遥遥领先。华为的上榜理由是：在全球激烈的智能手机竞争中占据了上风。华为成就了民族和国家的光荣与梦想。华为的成功归结起来就是创新，客户与市场是华为创新的源泉，市场导向是华为创新成败的根本。无论是模仿创新，还是连续创新，还是颠覆式创新，无不基于客户（用户）的显性或者隐性的需求，重要的在于追求市场上的成功。而开放式创新则是一切创新的基础，还有资源整合基础上的商业模式的创新，也代表着未来创新的主潮流。华为是中国企业创新的成功典范，也是中国企业创新的一张亮丽名片。但华为式创新不是完美无缺的，它也存在着隐忧，比如基础理论和重大技术创新还需要重视，组织与人之间的张力过大也需要平衡，从企业家创新到企业创新也还需要转型等，相信华为在创新之路上会越走越远，越走越强。

学习建议

1. 学习本案例的目的和用途

本案例选择华为的创新和成功旨在通过华为的一系列创新活动，生动地阐述华为成为世界级优秀企业的成功经验，归结起来就是创新。回顾过去，以华为公司为代表的优秀企业在探索与尝试中找到了实现创新精神的途径与方法，通过技术创新和制度创新不断实现新的组合方式，满足、预见甚至创造了消费者的新需求，因而实现了企业稳定而快速的发展。新时期，激发企业家的创新精神，对于弘扬经邦济世的中华精神、实现伟大复兴的中国梦仍然具有重要的现实意义。

本案例可用于第三章第三节"让改革创新成为青春远航的动力"的辅助学习。

2. 学习本案例应注意的问题

新时期的大学生置身于实现中华民族伟大复兴的时代洪流之中，应当以时代使命为己任，迎接时代挑战，增强创新创造的能力和本领，勇做改革创新的实践者，将弘扬改革创新精神贯穿于实践中、体现在行动上。本案例中主要用于激励培养大学生的创新精神，首先是要培养创造性思维的能力，其次是要培养强烈的创新动机，再次是要培养健全完整的人格和顽强的意志力，最后是要培养相互协作的团队精神。

案例八 以色列创新的秘密

案例文本

刚刚过去的五一小长假，阿里董事局主席马云带领 35 位高管前往以色列交流学习，探寻以色列科技创新之源。"为什么只占全球 0.2% 的人口拿走了 20% 的诺贝尔奖，为什么科技贡献 GDP 超 90%，为什么是以色列？我相信以色列有十万个为什么，阿里巴巴将会有同样多的答案。"阿里 B2B 事业群总裁戴珊在微头条写道。

众所周知，以色列是全球公认的创新国度，不仅涌现出 6 000 多家科技初创企业，纳斯达克上市企业数量超过欧洲，科技产业贡献超过 GDP 的 90%，而且凭借在遗传学、计算机科学、化学等领域的深耕，已有多达 10 名以色列人和以色列裔人获得过诺贝尔奖。目前，以色列人均拥有创新企业数目居世界第一；以色列人均拥有高科技公司位居世界第一，因而被称为"世界硅谷"；以色列人均拥有图书馆和图书量均居世界第一；以色列人均读书比例居世界第一；以色列每万人中在国际科学杂志上发表论文数在世界上居首位，人均科技论文数排名第三，人均论文引用数据位列世界第四；以色列为世界贡献了 20.2% 的诺贝尔奖获得者；以色列劳动力中 25% 是科技专业人员，远远高于美国和日本；以色列每万人中就有近 150 名科学家和工程师，是世界上比例最高的；以色列从事研发的全职人员占总人口的比例为 9.1%，在世界上名列前茅。以色列高科技产业的产值已占工业总产值的 50% 以上。

因此，以色列成为最值得学习的创新型国家之一，吸引了比尔·盖茨、巴菲特、柳传志、马云等中外企业家先后到访和考察，他们均为以色列取得的创新成就点赞。其中，马云对以色列评价极高，称在自己心中，以色列一直代表的是智慧、创新、坚持。

以色列这片被犹太人视为"应许之地"的土地，如何成为科技创新的"圣地"？主要分为硬件和软件两方面原因。

先说硬件，鲜少有人知道，以色列全民创新意识极高，其实是被逼出来的。其国土面积 2.5 万平方公里，相当于 1.5 个北京，但人口仅有 855 万，不到北京人口的一半。以色列国土资源本就稀少，一半以上是沙漠，尽管地处中东，但油气资源无法与周边土豪国家相提并论，加上阿拉伯国家敌意与威胁从未消除，在这样艰苦的生存环境下，以色列人不创新就只有死路一条。

"我们没有自然资源，没有淡水，没有土壤，没有安全，我们是一个移民国家，146 个国家的人来到这里，我们没有资产，唯一有的就是一个个的创业者。"迦南创投合伙人埃胡德·利维表示。因为对自然资源的依赖性不高，高科技产业成为以色列的选择，创新成为立国之本、强国之道。

关于以色列创新的秘密，曾有媒体总结为政府搭台唱戏、社会资本加盟、大学孵化产业三位一体，我深表认同，三大硬件条件是推动以色列形成由上至下的创新体系的必要条件，缺一不可。

政府搭台唱戏方面，从1974年起，以色列政府各部门一共设有13个首席科学家办公室，贯彻落实国家科技发展规划，协调指导与该部职责有关的科技活动。1984年制定的《产业研究鼓励与研发法》是其主要行为依据，目的是推动创新的发展。同时，为了促使企业更新换代，政府采用借款而非资助的方式，借款可以循环使用。在同质化竞争中，如果一家企业获得了政府资金支持，那另一家企业必须在创新上下功夫，否则可能被淘汰。

如果创新成功，企业要在前2年的销售收入中提出3%交给首席科学家办公室，滚入资助资金池，进而积累更多创新项目。如果创新失败，企业则无须返还科研借款，政府与企业共同承担风险和科研经费损失。不难看出，来自政府的资金支持，既能激发企业的创新精神，又让企业创新无后顾之忧，一举两得。

社会资本加盟方面，1993年，以色列政府推出一项名为"YOZMA"的风险投资计划，如果一家科技公司获得了国际风险资本投资，政府将为其提供1∶1的资金支持，这一计划在一定程度上刺激了以色列中小企业的崛起。无论是创新型企业还是农业科技产业，都能看到风投的身影。

看来，"YOZMA"计划旨在通过引导民间资金设立更多的商业性投资基金，以杠杆效应放大对创新型企业的支持。风投多了，企业不再受制于资金短缺，有利于打破发展瓶颈，创新环境也能更加完善。数据显示，20世纪90年代中期到2000年短短6、7年间，以色列创业公司从100家猛增到800家，风险投资从5800万美元迅速增长到33亿美元。

大学孵化产业方面，不安分的以色列人在幼儿园就会被鼓励多思考多创造，20多岁成为百万富翁并不稀奇，其对创新的热情可见一斑。（与国内大学生恋爱＋游戏为主、上课为辅不同，以色列大学生的目标是创业，即拥有自己的企业，为此经常参加大型创新比赛。）

同时，以色列大学功能定位也与国内高校有明显差异，几乎每所大学都有自己的科技转化公司，负责对本校科学家发明成果进行分析、专利注册和知识产权保护，与企业界进行谈判，以吸引企业对相关研发进行资助和将科研成果进行商业化转化。因此，以色列大学往上可以连接政府各个相关部门，往下可以联通大中小企业和创业者，有利于创新型人才的挖掘和培养，为以色列创新体系的搭建提供智力支持。

再说软件，软件即软实力，文化是创新的土壤，除了祖辈流传的读书习惯，犹太人年均读书40本左右，远超其他国家，以及不俗的执行力，《创业的国度：以色列经济奇迹的启示》一书中提到一个说法：如果一个以色列男人想要与某个女人约会，他会在当晚就叫她出来；如果一个以色列商人有一个生意上的点子，那他在一周之内就会将它付诸实践。移民和军队创造的新文化也深刻影响了以色列人的创新精神。

移民方面，以色列是个移民国家，历史经验证明，移民国家一定是个创新国家。20世纪90年代初，东欧剧变苏联解体前后，大批高知犹太人从动荡的斯拉夫地区移民到以色列，他们都是专业技术工人和科研人员，为以色列创新注入新动力。其实，移民本身就是"重新开始"的新人，他们不拘一格，敢想敢干，而且思路更广阔，眼光更长远、更开放，成为创新的重要源泉。

包容是创新的最好环境。以色列对移民实行双重国籍制度，并且来去自由。如今以色列公民中，国外出生的人占整个国家的人口1/3。如此不拘一格的宽松氛围，给人思想上增加了纵横驰骋的空间，以至于当年持有双重身份的爱因斯坦差点成为以色列第三任总统。

军队方面，360掌门人周鸿祎曾感慨："以色列军队是世界上最好的孵化器。"这并不夸张，处在阿拉伯宿敌包围之中的以色列，将GDP的10%投入到国防科技的研发中去，其军工产业的产品和人才，大部分会被用来反哺民用，进一步推动了高科技产业的进步。

同时，以色列推行全民皆兵的制度，除了教徒，每个健康的犹太高中毕业生，无论男女都要先在军队服役3～5年，之后才能上大学，退役后每年还要拿出一个月的时间回到军队继续服役。众所周知，军队讲究团结、实践和竞争，这种既封闭又开放的大课堂，为培养良好的创新意识提供了温床，从而为以色列贡献了众多创业创新人才。

值得注意的是，以色列军队并不单纯讲授舞刀弄枪，也把创业当成重要课程来教学。换言之，军队在一定程度上起到了大学的作用，以至于很多年轻人退役后直接创业，而不局限于考取功名。另外，由于全民皆兵，所以以色列军队晋升机制狭窄，高级军官少下级军人多，于是形成了底层士兵主动权更大、随机应变能力强的局面。

因此，尽管以色列人普遍没有受过MBA教育，但不断涌现出创新能手。要知道，MBA的本质是人际关系，在人际交往中实践和实现商业价值，以色列军队恰恰承担了这项教化功能。

数据显示，从2005到2014年，平均每年约86家以色列公司被巨头收购，成为媲美硅谷的全球创新中心。当然，与被收购案例相比，以色列公司吸纳投资的能力更为惊人，这些数量众多、技术领先的初创企业，吸引了风投机构和跨国公司的注意力，其中中国互联网公司已成为投资主力。

以阿里为例，2014年12月，其在以色列投资首秀献给了从事二维码技术的Visualead，此后便不断加码投资以色列血统的创业公司，包括增强现实领域的Infinity AR和Lumsus、搜索技术领域的Twiggle、专注网络安全的ThetaRay，以及金融科技领域的 EZbob。

如今，中国人口红利逐渐消失，大到 BAT 小到创业者，纷纷意识到技术的重要性，以色列技术＋中国产品大势所趋。百度掌门人李彦宏曾表示，"以色列有技术，而中国有非常多的数据作基础。如果我们可以将两者结合，就能够创造奇迹。"可以预见的是，谁能抢占以色列科技创新的制高点，谁就将在未来竞争中占上风。

（资料来源：龚进辉．柳传志、马云先后来取经，以色列的创新秘密是什么？［EB/OL］．搜狐网，2018-05-07；潘光，陈鹏．以色列的创新成功之路［N］．光明日报，2015-11-26．有删改。）

案例点评

以色列从 1948 年建国至今，人民凭着自己的智慧和勤劳，创造了令世人瞩目的发展"奇迹"，使一个贫穷落后的小国崛起成为世界上最发达的国家之一。纵观以色列近 70 年的发展历程，总共 800 万人口，却创造了人均 GDP 超过 34 000 美元的经济奇迹，在世界上名列前茅，究其原因是以色列改变传统思维、推动科技创新发挥了至关重要的作用。以色列的创新成功之路具有非常厚重的历史文化底蕴，深深扎根于犹太文明 5 000 年历史的积累和提炼之中，它始终难以抹去纳粹大屠杀的烙印，那已成为全民从教育、反思中获取力量的一个永恒主题；它总是表现出一种不安全心态，那可能是长期遭到压抑和围堵所造成的随时应对危机的惯性；它一直洋溢着强烈的奋斗精神，那正是处于包围之中的在极其困难条件下建设国家、创造奇迹最需要的；它处处体现出集体意识，那是犹太民族依靠紧密团结而得以生存和复兴的精神支柱；它具有绚丽多彩的多元特色，那是犹太人在 2 000 年离散生活中逐步形成的善于博采众长的传统。

近年来，我国不少企业纷纷抱团频繁地和以色列亲密接触、交流、访问，这是一个好的开端，我们一定要学习以色列敢于创新的精神，在创新路上，敢于走别人没有走过的路，敢于向自己挑战，向未来挑战。

学习建议

1. 学习本案例的目的和用途

选择本案例是为了了解以色列为什么能成为世界上一个不断创造奇迹的国度，学习以色列的改变传统思维、不断创新的精神。

本案例可用于第三章第三节"让改革创新成为青春远航的动力"内容的辅助学习。

2. 学习本案例应注意的问题

当前虽然我国经济总量跃居世界第二，但大而不强、臃肿虚胖体弱问题相当突出，主要体现在创新能力不强，科技发展水平总体不高，科技对经济社会发展的支撑能力不足，科技对经济增长的贡献率远低于发达国家水平。所以，创新是我国赢得未来的必然要求，抓创新就是抓发展，谋创新就是谋未来。

思考练习

一、单项选择题

1.民族精神和时代精神的有机结合构成了（　　）。

A.爱国主义　　　　B.民族主义　　　　C.中国精神　　　　D.民权主义

2.中华民族精神的核心是（　　）。

A.爱国主义　　　　B.爱好和平　　　　C.勤劳勇敢　　　　D.自强不息

3.时代精神的核心是（　　）。

A.体制创新　　　　B.制度创新　　　　C.科技创新　　　　D.改革创新

4.爱国主义精神的落脚点和归宿是（　　）。

A.爱国情感　　　　B.爱国思想　　　　C.爱国行为　　　　D.爱国体验

5.爱国主义的基本要求不包括（　　）。

A.爱祖国的大好河山　　　　　　　　B.爱自己的骨肉同胞

C.爱自己的本职工作　　　　　　　　D.爱自己的国家

6.把握经济全球化趋势与爱国主义的相互关系的问题上，需要着重树立一些观念，其中不包括（　　）。

A.人有地域和信仰的不同，但报效祖国之心不应有差别

B.科学没有国界，但科学家有祖国

C.顺应经济全球化，适时改变爱国主义立场

D.经济全球化过程中要始终维护国家的主权和尊严

7.在经济全球化形势下，国际社会活动中的主体、民族存在的最高形式仍然是（　　）。

A.国际组织　　　　B.国家　　　　C.跨国公司　　　　D.经济联盟体

8.爱国主义是调节个人与祖国之间关系的（　　）。

A.情感需要　　　　　　　　　　　　B.思想原则

C.思维方法　　　　　　　　　　　　D.道德要求、政治原则和法律规范

9."苟利国家生死以，岂因祸福避趋之"体现了一种（　　）。

A.同仇敌忾、抗御外侮的爱国主义优良传统

B.维护祖国统一、反对分裂的爱国主义优良传统

C.开发祖国河山、创造中华文明的爱国主义优良传统

D.热爱祖国、矢志不渝的爱国主义优良传统

10.在现阶段，爱国主义与拥护祖国统一和（　　）。

A.爱人民是统一的　　　　　　　　　B.爱劳动是统一的

C.爱科学是统一的　　　　　　　　　D.爱社会主义是统一的

二、多项选择题

1.中华民族崇尚精神的优秀传统主要体现在（　　）。

A.对物质生活和精神生活相互关系的独到见解上

B.古人对理想的不懈追求上

C.对道德修养和道德教化的重视上

D.重视人生境界和理想人格

2.在中华民族悠久的历史发展中，爱国主义从来就是一种巨大的精神力量，成为一种优良传统，这种优良传统包括（　　）。

A.维护祖国统一，反对分裂　　　　　B.同仇敌忾，抗御外侮

C.热爱祖国，矢志不渝　　　　　　　D.天下兴亡，匹夫有责

3.爱国主义的基本要求是（　　）。

A.爱祖国的大好河山　　　　　　　　B.爱自己的骨肉同胞

C.爱祖国的灿烂文化　　　　　　　　D.爱自己的国家

4.中华民族精神的内涵，包括爱国主义和（　　）。

A.团结统一　　　B.爱好和平　　　C.勤劳勇敢　　　D.自强不息

5.改革创新是时代精神的核心，改革创新精神表现为（　　）。

A.突破陈规、大胆探索、勇于创造的思想观念

B.不甘落后、奋勇争先、追求进步的责任感和使命感

C.坚忍不拔、自强不息、锐意进取的精神状态

D.固守经验、步伐稳健、游刃有余的处事风格

6.改革创新是多方面的，主要包括（　　）。

A.理论创新　　　B.制度创新　　　C.科技创新　　　D.文化创新

7.所谓民族精神，是指一个民族在长期共同生活和社会实践中形成的，为本民族大多数成员所认同的（　　）的总和。

A.价值取向　　　B.思维方式　　　C.道德规范　　　D.精神风貌

8.爱国主义包含着（　　）三个方面。

A.情感　　　　　B.思想　　　　　C.行为　　　　　D.意志

9.下列选项中体现了作为中华儿女要爱祖国的大好河山的是（　　）。

A.一方水土养一方人　　　　　　　　B.禾苗离土即死，国家无土难存

C.保我国土　　　　　　　　　　　　D.爱我家乡

10.爱国主义体现了人民群众对自己祖国的深厚感情，反映了个人对祖国的依存关系，是人们对自己故土家园、民族和文化的（　　）的统一。

A.归属感　　　　B.认同感　　　　C.尊严感　　　　D.荣誉感

三、判断题

1. 在当代中国，公民的爱国主义主要体现在拥护祖国统一上，不必爱社会主义。（ ）

2. 爱国无小事，公民的爱国行为表现在公民日常生活的一言一行中：只要对祖国和人民有利的，公民无论从事何种职业，做何种事，都包含着爱国主义的成分。（ ）

3. 爱国主义与拥护祖国统一的一致性，只是对生活在中国大陆的中国公民的要求。（ ）

4. 经济全球化条件下谈爱国主义已经不合时宜了。（ ）

5. 中国精神是民族精神和时代精神的有机统一。（ ）

6. 爱国主义体现了人民群众对自己祖国的深厚感情，反映了个人对祖国的依存关系，是人们对自己故土家园、种族和文化的归属感、认同感的统一，是纯粹的情感和道德要求。（ ）

7. 改革创新精神是进一步解放和发展生产力的必然要求。（ ）

8. 抗洪精神、载人航天精神是民族精神在新的时代条件下的体现。（ ）

9. 经济全球化意味着政治、文化的一体化。（ ）

10. 弘扬和培育民族精神，要立足于建设中国特色社会主义伟大实践。（ ）

四、材料分析题

1950年，数学家华罗庚放弃在美国的终身教授职务，奔向祖国。归途中，他写了一封致留美学生的公开信，信中说："为了抉择真理，我们应当回去；为了国家民族，我们应当回去；为了为人民服务，我们应当回去；就是为个人出路，也应当早日回去，建立我们工作的基础，为我们伟大祖国的建设和发展而奋斗！"

回国后，华罗庚进行应用数学的研究，到工厂、农村、部队、学校，足迹几乎遍布全国各省区，用数学解决了大量生产、科研中的实际问题，在国际国内享有盛誉，被称为"人民的数学家"。

在英国伯明翰大学，一位风度翩翩的女学者问他："华教授，您不为自己回国感到后悔吗？"华罗庚含笑笑道："不，我回到自己的祖国一点也不后悔，我回国，是要用自己的力量，为祖国做些事情，并不是为了图舒服。活着不是为了别的，而是为了祖国！"

请谈谈你对数学家华罗庚爱国情感的看法。

第四章
践行社会主义核心价值观

案例一　怀揣梦想　职教筑梦　匠心圆梦

案例文本

　　2018 年是全国职业院校技能大赛举办的第 11 个年头。11 年来，一批批技能高手从这个舞台上脱颖而出。如今的他们已经成为各自岗位上的技术骨干。那些曾经给人留下深刻印象的"国赛小将"代表们，现在他们也成为名副其实的"大国小将"，天津职业大学 2008 届毕业生王警就是其中的代表。作为首届全国高职院校技能大赛（高职组）产品部件的数控编程、加工与装配项目比赛一等奖获得者，现为中国航天科工集团二院 23 所数控车、加工中心编程加工工程师的王警，4 月 7 日来到母校，用"怀揣梦想、职教筑梦、匠心圆梦"的个人成长经历给正在备战今年全国职业院校技能大赛的学弟们加油鼓劲。"职教点亮人生，技能改变命运。从我本人的经历来看，职业教育绝不是什么二流教育，它肩负着培养高素质劳动者和技术技能人才的使命。只要肯努力，人人皆可成才，人人尽展其才。"王警表示。

怀揣梦想，结缘职教

　　王警有一个被同事戏称为"毛病"的爱好——和机器打交道。他喜欢这种控制机器的"感觉"。王警说，这个"毛病"从小就落下了。小时候，家里的收音机、缝纫机、电冰箱等凡是"带有金属外壳"的机器，基本上都经过王警的手。有一次，看到家里客厅摆着一台报废了的电视机，他便"两眼放光"，如获至宝地搬到自己的房间，给这个"死马"做起了手术，"我知道肯定修不好，但就想搞清楚它为什么坏了。"王警还依稀记得，这件事让他挨了家里人几个板子，原因是，电视机拆开后，他没能给装回去。不过，他自己倒是满不在乎，至少，"我知道电视机的'心脏'是啥样子了"。

　　高考后王警就毫不犹豫地选择了职业教育。"从小爱动手，喜欢拆、装东西。既然自己喜欢，那就当作职业来做吧。因为职业教育能让我获得某种职业技能，有很具体的职业方向，而自己又知道自己喜欢什么、以后想做什么，那么选择职业教育刚刚好。"梦想成为一名技术能手的王警，始终坚信"一技在手，走遍天下""一招鲜，吃遍天"。正是因为对动手操作机械有着的浓厚兴趣，同时非常看好机械制造行业的发展前景，王警关注到职业教育优势凸显的天津市，了解了天津职业大学的综合实力，就在高考结束后毫不犹豫报考了天津职业大学的机械制造及自动化专业。

产教融合，职教筑梦

王警把天津职业大学机械工程实训中心（以下简称中心）称为"家"，尽管已经毕业10年，每每提起在中心学习生活的日子，他仍然对昔日的实训设备如数家珍，对老师做的打卤面念念不忘。大学三年，王警在中心一干就是一年半，中心也见证了王警的成长——从取得数控车工中级工到取得高级工、技师证书，王警本人也从一个只是对机械制造"感兴趣"的毛头小子一步步蜕变为数控车工的行家里手，"成为技术能手"的梦想也逐渐变成了现实。

王警之所以能够取得这么大的变化，首先得益于天津职业大学创新的产教融合办学模式。天津职业大学机械工程实训中心实行校企一体、企业化运营，中心工作人员既是专职教师又是企业员工，既教学又生产，熟知实训与生产的契合点，一方面可以根据学生实习的性质和内容，探索出不同形式的产学研相结合实训教学模式，让王警可以在生产中练技术，在学习中亲历生产一线的生产项目，能够通过参加真实生产来提高专业技能和职业素养，将职业素质、职业技能及专业知识融为一体，更好地适应企业岗位能力需要；另一方面，产教融合的平台给教师提供了与多家企业合作的契机和锻炼的机会，在产学研结合的工作环境中，教师快速成长，培养出一支以国家级技能大师李建国为带头人、包括6名全国技术能手和13名天津市技术能手在内的坚实能战的教学团队，教师们传绝技、解难题、带高徒，让王警很好地传承发扬了技艺技能。另外，天津职业大学注重大赛引领教学和大赛成果转化，以各级各类职业技能竞赛以及学科竞赛为抓手，"以赛促教、以赛促学""做学一体、训赛相通"，王警在校期间就参加了全国职业院校技能大赛（高职组）、第三届全国数控技能大赛、天津市高职高专数控技能竞赛等多个赛项。在长时间的真实生产、备战备赛和加工多品种工件的实际历练中，王警在中心里不断"摸爬滚打"，自身潜质得以不断挖掘，技术娴熟并逐步积累，有效提升了他的创新能力和职业素养，为今后继续深造和求职就业打下了坚实的基础。

不忘初心，匠心圆梦

王警在刚入职中国航天科工集团二院23所时，就在很短的时间内得到了用人单位的充分肯定，被称赞"上岗快、素质高"。他说："得益于学校的实操训练，让自己参加工作后能上手就干，不用师傅教授，而且制作的产品没有一点问题，甚至比老师傅做得还要好。因为这些制作过程，我在校期间就已经完成了。"在校期间，李建国不仅要求王警扎扎实实学技能，更注重培育和弘扬工匠精神。"不能有'差不多的思维'，坚持'人有我优'的技术追求，把生产产品当作工艺品一样去精雕细刻、耐心打磨。"王警说。在老师们的带动和要求下，王警逐渐形成了踏实稳干的作风和精益求精的精神，把"爱岗敬业、精益求精、一以贯之"的工匠精神内化于心，外化于行，工作中从不挑活、捡活，安排什么干什么，干什么就干好什么，通过完成各种各样的急件、难件，他的技术能力得到了再次提升，先后参加多次技能比武，取得数控车工第二名、"航天技术能手""数控车工优秀奖"等多项成绩、荣誉。

当然王警并不满足于此，在数控车、加工中心岗位工作期间，他不仅保质保量完成各项生产任务，而且还经常协助改进生产工艺技术，提高生产效率。比如，在数控车岗位期间，他配合完成某型号产品的科研攻关任务，填补了该所加工此类型零件的技术空白；在加工中心岗位期间，利用现有设备完成了某重点型号高精度、高光洁度产品的加工，并做到工件精度完全符合设计要求，成功按时交付使用；牵头组建了"馈电法兰盘研究小组"，成功将16个小时的工期缩短至7小时。"所谓'匠心'，就是对平凡工作严谨专注，对本职工作精益求精。擎着这份执着，就有可能成为行业的佼佼者。"王警表示。

在北京展览馆陈列的"砥砺奋进的五年"大型成就展中，王警发现自己的照片竟然位列其中，深感激动和自豪："每每看到自己参与制造的雷达研制成功，那种发自内心的喜悦油然而生，因为它有我的心血和汗水。从制造业大国迈向制造业强国，需要科研人员的设计研发，也同样需要工匠们的生产创造。现在我的梦想就是成为真正高水平的大国工匠，用技术技能为制造业强国做贡献。"

（资料来源：张颖.怀揣梦想 职教筑梦 匠心圆梦——记从高职院校走出来的"大国小将"王警〔EB/OL〕.天津北方网，2018-04-13.有删改。）

案例点评

当前，我国正处于从制造业大国迈向制造业强国的重要时期，不仅仅需要科研人员的设计研发，也同样需要工匠们的生产创造。如今，高职院校通过多年来的国赛进行技能比拼，培养出一大批从高职院校走出来的"大国小将"，他们以"爱岗敬业、精益求精、一以贯之"的工匠精神践行着社会主义核心价值观。王警就是其中一位优秀代表，他不忘初心、匠心圆梦，书写着自己的精彩人生。

学习建议

1. 学习本案例的目的和用途

本案例以高职学院走出来的王警成为"大国小将"为例，引导我们正确理解社会主义核心价值观的基本内容，充分认识到爱岗敬业、精益求精的重要性，培养自己"爱岗敬业、精益求精、一以贯之"的工匠精神，自觉践行社会主义核心价值观。

本案例可用于第四章第三节"做社会主义核心价值观的积极践行者"内容的辅助学习。

2. 学习本案例应注意的问题

学习时应结合当前国家从制造业大国向制造业强国转变的重要时期，对照社会主义核心价值观的基本内容，准确理解高职院校人才着眼于培养大国工匠和践行工匠精神的重要意义。

案例二　用传统文化涵养核心价值观教育

案例文本

当代大学生的价值观状况，主流是积极、健康、向上的，但毋庸讳言在一些学生中也存在着所谓"人生理想实际化、价值标准实用化、个人追求实在化、行为选择实惠化"的思想和行为。究其原因，一方面是当代大学生受自己人生经验和社会阅历所限，面对身边急剧变化转型的经济、政治、文化和社会现实缺乏适应的心理准备和能力，缺乏对未来美好追求的前瞻认识和自信底气。另一方面，一些大学生自身在思想政治上还不够成熟，很容易被某些西方价值观念所迷惑，而国内某些人在讲坛上不负责任的言论煽动和不良情绪的传导，无疑也对大学生价值观造成负面影响。

对当代大学生进行社会主义核心价值观教育，不仅非常必要而且十分紧迫。但教育不可能一蹴而就，离不开日积月累的中华优秀传统文化的熏陶和滋养。正如习近平总书记所指出的，"博大精深的中华优秀传统文化是我们在世界文化激荡中站稳脚跟的根基""中国特色社会主义植根于中华文化沃土""要认真汲取中华优秀传统文化的思想精华和道德精髓""使中华优秀传统文化成为涵养社会主义核心价值观的重要源泉"。中华优秀传统文化是进行大学生核心价值观教育不可或缺的重要源泉，它能使当代大学生认知和亲近中华五千年的灿烂文明，切实增强大学生对民族文化的自信、自觉和爱国情感。

以"群己之辩"所崇尚的"群体重于个人"观念，来激发大学生的爱国情怀、社会责任感和集体主义观念

"群己之辩"是指对于群体和自我关系的讨论、探究和反思。可以分为两个层面：一是自我和社会（国家）的关系，二是自我和他人的关系。中华传统文化中的"群己之辩"始于孔子。孔子的主张是寄望于重建礼乐来优化群己关系。他说："夫仁者，己欲立而立人，己欲达而达人。""己欲立"是指个人的立身与成德，"立人"则是指立他人和促进群体的完满和谐。在他看来，人在群己两个维度上都应该采取积极的态度，仁德之人必须既要"自立"又要"立人"。后来从先秦儒学到程朱理学的演变，总体而言，在群己关系上一直占主导地位的价值观念基本上是"群体重于个人"，特别强调个人对于群体的义务和责任。

"群体重于个人"的思想观念有利于激发当代大学生的爱国情怀和社会责任感。在中国历史上，一向不乏将国家前途、民族命运和自身的发展奋斗紧密结合的爱国仁人志士。例如，孟子的"富贵不能淫，贫贱不能移，威武不能屈"，范仲淹的"先天下之忧而忧，后天下之乐而乐"，顾炎武的"天下兴亡，匹夫有责"，陆游的"位卑未敢忘忧国"，杜甫的"安得广厦千万间，大庇天下寒士俱欢颜"，岳飞的"精忠报国"，鲁迅的"横眉冷对千夫指，俯首甘为孺子牛"等，都曾激励着一代代人胸怀祖国，勇于担当。这些，都是对大学生开展爱国情怀和社会责任感教育的极好素材。

"群体重于个人"的思想观念也有利于培养当代大学生的集体主义观念。儒学文化中倡导的"修身、齐家、治国、平天下"，是以和谐的人际关系、群体和合、社会稳定有序为条件和基础的，因为身与家、家与国乃是一个密不可分的整体。因此，儒学文化主张用"仁爱"来处理自己和他人的关系。当代大学生多是独生子女，一些人从小就养成了过分强调自我的思维模式，集体归属感不够强。针对这种情况，进行集体主义观念教育，引导大学生更好地处理好人际关系，自觉遵守道德规范和履行社会义务，非常具有现实意义。

以"义利之辩"所彰显的"以义导利"价值取向，来培育大学生的社会主义义利观

"义利之辩"是指对于道德义务和利益关系的讨论、探究和反思。人的生活可以分为物质生活和精神生活。义与利的关系问题实际上就是人的精神生活和物质生活、道德原则和物质利益的关系问题。当然，利也会涉及公利和私利的关系问题。中华传统文化对待义与利关系问题的主流价值取向是重义轻利。儒家向来强调精神生活优于物质生活、道德原则高于物质利益，但对于义利关系的认识也有一个从"重义轻利、以义制利"到"义利并举、以义导利"的过程。例如，孔子曰："君子喻于义，小人喻于利"，他把"义"看成了君子固有的修养。但他看重义的道德价值的同时，也肯定利有其合理性，只是强调要"义以为上"和"见利思义"，凡是符合道义的正当的利益才可以考虑，而不符合道义的利益或不正当的利益，一定要自觉舍弃。作为一个君子，在处理义利关系上，应当把履行道德义务放在第一位，把个人利益放在其后。

"以义导利"价值取向有利于培育大学生的社会主义义利观。"义"与"利"的冲突在市场经济条件下表现更为激烈和明显。当今一些大学生过分追求现实功利，过分扩张物质欲求。在当前社会主义市场经济条件下，对大学生进行核心价值观教育，就要继承这种"以义导利"的义利观。引导大学生在面对各种各样的物质利益时，首先要以义去规约之、筛选之，当义利发生矛盾和冲突，两者只能选择其一时，就应当"义以为上"或"以义为重"。大学生作为中华优秀传统文化的传承者，应当保留着对于崇高意义的追求和向往，而力求避免太过于世俗化和功利化。当然，马克思主义的义利观，强调"义利统一"原则，把国家和人民利益放在首位的同时，又充分尊重公民个人的合法利益，这是对传统的义利关系的辩证升华。

以"天人之辩"所倡导的"天人合一"思想，来培育大学生的人文价值理性和生态文明意识

"天人之辩"是指对于天（天道、天理、自然）和人（人道、人事、人为）之关系的讨论、探究和反思。总体而言，从先秦儒学到程朱理学，在天人关系上一直占主导地位的价值观念基本上是"天人合一"思想。在儒学文化中，天与人不是对立关系，而是和谐一致的关系。例如，孔子曰："天何言哉？四时行焉，百物生焉。"同时他也强调"畏天命"的必要性。孟子则明确提出了"天人合一"思想。他说："尽其心者，知其性也。知其性，则知天矣。"意思就是，充分觉悟、发掘、扩展人的本心，就能认识自己的本性，认识了自己的本性，就能够把握天的本质。可见，儒学文化中的"天人合一"思想是具有注重人文价值理性之特点的。

儒学文化的"天人合一"思想中高扬的人文价值理性，对遏制当代社会存在的科技理性、工具理性将会发挥积极作用。针对一些大学生存在着生活迷茫、精神空虚等问题，要引导他们秉承"天行健，君子以自强不息"的精神，在火热的社会实践活动中为民族复兴、国家进步做出贡献。此外，要继承和弘扬"天人合一"思想中认为人类是大自然的一部分，讲究人与自然的和谐相处和顺应天时，对自然抱有一种敬畏的态度，顺应自然才能更好地使社会存在和发展。

（资料来源：杜卫.用传统文化涵养核心价值观教育［N］.人民日报，2015-09-15.有删改。）

案例点评

中华优秀传统文化是进行大学生核心价值观教育不可或缺的重要源泉，它能使当代大学生认知和亲近中华五千年的灿烂文明，切实增强大学生对民族文化的自信、自觉和爱国情感。古代社会"群己之辩"所崇尚的"群体重于个人""义利之辩"所彰显的"以义导利""天人之辩"所倡导的"天人合一"等思想，构成了社会主义核心价值观丰厚的历史底蕴。培育和弘扬社会主义核心价值观，必须从中华优秀传统文化中汲取丰富营养，深入中华民族历久弥新的精神世界，把长期以来我们民族形成的积极向上向善的思想文化充分继承和弘扬起来。

> 学习建议

1. 学习本案例的目的和用途

　　本案例分析了当前大学生的价值观现状及存在的问题，提出了加强大学生社会主义核心价值观教育的重要性，并结合中华优秀传统文化的思想观点，涵养社会主义核心价值观。可以帮助我们认识中华优秀传统文化与社会主义核心价值观的关系，从而坚定价值观自信。

　　本案例可用于第四章第二节"全体人民共同的价值追求"内容的辅助学习。

2. 学习本案例应注意的问题

　　社会主义核心价值观不是凭空产生的，它是与中华民族悠久灿烂的历史文化相契合的，有着深厚的历史文化底蕴。中华优秀传统文化是社会主义核心价值观的重要源泉。

案例三　用"最美"生动诠释社会主义核心价值观

> 案例文本

　　"寻找最美乡村教师""寻找最美导游""寻找最美养路工""寻找最美邮递员"……光明日报"寻找最美"大型公益活动连续开展5年来，掀起了"寻找最美"热潮，传递了正能量，生动诠释了社会主义核心价值观，受到社会各界的广泛赞誉。

　　据了解，"寻找最美"系列活动是培育和宣传核心价值观的生动实践，也是中央主流媒体敢于担当社会责任的鲜活实例。光明日报坚持用文化的滋养和催化，推出系列"寻找最美"报道，以德树人、以文化人，深入发掘、讲好故事，用感人的事迹和清新的文风报道"最美"，以"最美系列"弘扬和引领核心价值观。

　　2011年，《光明日报》率先发起"寻找最美乡村教师"大型公益活动。至2015年，"寻找最美乡村教师"大型公益活动更名为"寻找最美教师"，活动将推选范围由乡村教师拓宽至全社会的教育工作者。这一活动通过寻找、发掘、宣传教师，展示教育工作者无私奉献、甘为人梯的风采，在全社会弘扬尊师重教的良好风尚，弘扬社会主义核心价值观，倡导更多优秀人才为我国教育事业贡献力量。

　　据统计，活动开展5年来，全国30多个省区市的上千名乡村教师参与推荐和自荐，通过官网报名的教师超过4 000名。共评选出54个"最美（乡村）教师"（个人、团体）和103个"特别关注（乡村）教师"（个人、团体）。"最美（乡村）教师"获得爱心企业及社会各界的资助已超过千万元。活动期间，官网点击量超过1亿次，累计独立访问用户超过1 000万人，留言评论万余条。

此外，《光明日报》与国家旅游局合作开展了"寻找最美导游"活动，发动社会各界力量，发现和推出一批诚实守信、乐于奉献、积极向上、奋发有为的导游人员，展示了他们的职业美、品德美、行为美，树立了导游群体的良好形象，让全社会进一步理解、尊重和信任导游；与民政部区划地名司联合主办的"寻找最美地名"活动，征集文字、图片、秒拍等形式记录网友喜爱和认为有历史文化内涵的"最美"地名，谈论自己对地名保护、地名演变和地名变更的看法。

专家指出，"寻找最美"系列公益活动，为时代点燃了一盏光明之灯，向全社会传递了人间的大爱，充分体现了中央媒体高度的社会责任感，是在用实际行动践行社会主义核心价值观。

有读者表示，"最美"系列犹如一面镜子，其故事蕴藏着砥砺人心、烛照时代的精神力量，使得核心价值观更有感染力、穿透力，也让核心价值观更好地走进人们的心灵。

（资料来源：史竞男．用"最美"生动诠释社会主义核心价值观［N/OL］．新华社，2015-10-25．有删改。）

案例点评

党的十八大以来，中央高度重视培育和践行社会主义核心价值观，推动社会主义核心价值观在全社会落地和开花。培育和践行社会主义核心价值观，是有效整合我国社会意识、凝聚社会价值共识、解决和化解社会矛盾、聚合磅礴之力的重大举措，也是保证我国经济社会沿着正确的方向发展、实现中华民族伟大复兴的价值支撑。"寻找最美"系列公益活动，回应了中央的期待和民众的期许，每一个"最美"往往都伴生着令人感动、使人落泪、催人奋进的故事，其背后蕴藏着砥砺人心、烛照时代的精神力量，从不同层面彰显着社会主义核心价值观，从而让社会主义核心价值观更多地走进人们的心灵，变得鲜活起来。

学习建议

1. 学习本案例的目的和用途

本案例通过"寻找最美"系列公益活动，生动诠释社会主义核心价值观。可以引导全社会弘扬积极向上向善的价值取向，更好地帮助我们理解社会主义核心价值观的内容，也为我们践行社会主义核心价值观树立了榜样，具有很好的示范和带动作用。

本案例可用于第四章第一节"全体人民共同的价值追求"、第三节"做社会主义核心价值观的积极践行者"内容的辅助学习。

2. 学习本案例应注意的问题

应在准确理解社会主义核心价值观的内容基础上，充分认识"寻找最美"活动开展的意义。

案例四　用生命践行社会主义核心价值观

◈案例文本◈

这是一个值得纪念的日子——2013 年 7 月 14 日上午，第 12 集团军"朱德警卫团"破障三连原指导员罗昊带领官兵进行海上重难点课题攻关时突遇险情，在冲锋舟侧翻的一刹那，他奋不顾身将战友推开，自己却被操舟机螺旋桨砸中头部，英勇牺牲，生命永远定格在 28 岁。

2014 年 8 月以来，在罗昊牺牲一周年之际，以他为原型采编的音乐情景剧《誓言无声》，走进南京军区党委扩大会会场，并在军区部队巡演。"最美政治指导员"罗昊用生命践行核心价值观的强军先锋精神，感动得现场官兵一次次流下热泪、掌声也一次次响起。

"既然选择军营，就不能动摇信仰"

"你的从军梦已圆，在部队也奉献几年了，回来帮助父亲打理生意吧？""我们不想女儿婚后一个人生活，你趁早转业也好创一番事业。"……任指导员不久，罗昊的家人和岳父母先后提出这样要求。

罗昊却把选择的"天平"倾向绿色军营：在价值观念多元化的今天，诱惑无处不在，既然选择了军营，就不能让诱惑动摇自己的信仰。

罗昊执着信仰的政治定力，洒满他年轻生命的全程：从高考超出重点线不上名牌大学选择军校，到谢绝留校任教走进野战部队；从请缨分到战时冲在最前沿、任务最危险的水上动力连，到海训攻关和连长争上"第一舟"直至献出生命……罗昊始终扎根军营。

团里有个指导员和罗昊关系不错，他的父亲承包了一个小型发电厂，当地政府为保护环境于 2013 年年初给关停了。为此，这个指导员发牢骚：经济转型，咋把父亲"饭碗"转没了。

"指导员是做战士思想工作的，咋自己遇到问题就解不开疙瘩啦？"罗昊毫不留情地狠"批"他一顿：党员干部特别是政治干部永远不能忘记自己的身份，说话办事前要想想言行举止是否符合身份要求？是否会对身边官兵产生错误导向？罗昊的提醒，给这个指导员打了一针"清醒剂"。

担任指导员后，罗昊十分注重抓好教育引导工作，借助"实话实说""焦点访谈""今日说法"等富有时代元素的样式，通过观点剖析、答疑解惑，并利用板报、广播、网络等鲜活载体，在潜移默化中帮助官兵树立正确的人生观、价值观。

"自身素质过硬，建连育人有底气"

罗昊上任指导员伊始，"教导"全连官兵不要怕苦累，却发现战士私下议论："你身体这么胖，第一次 5 公里武装越野，不到千米就倒下，咋教育我们？"

"自身素质不过硬，建连育人哪能有底气？"此后，罗昊坚持早起晚睡，练体能、强技能，两个月减掉 17 斤，综合素质从全连倒数到名列前茅。官兵们看在眼里，不用一言竞相比拼。

课题攻关，罗昊成立"支委第一舟"，每次训练第一个下水；节假日站岗，罗昊把附近公共卫生打扫得干干净净，被战士称为"模范哨兵"……

树形象、带好头，是政治工作最有力的无形感召。实施水上爆破训练，受浮力、水流等影响，技术难度大，危险系数高。连队首次进行攻关示范，罗昊挺身而出，主动引爆第一爆："都靠后，我先上！"随着"轰"一声巨响，水花四溅。随即，全连官兵在大声"叫好"同时，少了胆怯，有了底气。

连长刘延辉说，罗昊处处起模范带头作用影响带动了全连官兵，连队连续两年将军事训练、全面建设先进奖牌扛进荣誉室。

"能为战士挡子弹，他才真情对你"

"我就是死，也要把指导员托住！"去年 7 月 14 日，险情发生时，左臂受伤不能动弹的下士王志远，用右手将昏迷的罗昊托在水面，用尽全力坚持近 10 分钟，直到等来救援的战友，自己却差点沉入大海。

战士孙良东不停自责："指导员是为救我牺牲的！"同样在船上成功脱险的战士展大海，哽咽着说："那天指导员在船头，本可以第一个跳海逃生的！"

罗昊牺牲后，举行遗体告别仪式时，几十名退伍老战士从全国各地赶来，在罗昊的遗体前哭成一片……

到底是怎样的一种力量，凝聚起罗昊和战士间如此深厚的情感？罗昊生前日记中的这样一段话让记者找到了答案："对待战友，要有危急关头替他们挡子弹的手足真情！"

2013 年 5 月，连队组织爆破分洪训练，罗昊和电起爆接线员徐航路接好线路回撤，刚跑出不到 10 米，炸药突然起爆。还没等小徐缓过神，罗昊一个箭步冲过去把小徐扑倒在身下，瞬间飞溅出的石子和泥沙落在罗昊身上"噼啪"作响，两人有惊无险。

"指导员年龄比我小，却感觉像是兄长一般，他把战士的冷暖疾苦，当成自己的事。"毕波在连队当了 3 年文书，说起罗昊的事迹感触最深：2012 年 8 月，上士罗延生母亲生病手术急需要用钱，罗昊把身上的 2 000 元全部塞给小罗，并发动党员捐款 5 000 多元；去年 4 月，上等兵杨佳旭的父亲因车祸住院，罗昊拿出自己 1 个月的工资给小杨救急……对战士的深情大爱，罗昊不仅时时倾注在帮困解难中，更处处播撒在成长成才上。

罗昊注重放大战士优点，根据每个人特长制订清晰的成才路线图，帮助他们做崇高的人、当优秀的兵。两年来，连队先后有 5 人考上军校、士官学校，16 人获得大专以上文凭。

"群众利益举过头，他们记你在心中"

2013 年 7 月，团里和驻地市教委联合开展一对一帮扶助学活动，采取干部自愿报名方式，每人帮扶一名贫困学生。休假在家的罗昊得知消息后，专门打电话让连队文书毕波给他报名。毕波说："报名的干部很多，帮扶对象又少，你不在就别报了吧。""我一定要帮上一个，这是给你的'任务'！"罗昊态度很坚决。最终他与驻地一所小学的葛晨毓结成帮扶对子。

追悼会上，小晨毓泣不成声。罗昊妻子张瀚文在悼念丈夫的微博中写道："老公你放心，这个孩子我会一直帮下去，完成你未做完的事。"在整理罗昊的遗物时，战友们惊讶地发现：6 本献血证上有北京、长沙、蚌埠、盐城等多个城市的印章。

就在罗昊牺牲的前一天，连队海训场一艘载有 11 名游客的游艇失去动力被困海上，情况危急。罗昊迅速带领几名战士驾舟赶往出事游艇旁边，将游客全部转移上岸。

英雄魂归故里，老区满城泣雨。去年 7 月 26 日上午，江苏盐城从高速路口到城市主干道，从罗昊家居住的小区到革命烈士墓地，成千上万的人民群众冒着高温酷暑，自发打起横幅，迎接英魂回家。

"你把群众利益举过头顶，群众把你记心中！"罗昊生前教育引导官兵的话，得到了最好的印证。

罗昊牺牲后，很多党政机关、科研院所，企事业单位，都把罗昊英雄的壮举和爱兵爱民的情怀，作为群众路线教育实践活动的一面"镜子"。众多网友发帖："您走了，用年轻生命诠释了什么是人间大爱""向'最美指导员'罗昊致敬"……

（资料来源：朱磊 . 用生命践行社会主义核心价值观［N］. 法制日报，2014–09–18. 有删改。）

案例点评

罗昊，一个平凡而又伟大的连指导员。在一个个看似平凡的日子里，却渗透着他点点滴滴令人感动的故事。从选择军营到扎根军营、从无偿献血到贫困帮扶、从带头锤炼本领到关心战友冷暖疾苦、从为战友挡子弹的手足之情到义无反顾地为战友舍弃生命，无不体现着他执着信仰的政治定力，他以实际行动践行着社会主义核心价值观，以生命践行社会主义核心价值观的强军先锋精神，不愧为我们这个时代的楷模。

学习建议

1. 学习本案例的目的和用途

本案例通过罗昊英雄的壮举和爱兵爱民的情怀等先进事迹的介绍，旨在引导我们树立正确的人生价值取向。可以使我们深化对社会主义核心价值观内容的理解，从而坚定价值观自信，做社会主义核心价值观的积极践行者。

本案例可用于第四章第二节"坚定价值观自信"、第三节"做社会主义核心价值观的积极践行者"内容的辅助学习。

2. 学习本案例应注意的问题

对我们每一个人来说生命只有一次，所以我们要珍爱生命。生命固然重要，但当国家、社会以及他人的合法利益受损，能不惜付出生命去捍卫，足以彰显其人性之伟大、道德之崇高，是社会主义核心价值观所倡导的。

案例五　保定学院西部支教毕业生书写别样人生

案例文本

2014 年 1 月 3 日，河北保定学院学生餐厅内人头攒动，热闹非凡，"保定学院 2014 届毕业生双向选择洽谈会"正在举行。大屏幕上，当年豪迈地喊出"到西部教书去"的师兄师姐通过视频发出邀请："同学们，选择西部、选择基层，就是选择了拼搏的人生、别样的青春。欢迎到新疆，欢迎来西藏，我们在这里等着你们！"

2000 年开始，保定学院已经连续多届近百名毕业生选择了赴新疆、西藏、四川等地任教。他们都是品学兼优的学子，听到国家西部大开发的召唤，他们毅然放弃了继续深造的机会，谢绝了多家用人单位的盛情邀请，坚定地选择了万里之遥的祖国边疆。他们像戈壁红柳、似沙漠胡杨、如高山雪莲，10 多年来全部扎根西部大地，使青春焕发出别样精彩。

人生的选择

即使在新疆，且末也是最遥远的地方。

且末地处塔克拉玛干沙漠的最南端。十几年前的且末每年春夏秋三季频频遭遇"黄风啸啸石乱走"的恶劣天气，从乌鲁木齐到且末，坐汽车最少要 6 天。

保定学院的一群毕业生把且末作为自己安放青春和梦想的地方。

保定学院 2000 届政教专业毕业生，现在且末县委党校任教师的苏普坦言，当时家里并不支持自己去且末。他 4 月签约，临行前十几天母亲突然去世，作为家里最小的儿子，看着心力交瘁的父亲，有一刻也曾动摇，但最终还是踏上了西去的列车。"13 年来自己的工作和心态一直很稳定。如果说刚开始的选择有些单纯和激情，现在则是一份责任。今后的 23 年、33 年，我们会一直做下去，请学校领导放心，我们会为母校争光，为且末的教育事业作贡献。"苏普在信中写道。

保定学院 2003 届英语专业毕业生荀轶娜，在入学教育时看了反映师兄师姐到且末任教的专题片《到西部教书去》，她用"震撼"形容当时的感受。3 年后，她也站到了且末县中学的讲台上。

岁月的坚守

西藏南木林县，藏语意为"胜利"，地处日喀则地区东北部，平均海拔 4 400 米。2002 年，保定学院 10 名毕业生来到西藏南木林县时，整个县城也就百十来户。没有宿舍，他们就住在学校河对岸一个废弃的车队院里，两个人挤在五六平方米的狭小空间内。

2002 届毕业生、南木林县一中数学教师徐建旺见证并参与了县一中和整个南木林县的发展。他回忆说，当时大家一起去河里打水做饭，一起走过有 500 年历史的铁索桥去学校上课，一起去藏族老师家做客；没有电视，每天晚上就聚在一起听收音机，交流新学会的藏语，买到一本好书大家轮流看一遍。至今，在日喀则地区任教的保定学院毕业生达 12 人。

"在且末，别说是工作，就是生活下去也是一种奉献！"这是新疆维吾尔自治区人民政府原主席阿不来提·阿不都热西提对且末人民的评价。在岁月的坚守中，来自保定学院的毕业生们，遥想着父母一天天变老，自己却在万里之外无法尽孝。每个人谈起心中的痛楚，都是对亲人的牵挂、亏欠和内疚。

2013 年，保定学院 2000 届毕业生，现任且末中学教师侯朝茹的父亲被诊断为双侧缺血性股骨头坏死，最好的办法是做人工骨关节置换手术，但父亲以手术风险大为由断然拒绝，侯朝茹知道，父亲是不愿让 20 万元手术费用拖累子女。"拿着手机我就一个人默默流泪，多想每天帮父亲煎煎药，帮母亲做顿饭。"在给同学的通信中侯朝茹如此袒露心扉。

在奉献和坚守中，他们也收获着自己的爱情。荀轶娜来到且末，不习惯吃米饭，作为学长的朱英豪非常照顾她。一次聚会，看着皱眉吃饭的荀轶娜，朱英豪跑了好几条街为她买来两个馒头。荀轶娜说，那两个馒头她是"含着泪吃的"，离家万里的女孩，感到了亲情的温暖。"从那以后，我们成为彼此的支撑。昆仑山守候着我们的爱情，车尔臣河默默为我们祝福。"中文专业的朱英豪用诗一般的语言描绘着他们的幸福生活。

新疆巴州教育局前副局长克尤木·买买提曾这样表达对保定学院的敬意："从2000 年到 2013 年，保定学院陆续为巴州输送了 65 名毕业生，他们不是普通的志愿者、援疆人员，而是全部在这里扎了根。这些老师不仅带来了先进的教育理念，更带来了一种无私奉献的高尚境界，为巴州的教育事业做出了很大贡献。"

师者的力量

保定学院毕业生们的爱心同样温暖着藏族学生。在西藏南木林县一中任教的岳刚对藏族学生格桑央吉格外关心。初三那年刚开学，格桑央吉没有来上课。岳刚通过家访了解到，家长看到格桑的成绩一般，不想供她上高中了。看着孩子渴望求学的眼神，岳刚苦口婆心做通了家长的工作。接下来的大半年，岳刚在自己宿舍里设了一张课桌，每天晚自习后为格桑和另一名同学补课1小时。2005年7月，格桑以优异的成绩考取日喀则第一高级中学。

司会平2003年到日喀则第一高级中学教书，至今已带了3届毕业生，2010年、2013年高考升学率分别达到了98%、100%，获得了日喀则地区"教学能手""汉语教学带头人""国家级骨干教师"等荣誉。她用学校给的奖励设立了"格桑花助学金"，资助班里家境困难、学习努力的孩子。她说："希望自己种下的格桑花种子，在青藏高原开出更多娇艳的花朵，这就是我的中国梦。"

隆冬的保定学院，修剪整齐的冬青依旧葱茏，清冽的空气中，一群群背着书包的青年学生步履匆匆。

打开学院的贴吧，在校生们纷纷留言表达敬意和志向："当年的条件那么艰苦，师哥师姐们都没有退缩的念头！""趁青春，去拼搏。""我们也想去西部！""学长，我们崇拜你们！"

"师兄师姐，我们与你相约昆仑山！相约雅鲁藏布江！"

（资料来源：耿建扩，马丽娟.安放西部的青春与梦想——保定学院近百名毕业生扎根边疆教书育人［N］.光明日报，2014-01-15.有删改。）

案例点评

保定学院西部支教毕业生群体用实际行动为社会主义核心价值观做了生动、感人的注解。他们是知识分子的楷模，是青年学生的榜样，是我们这个时代的英雄。怀着执着的理想，奔赴条件艰苦的西部和边疆地区，扎根基层教书育人，十几年如一日，写下了充满激情和奋斗的人生历程。他们的坚守、他们的事迹，令人感动。

同人民一道拼搏、同祖国一道前进，服务人民、奉献祖国，是当代中国青年的正确方向。好儿女志在四方，有志者奋斗无悔。作为当代大学生，应以保定学院西部支教毕业生为榜样，到基层和人民中去建功立业，让青春之花绽放在祖国最需要的地方，在实现中国梦的伟大实践中书写别样精彩的人生。

学习建议

1. 学习本案例的目的和用途

学习本案例，使我们认识到保定学院西部支教毕业生胸怀远大志向，以实际行动践行着社会主义核心价值观。这将鼓舞我们一批又一批的青年学子到基层和人民中去建功立业，让青春之花绽放在祖国最需要的地方，在实现中国梦的伟大实践中书写别样精彩的人生。

本案例可用于第四章第三节"做社会主义核心价值观的积极践行者"内容的辅助学习。

2. 学习本案例应注意的问题

社会主义核心价值观的内涵包括国家、社会、个人三个层面，并且这三个层面不是彼此割裂的，而是有机统一的整体。作为当代大学生，应心系祖国和人民，响应国家的号召，根据社会需要不断调整和确立自己的人生目标。只有这样，才无愧于自己的人生。

思考练习

一、单项选择题

1. 社会主义核心价值观是当代（　　）的集中体现，凝结着全体人民共同的价值追求。

A. 爱国主义　　　　B. 民族主义　　　　C. 中国精神　　　　D. 人道主义

2. （　　）是文化软实力的灵魂、文化软实力建设的重点。这是决定文化性质和方向的最深层次要素。

A. 个人价值观　　B. 核心价值观　　C. 科学文化素质　　D. 教育与科学

3. 社会主义核心价值观是社会主义核心价值体系的（　　）。

A. 物质基础　　　　B. 精神内核　　　　C. 全部内容　　　　D. 理论引领

4. 民族精神的核心是（　　）。

A. 爱国主义　　　　B. 人道主义　　　　C. 改革开放　　　　D. 开拓创新

5. 富强、民主、文明、和谐，从（　　）层面标注了社会主义核心价值观的时代刻度。

A. 国家　　　　　　B. 社会　　　　　　C. 经济　　　　　　D. 政治

6. （　　）是社会主义核心价值观的实践根据。

A. 社会主义核心价值体系　　　　　B. 中国特色社会主义建设

C. 马克思主义为指导　　　　　　　D. 和平、发展、合作成为世界潮流

7. 社会主义核心价值观是对我们要（　　）等重大问题的深刻解答。

A. 什么是社会主义，怎样建设社会主义

B. 建设一个什么样的党，怎样建设党

C. 实现什么样的发展，怎样发展

D. 建设什么样的国家、建设什么样的社会、培育什么样的公民

8. 坚定的（　　）自信，是中国特色社会主义道路自信、理论自信、制度自信和文化自信的价值内核。

A. 传统文化　　　　B. 核心价值观　　　　C. 个人　　　　D. 人类命运共同体

9. 中华优秀传统文化强调"民惟邦本""天人合一""和而不同"等，表明（　　）。

A. 中华优秀传统文化与社会主义核心价值观格格不入

B. 社会主义核心价值观就是空穴来风

C. 中华优秀传统文化是涵养社会主义核心价值观的重要源泉

D. 中华优秀传统文化思想就是社会主义核心价值观

10. 社会主义核心价值观的先进性，体现在（   ）。

A. 道义力量的真实性

B. 它是社会主义制度所坚持和追求的核心价值理念

C. 它所代表的最广大人民的根本利益

D. 对富人是天堂，对被剥削者、对穷人是陷阱和骗局

二、多项选择题

1. 核心价值观（   ）。

A. 承载着一个民族、一个国家的精神追求

B. 体现着一个社会评判是非曲直的价值标准

C. 是一定社会形态社会性质的集中体现

D. 在一个社会的思想观念体系中处于主导地位

2. 社会主义核心价值体系主要包括（   ）。

A. 马克思主义指导思想

B. 中国特色社会主义共同理想

C. 以爱国主义为核心的民族精神和以改革创新为核心的时代精神

D. 社会主义荣辱观

3. 党的十八大提出，要倡导（   ），积极培育和践行社会主义核心价值观。

A. 富强、民主、文明、和谐　　　B. 自由、平等、公正、法治

C. 平等、团结、互助、合作　　　D. 爱国、敬业、诚信、友善

4. 培育和践行社会主义核心价值观，是（   ）。

A. 有效整合我国社会意识、凝聚社会价值共识、解决和化解社会矛盾、聚合磅礴之力的重大举措

B. 保证我国经济社会沿着正确的方向发展、实现中华民族伟大复兴的价值支撑

C. 古代社会"罢黜百家，独尊儒术"的翻版

D. 可以促进不同思想文化交流交融，拉动各种价值观念肆意生长

5. 当前，我国正处在经济转轨和社会转型的加速期，思想领域日趋（   ）。

A. 趋同　　　　　B. 多元　　　　C. 多样　　　　D. 多变

6. 许多国家沿袭反映资本主义核心价值观的西方模式，"被动学习""邯郸学步"，最终（   ）。

A. 出现了"民主盛景""发展盛景""繁荣盛景"

B. 社会稳定、政治清明

C. 大多宣告失败

D. 表明其核心价值观是错误的

7. 中国特色社会主义建设的成功（ ）。

A. 是对社会主义核心价值观正确性、可信性的检验

B. 彰显出社会主义核心价值观之所以强大的生命力、吸引力和感召力

C. 表明中国特色社会主义就是从天上掉下来的

D. 说明中国特色社会主义就是复制资本主义核心价值观而来的

8. 社会主义核心价值观以其（ ）而居于人类社会的价值制高点，具有强大的道义力量。

A. 先进性　　　　B. 人民性　　　　C. 孤立性　　　　D. 真实性

9. 社会主义核心价值观在公民个人层面，倡导爱国、敬业、诚信、友善。这是因为（ ）。

A. 爱国才能承担时代赋予的使命

B. 敬业才能创造更大的人生价值

C. 诚信才能赢得良好的发展环境

D. 友善才能形成和谐的人际关系

10. 社会主义核心价值观（ ）为我们坚定核心价值观自信提供了充分的理由。

A. 丰厚的历史底蕴　　　　　　　B. 坚实的现实基础

C. 强大的道义力量　　　　　　　D. 广泛的普世价值

三、判断题

1. 对一个民族、一个国家来说，最持久、最深层的力量是全社会共同认可的核心价值观。
（　　）

2. 社会主义核心价值体系是社会主义核心价值观的精神内核。　　　　　　（　　）

3. 我国是一个有着13亿多人口、56个民族的大国，确立社会主义核心价值观，有利于增进社会团结和谐的最大公约数，使全体人民同心同德、团结奋进，关乎国家前途命运，关乎人民幸福安康。　　　　　　　　　　　　　　　　　　　　　　　　　　　　（　　）

4. 在社会主义核心价值观中，倡导爱国、敬业、诚信、友善，从社会价值层面反映了人们对美好社会的期望和憧憬，是衡量现代社会是否充满活力又和谐有序的重要标志。（　　）

5. 社会主义核心价值观与中华优秀传统文化毫无关系。　　　　　　　　　（　　）

6. 社会主义核心价值观的现实基础，就是当今时代的中华民族所进行的人类历史上最为宏伟而独特的中国特色社会主义建设实践。　　　　　　　　　　　　　　　　（　　）

7. 坚定社会主义核心价值观自信，就是数典忘祖，照抄照搬别国的发展模式，可以接受任何外国颐指气使的说教。　　　　　　　　　　　　　　　　　　　　　　　（　　）

8. 正确的价值观能够引导大学生把人生价值追求融入国家和民族事业，始终站在人民大众立场，同人民一道拼搏、同祖国一道前进。　　　　　　　　　　　　　　　（　　）

9. 青年有着大好机遇，只要树立了社会主义核心价值观，就一定能成就美好人生。（　　）

10. 对于大学生而言，就是要切实做到勤学、修德、明辨、笃实，使社会主义核心价值观成为一言一行的基本遵循。（　　）

四、材料分析题

在漫长的历史发展中，中国社会核心价值观整体上完成了从儒家思想向马克思主义的转变。在这个过程中，它经历了从两汉儒学、宋明理学到马克思主义中国化的三次大整合，也经历了从诸子百家争鸣、鸦片战争到中华人民共和国成立以来的思想启蒙和当代多元文化并存的三次内部争论，还经历了从汉代佛教传入、清末基督教冲击、近代西方思潮涌入当代全球文化冲击的四次外扰历程。最终，它按照思想、历史自身的发展逻辑，综合融汇为当代中国社会独特的核心价值观。一个时代的核心价值观，只有反映时代的要求、历史的潮流、人民群众的诉求，才能最大限度地融聚一切积极的力量，对全社会起到引领和统摄的作用。

（摘自邱吉的《中国社会核心价值观的变迁》，中国人民大学学报2015年第6期）

结合材料简要阐述中国社会主义核心价值观是如何形成的？当前我国社会主义核心价值观的基本内容是什么？

第五章
明大德守公德严私德

案例一　原始社会道德教化方法

案例文本

原始社会生产力水平极低，单独的个人根本无法与自然力和野兽进行斗争，于是形成原始的群体生活，个人利益与集体利益几乎完全融为一体。但在原始集体中，个体的自觉意识难以显现，自觉意识只是在集体的共同心理层次上以神秘、互渗的方式表现出来，集体把个体联合为一体，形成集体意识。为了维护集体利益，使群体继续发展下去而不至于灭亡，生产活动就必须适应与自然力作斗争的要求。群体内部有经验的老人或者长辈就承担了对年轻人和下一辈进行教化工作的任务，年轻人从教化中获得知识，进而在生产实践和生活实践中模仿有经验的人的行为，形成适应原始社会的道德规范与准则。具体的教化内容主要是图腾宗教、礼仪制度、神话传说、原始歌舞等。

图腾、宗教

图腾是群体的标志，是原始人迷信某种动物或自然物同氏族有血缘关系，因而把它用来作本氏族的徽号或标志。在原始人信仰中，认为本氏族人都源于某种特定的物种，大多数情况下，被认为与某种动物具有亲缘关系，例如，"天命玄鸟，降而生商"（《史记》），玄鸟便成为商族的图腾。图腾标志在原始社会中起着重要的作用，它是最早的社会组织标志和象征。原始群体中，那些长辈级的人会从小就教育下一代对图腾的崇拜和信仰，使图腾成为团结群体、密切血缘关系、维系群体组织的方式之一。通过图腾标志、图腾祭祀等活动达到图腾的认同的目的。当图腾在集体中得到认同，个体的自觉意识便在图腾和禁忌中间接地渗透出来。原始氏族社会的宗教，包括对食物、繁殖、祖先、死亡、自然万物，以及社会群体的神秘观念和祈求敬拜，并由此发展出对超自然体之神灵的信仰及崇拜。根据考古所发现的原始宗教可追溯到石器时代，对其信仰的表现形态多为植物崇拜、动物崇拜、天体崇拜等自然崇拜，以及与原始氏族社会存在结构密切相关的生殖崇拜、图腾崇拜和祖先崇拜等。亨利·柏格森在《道德与宗教的两个来源》中认为，对人的道德意志的"训练"有两种方式，一种是文明时代的诉诸人的理性——认知和反思——的训练，另一种则是原始社会中的"神秘的方式"，即通过图腾和信仰来形成个体心中的禁忌。

礼仪、制度

原始社会虽然物质生活极其匮乏，但仍然存在一些礼仪和制度。不管是诞生礼还是成人礼，对原始群体来说，都是十分重要的社会习俗。在各个氏族内部，基本上都有涉及权利与义务的制度，维系原始社会成员之间的平衡关系。举例而言，摩尔根母系氏族的制度包括：氏族推选一个酋长和一个军事领袖并可任意撤换；氏族内部人员要互相帮助、保护不受外族伤害；氏族可收养外人入族；氏族有共同的墓地、共同的议事会等方面的内容。这些条款不一定以明确的文字记录下来，但通过长辈对下辈的言传身教，使制度和礼仪得以传递下去，只要这个氏族还存在，那这些制度就一定制约着氏族内部成员的日常行为，维护社会稳定。以强制性的公共道德约束个人，使集体意志不被打破，集体利益不受损害。

神话传说

神话的产生是远古时代生产力水平低下和人们为争取生存、提高生产能力而产生的认识自然、支配自然的积极要求。神话中充满神奇的幻想，它把原始劳动者的愿望和世界万物的生长变化都蒙上一层奇异的色彩。神话中神的形象，大多具有超人的力量，是原始人类的认识和愿望的理想化。它是根据原始劳动者的自身形象、生产状况和对自然力的理解想象出来的。这些理想化了的人或者物，作为一种对生活的美好愿望很容易在原始村落中流传下去。狩猎经济比较发达的部落，所创造的神话人物大多与狩猎有关。农耕发达的部落所创造的神话人物多与农业有关。人以刀斧、弓箭为武器，神话中的人物也就变成以这种工具武装起来的英雄。神话中的主人公被想象为超人，但有时也要遇到挫折和厄运。它反映了神话幻想的现实制约性。透过神话幻想的折光，从神话人物的作为和斗争，可以约略看到当时的人的作为和斗争。原始群体中，长辈利用神话故事教育青少年，培养他们的勇敢精神，神话故事中的英雄成为他们对抗自然力的精神力量。

原始歌舞

根据许多古文物和古文献的记载，原始歌舞是原始人群节日庆典中的内容，它再现氏族采集、渔猎、驯养农耕、战争生活和男女爱悦，并表达出对天地、神灵、图腾的敬畏，以及对生殖的崇拜。原始歌舞总是与原始人群宣泄情绪的心理和寄托祝愿的观念结合在一起，具有氏族群体祀神娱神的性质。他们创造的这种宣泄情绪、寄托祝愿的歌舞，既是对生活的再现，也在这些象征性、拟态性的动作中传递了伦理与道德。一代一代相传的舞蹈，并不会被残酷的自然环境所中断。例如，狩猎民族的舞蹈一律是群体的舞蹈。通常是本部落的男子，也有许多是几个部落的人联合演习，按照一样的法则和一样的拍子动作。在跳舞活动中，许多参与者都混合而成一个，好像是被一种感情所激动而动作的单一体。在跳舞期间他们是在完全统一的社会态度之下，舞蹈的感觉和动作融为一体。原始舞蹈的教育意义在于统一社会的感应力和自由平等的观念。

（资料来源：周小亮，管京.原始社会思想道德教育途径、特点及其当代启示［J］.武汉冶金管理干部学院学报，2009（12）.有删改。）

案例点评

本案例讲述了我国原始社会的道德教化内容，主要包括图腾、宗教、礼仪、制度、神话传说、原始歌舞等。通过群体内部的有经验的老人或者长辈对年轻人和下辈进行教化工作，年轻人从教化中获得知识，进而在生产实践和生活实践中模仿有经验的人的行为，形成适应原始社会的道德规范与准则，从而促进整个社会道德风尚的形成。

学习建议

1. 学习本案例的目的和用途

本案例通过对我国原始社会道德教化方式、内容的梳理和总结，让我们了解到原始社会通过什么样的方式和哪些内容对年轻人进行道德教化；让我们感受到原始社会道德教化的最突出的特征——直观；让我们了解原始社会道德规范和准则是如何被人们所遵守和践行的。

本案例可用于第五章第一节"道德的发展变化"内容的辅助学习。

2. 学习本案例应注意的问题

学习本案例应该突出理解原始社会道德教化的主要内容。同时，对比我国现代社会道德教育的内容，从而吸取原始社会道德教化中的精华，做到"古为今用"。

案例二　孝道重"悦"亲　请学会"三心"

案例文本

孝道重在"悦"亲。是的，孝道正是"笑道"，孝道家风应该从对父母的好态度开始。但是，有多少人不会表达对父母的爱？

其实，我们这一辈年轻人都不同程度地存在着跟父母发脾气的行为，诸如态度上对爸妈大喊大叫，不耐烦；言语上顶撞爸妈，让爸妈受如此委屈；行动上为爸妈做事，磨磨叽叽，不立刻行动等。在与父母相依的日子里，我们曾武断地觉得对他们不用种种寒暄客套，粗暴地把尊重忽略掉。我们习惯了父母的呵护与关怀，把父母的奉献都当作理所应当，在长大成人之后本该羊羔跪乳、乌鸦反哺，却因为一再的年轻气盛、脾气难控，而有意无意地伤害着在这个世界上我们最该珍惜和感恩的人。是我们被宠坏了，还是没有学会关爱？这是一个值得思考的问题。

所以要做好"悦亲"，不妨从以下三点开始：

第一，"悦"亲，要学"贴心"。"寒门少年"张晓，15年如一日照顾瘫痪的母亲，他如今已成长为结实的青年。而他的母亲由于常年卧病在家，性格比较内向，他总会想办法逗母亲开心。"妈，您最近是不是对我不满意？""不满意很久了。""我想了一下，可能是我现在没结婚，将来有孙子了，您肯定会特别开心。""嗯，挺有道理。"张晓说，以前对'孝'没有概念，"只知道这些是我应该做的，从没有想过如何做才能体现'孝'"。现在，已参加工作的他想得更多的是如何让母亲活得舒心，"收入虽不高，但我有能力更好地照顾家人了。我现在能做的不仅仅是让我妈吃饱穿暖，更要让她心情舒畅"。

无论你是女儿还是儿子，都可以成为父母贴心的"小棉袄"，其实比起物质上的呵护，父母在乎的更多的是子女的一颗心，贴心的关怀胜过万语千言，不是吗？

第二，"悦"亲，要学"耐心"。"大义女婿"谢延信，用一生支撑起了一个与自己没有血缘关系的家庭：舍弃17年青春送走瘫痪的岳父，牺牲大半生的时间侍候重病在身的岳母。他的岳母说："延信还给俺洗脚，还陪俺去看病。俺好看豫剧，领导来慰问时送的一台彩电，延信让放到俺屋里，星期天延信陪俺看《梨园春》是俺娘儿俩最开心的时候。"谢延信退休后，有更多的时间在家陪老人说话了。对这个家的一片挚爱，令每一个熟悉谢延信名字的人都感动。"他岳父，在屋里长期躺着很寂寞，延信就背他出来晒太阳，两个人一块听着豫剧打着拍子，外人一看，都以为是父子俩。谁说久病床前无孝子，谢延信是大孝子呀！"邻居赵国堂感慨地说。

比比他，想想自己，您有多久没好好陪父母看看电视，耐心聊聊天儿了？作为低头族的我们更多的是把时间送给手机和电脑，一家人坐在电视机前一起看一个频道其乐融融的场景，似乎已成为20世纪的童话……

第三，"悦"亲，要学"用心"。"盲人孝子"李国峰，每天早早起床，用一根伴随了他几十年的榆木棍作"第三只眼睛"，给母亲烧火做饭，梳头洗脸。冬天，为了节省柴火，他用刺骨的冷水洗衣服。夏天，他总会带母亲到村头散步解闷。村里有一个要社火唱戏的娱乐班，但没有一个人会拉板胡、吹笛子，每年农闲演出时，都要从其他村请乐队。李国峰暗下决心学板胡、吹笛子。每当村组有演出，他就跟伙伴们一起在台下听，心中暗自模仿。然后回家拉给老母亲听，那个时候是母子俩最幸福的时候。

用心做的事总是最美的，我们也许会用心地为爱人准备一次生日 party，也许会用心地为子女做每一顿餐点，但不知有无足够的用心为父母做一些简单的事情，比如为父母过生日，同父母去旅游，与父母一起散步、逛街。

（资料来源：张慧磊.孝道重"悦"亲　请学会"三心"［EB/OL］.中国文明网，2017-1-16.有删改。）

案例点评

本案例讲述了在现代社会中如何践行孝道，即践行孝道的关键和核心应该是从对父母的态度开始的，对父母有一个好的态度，就能真正体现孝道，才能实现对父母发自内心的孝道。案例中以鲜活的实例来说明孝道重在"悦"亲。比如，"寒门少年"张晓，15 年如一日照顾瘫痪母亲，总会想办法逗母亲开心。又比如，"盲人孝子"李国峰，每天早早起床，用一根伴随了他几十年的榆木棍作"第三只眼睛"，给母亲烧火做饭，梳头洗脸。

学习建议

1. 学习本案例的目的和用途

百善孝为先，万福家是源，孝道感恩实乃贯穿每个人生命的组成部分和始终如一。俗话说"羊有跪乳之恩，人有感恩之情"。一个人理应有感于父母的生育之情、养育之恩，因为生命是一种幸运，生命更是一种奇迹。每一个弱小的生命，在茫茫宇宙中显得那么微不足道，但却是天下父母赠予我们最宝贵的财富。

本案例可用于第五章第二节"吸收借鉴优秀道德成果"内容的辅助学习。

2. 学习本案例应注意的问题

学习本案例时要注意理解：第一，中华民族传统的孝道文化；第二，深刻理解和把握我们应该怎样做到真正的孝道；第三，将中华民族的孝道文化践行到自己的日常生活中。

案例三　江姐的革命道德情怀

案例文本

在一个静静的夜晚，两名特务从女牢房带走了一位同志。铁门边昏暗的灯光下，一个中等身材的女同志迈着稳稳的脚步向高墙边的黑漆铁门走去。她不是江姐吗？这么晚带她出去，敌人打什么鬼主意呢？

江姐叫江竹筠，童工出身，1939年入党，一直在白区工作。1947年夏天，重庆地下党要派一批同志到川东去支援农村党的活动，发动武装起义，迎接解放。江姐向党要求参加这个工作。组织上考虑到她刚生完孩子，没批准；只批准了她的丈夫，地下党重庆市委委员彭咏梧同志，带领一批同志到川东去。分别的时候，他们互相勉励要更好地为党工作。为了避免暴露，他们决定暂时断绝通讯联系。

几个月后，随着川东农村工作的发展，重庆地下党又派了一批同志去支援。江姐接受党交给的任务出发了。到了万县，党组织告诉她，情况很紧急，命令她到奉节去跟那儿的彭咏梧同志联系。

江姐化了妆，怀着兴奋的心情到了奉节县城。那是个阴雨天，她打着雨伞，沿着泥泞的江边走着。城门口围着一大群人，她也走上前去，原来是城头上挂着一排木笼，木笼里盛着一颗颗人头。她知道又有好些革命者牺牲了，心里觉得很难过，不忍看。再一想，不对，应该知道是谁牺牲了，好向党汇报。可是人头已经腐烂，没法辨认，她只好到旁边去看布告。布告上一连串的名字，每个名字都给打上了红笔的勾。她只瞥了一眼，就看到使她触目惊心的几个字："匪首彭咏梧……"

这个打击多么残酷啊！江姐感到眼前发黑，城头和木笼好像在空中旋转。她要痛哭一场，但是城门口站着一排敌人，她只好让眼泪往肚子里咽。她知道不能迟疑，应该马上离开。她抬起头，强压住她内心的悲愤，朝那木笼望了最后一眼，就默默地踏着泥泞的路走开了。

江姐很快就找到了党，向党组织做了汇报。她没哭，嘴唇微微抖动，平静地吐出仿佛经过千百次考虑的话："这算不得什么！请转告上级，我请求留在老彭工作的地方。"党同意了她的请求。敌人风闻彭咏梧的妻子在这一带活动，就四处搜捕。几个月后，一个叛徒出卖了她，她在万县被捕了，立刻被解送到重庆渣滓洞集中营。

敌人从叛徒口里知道，江竹筠是地下党的地委委员。中美合作所的特务为了从她口里得到需要的东西，一个多月来，一直没有中断过对她的严刑审讯。这天夜间带她出去，看来也不会例外。同志们紧挨在牢门口，静静地守望着。

刑讯室离牢房不远，夜间，万籁俱寂，那边的声音显得特别清晰。

"说不说？说不说？"特务疯狂地吼叫着。

江姐回答说："上级的姓名住址，我知道；下级的姓名住址，我也知道。但是，这些都是我们党的秘密，不能告诉你们。"

同志们知道，敌人又要下毒手了。大家屏息听着。先听见特务们用刑的声音，江姐倔强的呵斥声。接着，一个特务高声叫道："拿竹签子来！"竹签子一根根地钉在江姐的指头里，也一根一根钉在同志们的心里。江姐大约是昏过去了。一会儿，听见一阵令人心悸的泼凉水的声音。

"说不说？说不说？"特务绝望地嘶叫起来，但是没有听到江姐的声音。

又是一阵令人心悸的泼凉水的声音。

没有听到江姐的一声呻吟。

这天夜里，渣滓洞牢房里的人们通夜未眠，大家怀着异样沉重的心情。

朝霞透过山峰，阳光泻满山谷。高墙边的黑漆铁门一响，人们聚在风门口张望。只见两个特务拖着昏迷不醒的江姐，往女牢房去。她熬受了一夜的折磨，流血过多，完全失去知觉了。

江姐还没醒过来。女牢房的同志把她的伤口包扎起来。这时候，大家发现，她在遭受敌人严刑拷打的时候，因为忍痛，紧咬着牙关，连嘴唇也咬破了。

集中营的同志们都关心江姐的身体，都为江姐的英雄行为感到骄傲。许多慰问信和诗从各个牢房秘密地传到女牢房来。有一间牢房的同志们集体写了一封信，信里说：

"亲爱的江姐：一个多月的严刑拷问没能使你屈服。我们深切地知道，一切毒刑，对那些懦夫和软弱的人才会有效；对一个真正的共产党员，是不会起任何作用的。当我们每餐咽下霉米饭的时候，当我们被半夜里的敲梆声惊醒，听着歌乐山狂风呼啸的时候，当我们被提出去审讯的时候，我们想起了你，亲爱的江姐！我们向你保证：我们要像你一样的勇敢，坚强，在敌人面前不软弱，不动摇，不投降！……"

江姐醒过来了，同志们的关怀和慰问，使她激动。她请人代笔，给同志们回了一封信。同志们记得最清楚的，信上有这么几句话：

"同志们太好了。这算不了什么！……毒刑拷打，那是太小的考验。……竹签子是竹子做的，但是共产党员的意志是钢铁铸成的！"

（资料来源：罗广斌，刘德彬，杨益言.江姐的故事［EB/OL].中国历史故事网，2015-01-22.有删改。）

案例点评

本案例讲述了江姐认真执行党组织交给的任务以及被捕后在狱中遭受的严刑拷打的情况。从案例中可以看出，江姐对党组织交给的任务是一丝不苟、认真负责地完成的；面对敌人的严刑拷打，她大义凛然，义正词严地痛斥敌人的罪行，表现出共产党员坚贞不屈的革命气节和崇高精神，表现出纯洁的党性和对革命事业的无比忠贞，表现出大无畏的革命乐观主义精神。可以说，江姐是无产阶级真善美的化身。

学习建议

1. 学习本案例的目的和用途

本案例对江姐革命活动以及江姐被捕后在狱中遭受敌人严刑拷打的情况进行了较为详细的介绍，向我们呈现了共产党员的道德品质和英雄气概，让我们感受到了江姐面对敌人的严刑拷打时大义凛然、坚贞不屈的精神，要求我们把江姐的这种革命道德品质践行到当代大学生的日常生活中，做党和国家坚实的建设者和接班人。

本案例可用于第五章第二节"吸收借鉴优秀道德成果"内容的辅助学习。

2. 学习本案例应注意的问题

本案例的学习应该注意以下问题：第一，深刻理解江姐的革命道德品质；第二，将江姐的革命道德品质与自身的生活、学习相结合，完善自身的道德；第三，注意搜寻其他革命党人的优秀事迹，提炼其精神品质。

案例四　中国好人彰显道德力量

案例文本

一、玉树好男儿——义西求加

2013 年 11 月 5 日，重庆城市管理职业学院院长谢永川收到了一封信。信封是简单的土黄色信封，信封上的收件人是"重庆城市管理职业学院校长（收）"。谢永川拆开信才知道，这是一封感谢信，感谢的是一位来自玉树的藏族学生，他在坐火车时遇到一位犯病老人，毫不犹豫地把他背下车看医生。

老人高烧 39 度呼吸困难

义西求加是重庆城市管理职业学院社会工作学院劳动与社会保障专业大二的学生，来自青海省玉树藏族自治州玉树市囊谦县毛庄乡，今年 21 岁，藏族。昨日下午，重庆晚报记者见到了这位藏族小伙，1 米 75 的个头，黝黑的皮肤，看起来很阳光。

10 月 21 日，他前往上海看望念书的表弟，10 月 23 日坐上回重庆的 K71 次列车。到达杭州东站时，上来 9 位去上海旅游的重庆老人，其中一位老人叫钟德清，81 岁，和他一起的是他的弟弟钟德明，73 岁。返程途中没有导游陪同。

这是一节硬卧车厢，钟德清的床铺与义西求加的相邻。列车驶过秀山站后，钟德清开始发高烧，呼吸困难。"两位老人很着急，很多人围过去，老人很虚弱，呻吟着'我要喝水，我要喝水'。"义西求加说，列车员给老人量了体温，39 度，于是马上广播询问乘客中有没有医生。不久两位自称医生的年轻人来为老人做检查，怀疑是肺病发作，建议马上下车就医。

小伙背着老人，手提行李

当时已是下午 4 点，下一站是黔江。钟德清告诉重庆晚报记者，他有气管炎和肺气肿。"我们两个老人家，黔江又不熟，找不到医院会出大事的。"钟德清回忆。正当他和弟弟商量要不要下车时，一个皮肤黑黑的小伙子站出来说背他去医院。他说："当时我真的很感动，现在的年轻人里100个找不出这样的1个。"

到了黔江站，义西求加背着钟德清老人下了车，一手还提着自己的行李，几经周折终于搭上一辆出租车。此时的义西求加已经背着110斤的老人兜兜转转了近半个小时。"一点都不重，我可是吃牦牛肉长大的。"义西求加笑着说。

二十几分钟后，一行人来到黔江民族医院。"还好有这个小伙子在。帮我们办了各种手续。"一到医院，钟德清就进了抢救室，义西求加硬塞给弟弟钟德明100元。他说："我身上只有200块，担心老人看病钱不够，还好他弟弟身上有一些钱。"

昨日，该医院的护士回忆说，钟德清患的是慢性阻塞性肺疾病，如果晚来半个小时，很可能会有生命危险。

护士半夜送小伙上火车

一直到晚上8点左右，钟德清的病情才稳定下来，他的家人也正赶往黔江。"这个时候我才松口气，第二天还有课，我得赶回学校上课。"护士小张被义西求加的热心肠感动，主动帮他查火车票。凌晨1点，小张陪着他坐公交车来到火车站："得知他不是老人的家属，我很感动，想和他交个朋友。他对黔江不熟，我就送他去火车站。"凌晨3点，义西求加坐上回重庆的火车，到学校已是第二天早上8点，简单洗漱一下就去上课了。

离开医院时，义西求加留下了自己的学校、名字和电话号码。"不是图感谢，是希望老人康复后给我打个电话，那样我就放心了。"几天后，他就接到了老人报平安的电话，不久学校便收到这封老人家属写的感谢信。

由于写信人周太江只有小学文化，他怕字写得不好看，为表尊重，特意花4元钱把信打印了出来。

感谢信

义西求加将我岳父送入医院抢救，脱离危险后，还拿了100元给我岳父钟德清。为此，我们非常感谢这位好人，你校培养出了这样优秀的学生，我是农民，没有过多的语言表达，我们全家表示感谢，望你校转告义西求加，现在我岳父钟德清已转院回我们江津区中心医院住院治疗，现病情已基本稳定。

震后每年回灾区支教

事实上，这并不是义西求加做的唯一一件好事。辅导员余长惠说，2010年4月玉树地震后，义西求加每年寒假都要回毛庄乡支教。"经过这次灾难，我发现了生命的意义，就是发挥自己的作用让世界变得更美好。"2010年，义西求加利用寒假到毛庄乡小学支教，教70多位小学生藏文。2012年，他组织乡里另外7位同学组成支教队，每年寒假教小学生语文、英语、数学、藏文等。

（资料来源：玉宣. 玉树好男儿——义西求加［EB/OL］. 玉树新闻网，2013-11-13. 有删改。）

二、平民英雄"美德范儿"

"做一个好人，难吗？"这是网友在参与第四届全国道德模范评选活动时经常提到的一句话，是各大媒体讨论道德观时的一个常用命题，也是正在为实现中国梦不懈前行的中国人直面的一个道德思索。回答这个问题的，有这样一群人。他们有的忙碌在人头攒动的城市，有的行走在寂静无人的山乡。他们有的第一次走进大城市，有的第一次登上亮丽舞台。他们有的穿着并不时尚，有的眼睛里闪着羞怯……第四届319名道德模范，年龄不同，上至八九旬的老人，下至十几二十岁的"90后""00后"；身份各异，其中87%以上分别是职工、农民、农民工、学生、医生、司机、教师、军人和社区居民。他们看似平凡，却温暖人心，他们数十年如一日地持守良善，用自己的青春甚至生命诠释着人世间的真、善、美。

他们没有豪言壮语，却标志着道德建设的走向和刻度，诠释着道德领域里一张张漂亮的答卷。

平凡父母非凡坚守，感天动地写不尽"中国好爹娘"

在第四届全国道德模范事迹中，许张氏四十年如一日为瘫痪儿子延续生命，她说，"我活一天，就带着他一天"；罗长姐甚至被智障儿子打瞎眼睛亦无怨无悔，在她心里，军人的母亲就绝不给国家和部队添麻烦；"力量妈妈"李惠云八年来坚持背着身患进行性肌营养不良的儿子上学，将儿子从体重35公斤背到65公斤，从小学背到大学；诚信老爹吴乃宜、吴恒忠分别承受丧子之痛却坚持子债父还，只为不给孩子丢脸，苏金兰、郑亚波则分别把自己的智障孩子培养成特奥冠军和钢琴手……天下父母一般心，养儿育女皆是情，欲言此爱非凡处，唯有坚守堪最美。

更有74岁老爹阿布力孜·努来克16年抚养身患疾病的汉族女婴，"最美孕妇"彭伟平身怀双胞胎勇救落水娃，邵秀景34年培育脑瘫弃婴……天下爹娘心的无私伟大莫过于"幼吾幼以及人之幼"，超越血缘，臻于大爱。

这些仅仅是"中国好爹娘"的一个缩影。在他们中间，有的是孩子身体缺陷，有的是养育着弃婴，在别人放弃对孩子的希望时，他们不离不弃，把这些孩子当成心肝宝贝培育成人。在"父母"角色上，他们豁达地面对生活的不公，坚强地承担起对生命的负责。中国好爹娘，天下爹娘心！

可爱可敬"中国好少年"，小小肩膀大担当

多难之家的顶梁柱何平，火中救人的"最美姑娘"叶霄雯，歹徒面前维护正义的"正气男"周传金，舍命救他人的农民工王俊旺，一人一锄扛起一个家的吴林香，捐献肝肾的12岁女孩何玥……在常人眼中叛逆、独特、非主流的表象背后，我们看到那

些行走在道德前线的"90后"甚至"00后"身影。

他们没那么娇惯，能够只身一人撑起一个家；他们面对危险没有退缩，勇敢无畏；他们没那么自我，愿意付出使人新生……这就是中国的年轻一代，在生活面前坚忍不拔，不怕苦累，在灾难面前不慌不躲，献血捐款、志愿行动、奔赴疆场，干得漂亮！

在319名道德模范中，"90后"高达24位。这群可爱可敬的"中国好少年"，以尚显稚嫩的肩膀，做出了许多人一辈子都无法做到的事。

路见不平一声吼，热心肠"中国好路人"

曾经，小悦悦的悲剧，让"路人"成为"冷漠"的代名词。今年7月，发生在佳木斯的"天使女孩"胡伊萱救助陌生路人反被害的事件激起了社会的强烈愤怒。当我们还在指责路人冷漠，感叹社会悲凉时，"最美女孩"刁娜舍一条腿救车祸女子一条命，"私车公用大叔"艾尼瓦尔·芒素免费接送老弱乘客上万次，沈星、阳鹏挺身而出勇救他人，拒做冷漠路人……这些素不相识的人用人性之善为道德寒冬"破冰"，堪称"中国好路人"！

当无数人不愿、不敢对遇到困难的陌生人施以援手时，今年8月，成都七旬婆婆雨中迷路，被热心路人诚邀回家的新闻再次温暖众人心。网友"时鲜太白"说："路人甲、路人乙，常常是被看作打酱油的，而他们却成了真正的主角，精彩阐释了道德风尚的完美剧目。"

期待更多"中国好路人""陌生人社会"不再陌生！

三尺讲台铸师魂，"最美教师"演绎"中国好师德"

奋力推开学生，自己却造成双腿高位截肢的最美女教师张丽莉；在学生人身受到侵害时，挺身而出勇斗歹徒的王月川；舍弃县城优厚薪资，用浓浓母爱温暖留守儿童的陈万霞；还有培养出邰丽华等众多聋哑生的特教老师杨小玲，被称为"瞎子校长"的李龙梅、"独臂校长"龚金川……"最美教师""老师妈妈"成了他们的代名词。

他们有的是聋哑人、盲人或留守儿童的老师，却让学生有尊严、有作为甚至惊艳海内外，用努力赢得人生的出彩机会。他们有的为护学生安全，近乎本能地用身躯为学生竖起一道墙。因为责任，因为爱。于是为此奋斗付出，乐此不疲，无怨无悔。

网友评价说："他们让我们看到，教授不全是'教兽'，灾难面前也不全是'跑跑'。"虽然道德败坏的伪教育者时有耳闻，但最美老师们以一颗赤诚之心诠释着"德高为师"的内涵。

不离不弃"好夫妻"，成就相濡以沫"好爱情"

"愿得一人心，白首不相离"。美丽的爱情一直是世人所向往的，但爱情不只是花前月下，更是风雨同舟。当生活触礁危难，当遭遇疾病、面临困苦，你能做到这些吗？

云南人段家福，陪在全身瘫痪的妻子身边，为她唱《花灯》、梳理头发、按摩手脚25年，从年轻小伙儿陪成了花甲老人；重庆艾起20年如一日，背着妻子周月华走遍了方圆13平方公里的山岭，实现了自己当初的诺言；贵阳李正磊用11年的真爱和辛劳把癌症妻子从死亡线上拉回……没有爱情片的轰轰烈烈，没有偶像剧的浪漫唯美，朴实平淡却触动了亿万中国人。

网友们纷纷微博转发点评："好夫妻让我们再次相信了'好爱情'！"好的爱情让双方互相扶持，不断成长，收获幸福，那些在苦难中依然坚守的动人"好爱情"，用美德践行着对爱的承诺，也愈发的珍贵动人。

诚信食品人，捧中国好"粮"心做中国好食品

有这样一群中国食品行业的从业者，他们捧的是中国好"粮"心，做的是"中国好食品"，与"染色花椒、毒生姜、镉大米、毒皮蛋"等劣质食品背道而驰，诚实为人，诚信为本，以一颗好"粮"心捍卫着这个时代的道德准则。

放心"油条哥"刘洪安使用一级大豆色拉油炸油条，且每天一换；西安爱菊粮油工业集团的当家人贾合义心中始终有"一杆秤"——"做粮食就是在做善事，做良心，不能漠视生命"；还有种"良心菜"的农家女林水英，让孩子喝上放心奶的王景海，"傻子"粮油店店主曹伟……他们在一根葱、一袋奶、一粒米、一个馒头、一块姜中"斤斤计较"，有良知，讲良心，打破无商不奸的怪圈，守护中华民族代代传承的"美德范儿"。

……

是的，就是这样的一群人，第四届319名道德模范，平凡如尘，却是道德高地的"大腕儿"：无论是日复一日的坚守，还是关键时刻的抉择，他们在生活细节上秉承道德、坚定信念，助人为乐、见义勇为、诚实守信、敬业奉献、孝老爱亲，演绎着"中国好路人"、"中国好爹娘"、中国好"粮"心、"中国好师德"、中国"好爱情"、中国好少年，还有中国好军人、中国好司机、基层好干部……"N"多个"中国好德行"勾勒着公民道德建设的中国"美德范儿"图景。

他们都是我们身边可亲可感的普通人，他们就在你我身边，笑容质朴，用自身行动践行着"中国好德行"。

因为他们，我们分享温暖，相信美好。

（资料来源：王楠．平民英雄"美德范儿"［EB/OL］．中国文明网，2013-09-25．有删改。）

（案例点评）

本案例从不同层面、不同领域向我们讲述了中国好人的先进事迹，让我们感受到了中国好人身上所彰显出来的道德力量；让我们颇受感动，也深受教育；更让我们感受到了道

德的温暖。这些中国好人,不仅有国家范围内的,更有我们身边的,更让我们感受到身边道德榜样的力量。正是由于这些人、这些事、这些力量,才让我们整个国家、社会有温度、有热度。

⌒ 学习建议 ⌒

1. 学习本案例的目的和用途

本案例通过选取不同层面、不同领域的中国好人,告诉我们在我们国家、社会乃至于我们周围都充满了道德的力量。中国好人的故事告诉我们,道德的践行并不是触不可及的,只要将道德理论内化于心,去做一个道德的践行者,从细微和点滴做起,就能成就当代大学生的"精""气""神"。

本案例可用于第五章第一节"道德及其变化发展"和第二节"吸收借鉴优秀道德成果"内容的辅助学习。

2. 学习本案例应注意的问题

学习本案例要注意以下问题:第一,要了解清楚中国好人的先进道德事迹;第二,要把握中国好人是如何彰显道德力量的;第三,如何将中国好人的道德品质落实到当代大学生的生活和学习以及今后的工作中。

案例五 不朽名篇《为人民服务》的由来

案例文本

说起毛泽东的《为人民服务》,在中国可谓是家喻户晓。这篇文章和《纪念白求恩》《愚公移山》一起,曾被称作"老三篇"为 20 世纪七八十年代的中国人背诵如流。但很少有人知道毛泽东的这篇名著是经过胡乔木整理之后发表的,更鲜为人知的是毛泽东之所以要作《为人民服务》的讲话,也是因为胡乔木建议宣传张思德的结果。众所周知,《为人民服务》是 1944 年 9 月 8 日毛泽东在中共中央直属机关为追悼张思德而召集的会议上所作的讲演。

毛泽东为什么要为张思德这样一个普通的战士开追悼会呢?

张思德是一个孤儿,1915 年 4 月 21 日出生于四川省仪陇县六合场雨台山下的一个贫苦的农民家庭。1933 年参加红四方面军后,参加了长征。在部队,张思德英勇顽强,不怕流血牺牲,先后参加过黄泥坪、龙须寨、玉山等多次战斗和著名的长征,爬雪山过草地，屡立战功，被战友们誉为"小老虎"。抗战伊始，张思德所在部队也开赴前线。当时由于他身体患病，被留在警卫连，负责警卫八路军留守处和后方，并先后担任了副班长、班长。1940年春天，张思德随警卫连到延安，分配在中央警卫营任通讯班长。因为他懂得烧木炭的技术，这年7月，他奉命带领一个班去延安南黄土沟深山中烧木炭。这可是一个又脏又累的活儿，砍树、进窑、出窑、装运这些体力活儿不说，还是一个技术活，用张思德的话说，烧炭像打仗一样，来不得半点马虎。

1942年10月，中央军委警卫营与中央教导大队合编为中央警备团，上级决定张思德由班长改为战士，他愉快地服从了组织分配。第二年春，组织选派他到中央警备团直属警卫队，也就是在毛主席身边的内卫班当警卫战士。这把张思德给乐坏了，下定决心要"好好当一名枣园哨兵"！从1941年2月来到毛泽东身边担任秘书工作的胡乔木，就是在这个时候认识张思德的。在枣园，张思德全心全意站好岗、放好哨。在胡乔木的记忆中，每次毛主席外出开会，张思德总是提前把枪擦得亮亮的，提着水壶早早地等在车边。毛主席坐的轿车是爱国华侨陈嘉庚先生送的，车身宽大，可以乘坐十个人，车后还有一个专供警卫人员站立的踏板。为了安全，每次外出，张思德都站在踏板上。有一次，毛主席拍着张思德的肩膀说："小张，以后别站这儿，就坐车里，外面有危险的！"张思德说："主席，没关系，后面还凉快呢！"

1944年夏天，为了解决中央机关和枣园的取暖问题，上级决定警卫队内卫班的部分同志到延安北部的安塞去烧木炭。张思德主动请缨。领导知道他在烧炭上有技术和经验，马上同意了他的请求。7月，他就背着工具，带领大家来到了石峡峪村这个风景秀丽却非常偏僻的大山沟里，开始了艰苦的劳动。张思德带领大家日夜奋战，在短短的一个月里就烧了5万多斤木炭，超额完成了任务。9月5日，为了加快进度，上级决定临时组成突击队，赶挖几座新窑。张思德与战士小白一组，两个人配合默契，窑很快就挖得很深。快到中午时，窑已经快挖好了。这时，突然，窑顶上传来两声"咔咔"的声音，接着从上面掉下几块碎土。张思德凭着经验，发现有情况，就一把将小白推出了窑洞："快！快出去！"等小白刚被推出去，只听"轰隆"一声闷响，窑一下子塌了下来。小白的两条腿也被压在了土里，张思德却被深深地埋在里面。小白一边拼命地喊一边拼命地刨土。但这已经来不及了，张思德就这样离开了这个世界。年仅29岁。

噩耗传来，大家都非常悲痛。胡乔木和张思德都是毛泽东身边的工作人员，曾在一起朝夕相处，深为这位参加过长征的老战士的牺牲而悲痛和惋惜。曾任毛泽东秘书的叶子龙说："乔木同志知道这一情况后，立即把张思德同志牺牲的情况报告给主席，并说到张思德参加长征，曾英勇负伤；平时工作积极，关心同志。主席当时听了，很受感动。"这个时候，三十岁的胡乔木精力充沛，由他整理的毛泽东《在延安文艺座谈会上的讲话》也在《解放日报》发表。他把毛主席关于文艺的工农兵方向，关于文艺工作者要学习马克思列宁主义，学习社会，投入火热的斗争，与工农兵结合，在实践中转变立足点，改造世界观等思想表述得相当完整、准确和丰满，深得毛泽东器重。此时，胡乔木不仅是毛泽东的政治秘书，还兼任中央政治局秘书、中央总学委秘书和中央宣传委员会秘书。于是，胡乔木就向毛泽东建议为张思德开一个追悼会，邀请他出席讲话，宣传张思德不计名利，扎实埋头工作的精神。毛泽东同意了胡乔木的建议，并交代："一、给张思德身上洗干净，换上新衣服；二、搞口好棺材；三、要开追悼会，我去讲话。"

胡乔木迅速传达了毛泽东的指示，中央机关工作人员根据指示，将张思德的遗体擦洗干净，换上新衣服，又买了一口好棺材，并定于9月8日在延安枣园的操场上开追悼大会。毛泽东还亲笔写了"向为人民利益而牺牲的张思德同志致敬"的挽词。

1944年9月8日，中共中央机关和中共中央警备团共1 000多人，在延安为一个普通得不能再普通的士兵召开了一个隆重的追悼大会，这也是中国共产党自1921年建党以来第一次召开如此规模的追悼会。大会在向张思德默哀后，毛泽东带着十分沉重的心情和神色，就站在一个临时修建的小土墩上，为张思德致了悼词。毛泽东说："我们的共产党和共产党领导的八路军、新四军，是革命的队伍。我们这个队伍完全是为着解放人民的，是彻底地为人民的利益工作的。""因为我们是为人民服务的，所以，我们如果有缺点，就不怕别人批评指出。""我们都是来自五湖四海，为了一个共同的革命目标，走到一起来了。""要奋斗就会有牺牲，死人的事是经常发生的。但是我们想到人民的利益，想到大多数人民的痛苦，我们为人民而死，就是死得其所。"从此，张思德成了人民的英雄。

追悼会结束后，胡乔木根据自己在会场上的记录，对毛泽东的这篇动情的即兴讲话进行了认真整理，并在文稿中引用了司马迁的名言，说："人总是要死的，但死的意义有不同。中国古时候有个文学家叫作司马迁的说过：人固有一死，或重于泰山或轻于鸿毛。为人民利益而死，就比泰山还重；替法西斯卖力，替剥削人民和压迫人民的人去死，就比鸿毛还轻。张思德同志是为人民而死的，他的死是比泰山还要重的。"后来在编《毛泽东选集》时，胡乔木整理的这篇讲话经毛泽东修改定名为《为人民服务》。毛泽东对胡乔木的才干极为赞赏，公开在刘少奇和周恩来面前夸奖他的这个"笔杆子"，说："靠乔木，有饭吃。"

这就是不朽名篇《为人民服务》的由来。而"为人民服务"这五个金光闪闪的大字，不仅鲜明地概括了我党我军的根本宗旨和行动指南，也成为我党我军光辉实践的真实写照，哺育了一代又一代共产党人和各族人民中的优秀儿女。

（资料来源：丁晓平．不朽名篇《为人民服务》的由来［EB/OL］．天津北方网，2008-02-28．有删改。）

案例点评

本案例主要讲述了不朽名篇《为人民服务》的由来。同时，告诉了我们张思德同志是如何践行为人民服务的，是如何体现在平凡的岗位真正做到一切为了人民、一切以人民的利益为重的。张思德同志是践行为人民服务的典范，甚至为了人民的利益，献出了生命，可谓死得其所，真正实现了毛泽东同志所说的"为人民利益而死，就比泰山还重"。在为人民服务上，作为新时代的大学生至少应该做到以下几点：其一，努力提高自身的品性修养与政治理论水平。其二，加强科学文化知识的学习，完成好自己的学习任务，培养多方面的能力，掌握为人民服务的本领。其三，要培养一种少一点索取、多一点奉献的精神。

学习建议

1. 学习本案例的目的和用途

本案例不仅介绍了不朽名篇《为人民服务》的由来，更重要的是介绍了这篇不朽名篇的主人翁——张思德同志。让我们感受到作为普通的革命战士，在极其平凡的岗位上，以自己的实际行动，践行了为人民服务的宗旨。通过案例的学习要体会到为人民服务的实质，要把为人民服务的这种品质落实到自身的实际行动中，用自身的实际行动践行为人民服务的宗旨。

本案例可用于第五章第三节"遵守公民道德准则"内容的辅助学习。

2. 学习本案例应注意的问题

学习本案例要注意以下问题：第一，要了解清楚不朽名篇《为人民服务》的由来；第二，要把握张思德同志是如何践行为人民服务的；第三，要明白如何将为人民服务落实到当代大学生的生活和学习以及以后的工作中。

案例六　驱园中虎易，驱心中虎难

案例文本

2017年1月30日长江日报报道，昨天（29日）下午2点左右，宁波雅戈尔动物园发生老虎咬人事件。被老虎咬伤游客抢救无效，不幸身亡。一只老虎已被击毙。当晚，宁波官方在通报中称：

死者张某（籍贯湖北）及妻子和两个孩子、李某某夫妇一行6人到雅戈尔动物园北门，张某妻子和两个孩子以及李某某妻子购票入园后，张某、李某某未买票，从动物园北门西侧翻越3米高的动物园外围墙，又无视警示标志钻过铁丝网，再爬上老虎散放区3米高的围墙（围墙外侧有明显的警示标识，顶部装有70厘米宽网格状铁栅栏）。张某进入老虎散放区。李某某未进入，爬下围墙。

鸡年春节，却被一只老虎抢了风头。在宁波，有人新年逛动物园，为逃票，不顾警示牌翻墙，被老虎咬死。人们很惊异，八达岭野生动物园老虎伤人事件似在昨日，那场惨剧的教训血迹未干，类似的惨剧为何竟这么快就会重演？

其实，最应该问的问题是：它为什么不会重演？答案是：它注定会重演！而且，这类惨剧还将在宁波之后，在不同的领域，以不同的方式，继续重演下去。至少在目前，我们还看不到它的终点在哪里。因为，在我们每一个人的日常生活习性里，一直就潜伏着一头不守规则的老虎，并随时等待着一个触发的机会。当那一刻来临时，这头老虎就会跳出来，噬咬秩序，噬咬公德，噬咬良知，噬咬自己。

如果在一张动物园门票和一条生命之间作出选择，没有人会蠢到选择前者。只要心存侥幸，那张门票就会变成诱人的小便宜，而那点小便宜就足以触发心中的那头老虎，并让我们变得奋不顾身。在我们这个群体里，为逃一张门票而最终葬身虎口的人并非行为变异者，相反，他的选择完全符合我们这个群体的行为逻辑，他就是我们中的普通一员，甚至，他就是我们本身。只是，在这次事件的围观中，我们只看得见他，却看不见我们自己。

每年因不遵守交通规则而殒命的人数以十万计，但这背后，还有百万千万从违反规则中侥幸得到一点便宜的人，那十万人的斑斑血迹又何曾影响到另外那群人的沾沾自喜。以至于在我们的每一条道路上，每时每刻都在上演着各种违规，警示牌比动物园更多、更醒目，但有用么？

2016年10月，九寨沟，一批驴友为了与众不同的体验，不顾警示，不顾管理规定，竟然从未开发的野路铤而走险，结果被困，后虽经全力营救，仍有一人遇难。但几乎同一模式的驴友遇难事件，年年都在发生，这一次，也不过是重复。

也有更多的人"赢了"。假期到超市购物，果蔬称重台排起长队。有人理直气壮地插到第一个，被插队的人不满，争吵，插队者毫无愧色，舌战群众，他带的孩子也帮着向众人吐口水，最后，他赢了。

朋友圈今天又有人晒出小区停车不讲规则，堵住了仅有的出路，人人都很愤怒，但人人也都无奈。

如果说小便宜会让我们奋不顾身，那么，大一点的便宜则绝对会让人们走向集体的疯狂。重庆市的一个小镇——人和镇，竟然在2005年创造了世界上最不可思议的离婚记录。这个人口仅有2万人的小镇，短短一年时间里竟有1795对夫妇离婚，然后是假结婚、假再婚、复婚。据《南方周末》报道，该镇的老百姓无论年龄大小，纷纷踊跃加入离婚队伍。"村里老太爷、老太婆都来离婚了""七八十岁走不动路，儿孙扶着来的、背着来的都有，一大家人，有说有笑地排队"。这种疯狂的群体表演背后是一条规则的出台，当时重庆出台的一份征地补偿办法规定：一、一对夫妻只能分一套房，但离了婚单独立户，就可以各分一套房，并以优惠的价格购买；二、配偶为城镇户口且无住房，可以申请多分配一间屋，从一室一厅变为一室两厅。而对如此优惠、良好的保障制度，公众首先想到的是怎么去钻规则的空子，这真是一片神奇的土地。

如果说门票是一种规则，那么一面可以翻过的墙就是空子。那些排着长队的"离婚"人群，与那个翻过动物园墙头的人，在本质上有什么不同么？

2009 年，合肥市体育场举办一场保健品的发放活动，商家承诺每个人将免费获得一盒保健品、6 个鸡蛋。排队的规则连五分钟都没维持住就变成了哄抢，最后三人受伤，被送进医院。

2013 年，合肥天鹅湖南岸，几对即将踏入婚礼殿堂的情侣，为了能拍出与众不同的婚纱照片和婚前微电影，买来近百只白鸽做配景，拍摄完毕后，这些白鸽被"放生"。就在拍摄团队刚离开，"放生"的白鸽就遭了殃，许多民众疯抢起来，一位刚逮到一只白鸽的市民说："这是菜鸽，可以吃"。

2013 年，在宜凤高速上，一辆运送水果的大货车侧翻，20 吨水果散落一地，结果是被附近村民哄抢一空。

你看，无论是在高楼大厦的繁华城市，还是在穷乡僻壤的山间田边，他们都为着自己心里的小算盘、小利益做精确的打算，想着的是那点便宜，如何才能最快、最有效地到达自己手里。至于规则，甚至法律，与我何干？

上面所说的所有人，都并不是大奸大恶的异类；相反，他们都是最普通的人，而且还是我们非常熟悉的普通人，在生活中，他们可能就是我们的同事、朋友、邻居，甚至是家人。对规则的集体无意识，已经让不守规则变成了普通大众一种近乎自然而然的集体行为习惯。这种集体行为习惯从来就有着无形却巨大的伤害力，正如法国心理学家勒庞所指出的，"现实社会中有一群这样的人，他们并没有犯什么伤天害理的罪行，为的只是图自己的小便宜或是盲目从众，而最终的结果却是导致了整个社会群体的混乱、更大的丑恶，以及对整个社会造成极大的损害：信用损害，道德损害，秩序损害"。在我们当下的生活中，这样的损害几乎无所不在，我们每个人经历的还少么？我们找不到罪魁祸首，因为阿伦特笔下的"庸常之恶"，从来就是大众的共谋。

其实，正是我们一起营造了这样一个无规则的丑陋公共日常空间，甚至，我们也知道是我们自己营造了这样一个无规则的丑陋公共日常空间，但我们却依旧无力驱赶心中那头不守规则的老虎，因为我们太自私，比人性所允许的自私还要自私。规则的精义是"我不例外"，大家都不准闯红灯，我自己也不闯。大家都不准随地吐痰，我自己就不吐一口。人人赞成法制，我就不要求特权。既然建立了制度，我就不破坏它。可是，在我们这里，就成了"只我例外"，我反对闯红灯，只是反对别人闯，我自己却可以闯那么一闯。我反对随地吐痰，只是反对别人吐，我自己却可以想怎么吐就怎么吐。我赞成法律面前人人平等，但我自己却不能跟别人平等。我赞成建立制度，但只希望你们遵守制度，我自己聪明才智要高明得多，不能受那种拘束。如果不能例外，那活着还有啥劲儿？

所以，关于遵守最起码的规则，我们天天都能听到如响雷般万众呼唤，耳朵都能听出老茧，但现实却仍是"然并卵"，全部奥秘就在于那个"除了我"。

宁波动物园事件中其实有两只老虎，在那头动物园里的老虎咬死那个翻墙者之前，他心中的那头老虎早就咬死了他的规则意识。所以，咬死他的其实是两只老虎，另一只更可怕！很多人不知道！据说，那只动物园里的老虎已被击毙。那只潜伏在人们心中的老虎却仍然活着，它只是在等待下一个触发点。它永远不会失望，因为在与我们习性的较量中，它还从未失过手。

（资料来源：边冠峰.驱园中虎易，驱心中虎难，我们警惕了么？［EB/OL］.搜狐教育，2017-02-03；佚名.湖北男子逃票被老虎咬死　死者家属：动物园有责任［N/OL］.长江网 – 长江日报，2017-01-31.有删改。）

> **案例点评**

人虎两亡的惨剧发生在新春佳节之际，真是太让人唏嘘了！去年8月，东北老虎咬人事件还历历在目，时隔不到半年，惨剧再次发生，同样是因为私自进入老虎自由区。我们再次面对"敬畏规则"，不禁陷入了沉思。不由得想起海恩法则，涡轮机的发明者德国人帕布斯·海恩提出一个在航空界关于飞行安全的法则。海恩法则指出：每一起严重事故的背后，必然有29次轻微事故和300起未遂先兆以及1 000起事故隐患。法则强调两点：一是事故的发生是量的积累的结果；二是再好的技术，再完美的规章，在实际操作层面，也无法取代人自身的素质和责任心。翻墙入动物园者难道忘了老虎会咬人？发生了那么多次老虎咬人事件，却仍旧咬不醒这些不守规则的人，这或许是规则面临的最大困境。

> **学习建议**

1. 学习本案例的目的和用途

公共生活需要良好的公共秩序，公共秩序需要道德和法律共同维护。敬畏规则，往往也是一种自我保护的方式，规则意识缺失背后连着的，往往是灾祸之始。学好此案例有助于加强大学生的安全意识、公德意识、秩序意识。

本案例可用于第五章第三节"遵守公民道德准则"内容的辅助学习。

2. 学习本案例应注意的问题

学习本案例应真正认识到公共秩序的重要性，达到入心的效果；注意学会知识的迁移，对不同公共领域的公共道德要以"无伤""不占便宜"为原则；从身边的小事做起，善良不能仅存于内心，做到"勿以恶小而为之，勿以善小而不为"。

案例七　"熊猫烧香"背后的病毒人生

案例文本

如果不是因为再次入狱，李俊这个名字恐怕早已被人遗忘。

2013 年年底，浙江丽水莲都区人民法院，涉及赌资高达 7 000 万元以至于成为公安部督办大案的"网络赌博案"，正式开审。庭审足足进行了 10 多个小时，见过卷宗的人说，那些纸堆在一起，足有一米多高。而混杂在 26 名被告之中的李俊，看上去并不显眼。

时间已经过去七年。这个曾因"熊猫烧香"病毒名震江湖，被追捧为"毒王"，继而锒铛入狱的年轻人，已经 31 岁了。曾发誓"浪子回头"的他，最终还是违背了自己的初衷，重入歧途。

他的人生就像是中了某种病毒，兜兜转转，循环往复。只是这一次，或许他更难做回普通人了。

"洗白"

当年被捕后，李俊曾如此描述走进黑客世界的感觉："在这个群里，只要你是高手，其他人都会佩服你，追捧你，崇拜你。我非常开心，就像小时候上数学课，被老师表扬了，我就盼望着能上数学课一样……我发现自己越来越离不开网络了，那里有我的自尊，有我的能力被认同的成就感……"

当年，李俊自学自编"熊猫烧香"病毒，以自己出售和由他人代卖的方式，每次要价 3 000 元，将"熊猫烧香"病毒销售给 120 余人，非法获利 10 万余元。而经过病毒购买者进一步传播，这种病毒的各种变种在网上大面积扩散。据估算，被"熊猫烧香"病毒控制的"网络僵尸"数以百万计，其访问按访问流量付费的网站，一年下来累计可获利上千万元。相对的，损失估计高达上亿美元。这也为李俊在网络江湖上赢得了"毒王"的称号。

在监狱里，他帮助狱警做电脑方面的工作，因此减刑一年。2009年12月24日，平安夜，因编写发布"熊猫烧香"病毒被判四年有期徒刑的李俊，提前出狱了。出狱后，他第一时间联系了自己的"师傅"雷磊——当年引他进入"黑客"之门的人。

2010年元旦过后，在一个网站记者的说服下，李俊与雷磊一起赴京求职。他们希望和一些大企业接触后能在IT业找到一份稳定的工作。但北京之行除了参观，就是被安排拍照，他觉得他们"被利用了"。这次行程，本就是门户网站与安全软件厂商的联合炒作。他们开始拒绝采访，终止拜访安全软件厂商的行程，最终结束了求职之路。

另一种选择

对于聘请李俊，很多安全软件厂商自有顾忌：一方面，这些公司担心被同行指责自己制作病毒，再假装截获；另一方面，他们认为李俊学历不高，技术并不出众，还不具备编写杀毒软件的水平。

不过这次找工作的经历，并没有让李俊彻底沮丧。他认为自己"有手有脚有头脑，找个工作还是很简单的"。他急切地"希望找份体面的工作，好好干下去，给父母创造幸福的生活"。

朋友却说："除了编程我不知道李俊还能做什么，这也是他的兴趣所在。他倒是也想往销售这个方向试试，可是他口才又不灵。"

现实一再地让李俊失望。2010年春节，困窘中急于挣钱的他，接受了狱友张顺的邀请，来到浙江丽水，成立一家网络公司，公司注册资金500万元，两人无须掏一分钱，还有15%的股份。创业哪是这么容易的事？事实上，李俊一直没写出所谓"不一样的"防毒软件，他们希望能挣点小钱的小游戏也没能把钱挣回来。

创业者，不要怕手脏

与此同时，一向内向的李俊，更渐渐感觉到了环境带来的不适。张顺是个生意人，只关心能不能挣到钱。在"熊猫烧香"案中，他扮演的就是"地下黑客"产业链中的销售终端的角色。而当时，张顺用他敏锐的"商人嗅觉"迅速捕捉到了新的盈利点——"金元宝"游戏。

操作很简单。在这款名为"金元宝"的棋牌游戏上线前期，他们对别的棋牌游戏进行网络攻击。游戏上线后，他们在该平台上设定"牛牛""梭哈""两张"等游戏以输赢游戏豆的方式供游戏玩家参与。一方面，他们用木马程序植入玩家电脑，相当于出老千，这样玩家必输无疑；另一方面，他们在游戏运行一段时间后，把游戏玩家的赢率"暗箱"做调整，先让你赢，到某个程度，就由游戏"机器人"自动把你的游戏豆全部赢回去。除此之外，他们还以"高售低收"的方式向玩家提供人民币兑换——

也就是说，面上是游戏，私下其实是网络赌博。

从始至终，李俊并未对此提出异议。尽管被捕后，他曾多次对提审他的网警说，"这不是他想要的公司，他早就想走了"。事实上，早在李俊和张顺的公司创立之初，团队里就有人诈赌，还叫李俊编写病毒，以窃取对方玩家的底牌。

就是在这样的日子里浸淫，李俊开始学会"能闯过去，就是赢家，闯不过去，就做普通人"的人生哲学。他还曾转载过一则"创业者，不要怕手脏"的微博。不过似乎，他理解错了这句话的意思。病毒，已然侵入他的人生。

2013年新年的第一天，警方敲开了他的房门，公司里的其他人也陆续被警方逮捕。2014年1月8日，因开设网络赌场，李俊被判处有期徒刑3年。

（资料来源：何西."熊猫烧香"背后的病毒人生［N/OL］.商界，2014-02-12.有删改。）

案例点评

如果说七年前，24岁的李俊写下"惊世骇俗"的电脑病毒是因为年少轻狂，那七年后的今天，他参与涉案金额高达7 000万元的"网络赌博案"，是因为什么呢？

利益、欲望、权力、被追捧……作为公司管理层，李俊的收入不算低，每月的薪酬有六七千元，另外他可以报销各种费用，而且他和张顺还各占公司7.5%的股份。这一年的游戏运作下来，李俊还得到了不少"好处"。但李俊的人生，最终走上了歧路。网络世界很大很大，但是网络生活仍然有自己的网络道德，不能伤害别人、伤害自己、伤害人类的健康发展。

最终，他没能让父母过上幸福的生活，而是让他们两次出现在法庭的旁听席上。这一次，两个已经退休的老人努力想要听懂"银商""服务器"之类的术语。就好像6年前，他们想要听懂"木马""肉鸡"一样。

学习建议

1. 学习本案例的目的和用途

学习本案例，能帮助我们认识网络游戏的秘密，认清楚游戏的实质，从而远离网游上瘾。同时帮助我们认识网络世界也有道德和法律要求，并非完全的无约束。网络也有文明礼貌，也有网络秩序，也要尊重他人隐私，尊重他人合法利益，不能巧取豪夺，不能坑蒙拐骗。李俊的病毒人生帮助大学生自觉抵制不良诱惑，遵守道德和法律的基本要求。

本案例可用于第五章第三节"遵守公民道德准则"内容的辅助学习。

2. 学习本案例应注意的问题

学习本案例应注意全面认清网络中的是非现象，探讨网络道德提升的具体实践。

案例八　今天，为你讲述一位传奇人物

案例文本

　　他是一位将军，更是一位传奇院士，一辈子隐姓埋名52年坚守在罗布泊，参与了中国全部的45次核试验任务。他活了75年都默默无闻，但这两天，很多人被一个视频惹哭了！一段发生在几年前，他，离世几小时前还与死神赛跑的视频。

　　仅6分钟的视频，被网友点赞超过10万次转评超过4万……他感动了整个中国！他就是林俊德，荒漠里静静绽放的马兰花，他是2012年"感动中国十大人物"之一。

一个战士最后的冲锋

　　林俊德是在2012年5月4日被确诊为"胆管癌晚期"的，医生建议立即做手术，而他关心的却是：手术后能不能工作？当医生说不能时，他毅然放弃了治疗。他希望活得有质量，说不要勉强他，现在需要的是时间而不是手术。与其治疗后卧床不起，不如最后还能争点时间。

　　从确诊到死亡的27天时间里，他戴着氧气面罩，身上插着十多根管子，坐在临时搬进病房的办公桌前，对着笔记本电脑，一下一下地挪动着鼠标……因为电脑里有关系国家核心利益的技术文件，藏在几万个文件中，还有学生的毕业论文。他知道自己的病情，怕耽误学生的论文答辩和毕业，亲人、朋友、学生、同事赶到医院看望，他说："我没有时间了，看望我一分钟就够了，其他事问我老伴吧。"

　　5月31日，他的病情急剧恶化，已经极度虚弱的林俊德，9次要求、请求甚至哀求医生，同意自己下床工作。家人不忍心他最后一个愿望，都不被满足。他才终于又坐在电脑前，开始了一生中最艰难，也是最后一次的冲锋。半小时过去，他的手颤得握不住鼠标，也渐渐看不清，几次问女儿眼镜在哪，女儿说，眼镜戴着呢。很多人掩面而哭。最后，还是他的老伴儿说了一句："医生想叫你休息一会儿。"他则回答："坐着休息。"而他接下来说的一句话，让在场所有人再一次掩面啜泣。"坐着比躺着好啊，我不能躺下，躺下了，就起不来了。"两个小时后，他再也支撑不住被搀扶回病床，陷入了昏迷。

　　几个小时后，2012年5月31日20时15分，林俊德从罗布泊的荒原戈壁转战到医院病房这个特殊战场，完成了一名国防科技战士最后的冲锋。

走进罗布泊，投身核事业

　　1938年出生的林俊德靠着政府的资助，上完了初中、高中，17岁时考上浙江大学。1960年，大学毕业的林俊德，被分配到国防科委下属某研究所。报到第二天领导向他交底："国家正在西北建设一个核试验场，把你挑过来，就是去那里工作。"虽然对核试验知道不多，但他一听能跟国家命运靠得这么紧，就非常激动了。这一刻，林俊德意识到，报效祖国的机会来了！

林俊德受命担任首次核试验冲击波机测仪研制小组组长。没有实验设备，也没有技术资料，谁也不知道核爆炸的冲击波该怎么去测量。刚刚走出大学校门的林俊德，一面根据当时美国、苏联少数解密核试验资料和公开刊物的常规武器试验测量文章埋头研究，一面和其他科研人员住着地窝子，吃着玉米面与榆树叶合蒸的窝头，喝着又咸又涩的河水，进行着艰苦的科研攻关。

1964 年 10 月 16 日，罗布泊一声巨响，蘑菇云腾空而起。鲜为人知的是，当蘑菇云还在不断向上翻滚时，穿着防护服的科技人员，无所畏惧地向烟云开进，搜寻记录此次爆炸数据的设备。在那些义无反顾的身影中，就有林俊德。

现场总指挥张爱萍向周恩来总理报告：我国第一颗原子弹爆炸成功！周总理在电话里谨慎地问："怎么证明是核爆成功？"指挥帐篷里顿时一片寂静。法国第一次核试验没拿到任何数据，美国、英国、苏联第一次核试验只拿到很少的数据……就在这时，核武器试验研究所所长程开甲带着26岁的林俊德匆匆赶到说："冲击波的数据已拿到，从记录的波形和计算的数据证明，这次爆炸是核爆炸。"张爱萍看了看站在一旁的林俊德，激动地拍着他满是尘土的肩膀说："你们立了大功！"

令人难以置信的是：这个长得像"罐头盒"的仪器，是林俊德他们拿自行车和闹钟等，用土办法搞成的自主高科技。此后几年，林俊德和战友们坚守大漠，默默攻关，研制出一系列装备，形成了一个完整的核爆炸冲击波机测体系。

直到 1996 年 7 月 29 日，国家在最后一次核试验成功后宣布：中国将暂停核试验。林俊德的脚步却没有停下，带领团队，继续攀登新的技术高峰，创造出了一大批科研成果。

驱驰名节重，淡泊素心存

"他能52年坚守岗位，取得那么多重大科研成就，是因为他把全部的精力和时间用在工作上。"这是林俊德的同事对他的评价。

林俊德一辈子被人看作学习狂和工作狂。即使年纪上了七十，在他的日程表里，搞研究、做实验、带学生几乎占去所有时间。他一年只休息三天：大年初一、初二、初三。他曾对老伴说："我喜欢待在办公室，在那里我就能集中精力，就会有灵感。"在生命倒数第二天，他说："我这辈子只做了一件事，就是核试验，我很满意。咱们花钱不多，做事不少。咱讲创造性，讲实效，为国家负责。"

2001 年，他当选中国工程科学院院士，74 岁的他常年奔波在实验第一线。然而，对于名利，林俊德只有一句话："看得透一些，也是一种积极态度。"他参加学术评审会，从来不收评审费，不让参评人员上门拜访。他只要材料，不要见人。不是自己主持的项目坚决不挂名，平时专门的请客吃饭他概不参加，谈论会上该说就说，不管在座官大官小。他有"三个不"：不是自己研究的领域，不轻易发表意见，装点门面的学术活动坚决不参加，不利于学术研究的事情坚决不干。

可他的学生们说，老师是一个心里有爱的人，他戴了15年的手表，是大学母校百年校庆时送的纪念品，他一直戴着，旧了磨手就用透明胶粘上。即使当了将军、院士，他的生活也一直朴素。他常说做人要知足。对待他人，他却很慷慨。老战友在外地聚会，他说战友们转业早，工资不高，他慷慨解囊。青海玉树地震，他悄悄捐了3万元。

他的23个学生，个个都成为各自领域的专家。而每位学生，都在他的电脑里有个属于自己的文件夹，从跟他的第一天起，短的三四年，长的十几年，他都详细准确地记录下了每个人的成长足迹。

因为没时间管女儿的教育，女儿没读过大学。女儿却说，很多人说林院士一辈子没享过福，但我知道父亲不是这样的。他对幸福的理解不一样，他说过他这一辈子真的很愉快。

老伴黄建琴也搞核试验，夫妻藏身荒漠半个世纪，相知相伴45年。她说："老林的最后几天，是我们待在一起最长的一段时间。"当林俊德终于卸下担子，闭上双眼的那一刻，黄建琴才轻轻地对着他说："老林，你终于属于我了……"

他临终再三说："死后埋在马兰。"马兰，在荒漠中也能顽强生长的小花。马兰，代号404，中国保密的核工业基地，一个地图上搜不到的地方。

（资料来源：余建斌.大漠铸核盾　生命写忠诚——追记中国工程院院士、总装某基地研究员林俊德〔N〕.人民日报，2012-09-24.有删改。）

案例点评

文章是在2012年林俊德院士逝世后不久写就的，作者是人民日报社记者余建斌。在自己的朋友圈里，作者写道："写稿子的时候，写一会儿，就到办公室外面抹把眼泪，眼泪流多了就假装洗把脸。一个人能带给人们的精神震撼，是如此巨大。"在林俊德院士生前视频下，有网友留言："为什么中国只用70年，就可以发展成现在的样子？我想我找到了答案，民族科学家为祖国撑起了尊严和底气。"是的，中国有太多像林俊德院士一样的默默奉献的科学家，正是因为他们，我们的国家才更强大，正是因为他们，我们得以免受战乱之苦，生活在和平年代。而我们每个人是不是也可以多一份对家庭、职业、社会的道德责任，多一份对我们自己的英雄的敬重！

学习建议

1.学习本案例的目的和用途

本案例通过对林俊德院士一生的追述，尤其是他的职业生涯，以及他生前几个小时的选择，帮助学生理解职业生活中的道德规范——爱岗敬业、奉献社会，以及在择业、创业时学习榜样，树立崇高的社会理想，服从社会发展需要。

本案例可用于第五章第三节"遵守公民道德准则"和第四节"向上向善、知行合一"内容的辅助学习。

2. 学习本案例应注意的问题

本案例在使用中首先要注意实事求是，防止过度的拔高、求全；其次在使用时，重在引导学生的情感共鸣，从而真正受到榜样的正能量影响，在生活、学习、工作中努力提高道德素养，积极向上向善，知行合一。

案例九　习近平总书记这样谈家风

案例文本

十八大以来，习近平多次谈家风。习近平为何如此重视家风？新华社栏目"讲习所"与您一起学习习近平倡导的好家风。

每到春节，有副传统对联是很多人家的选择："忠厚传家久，诗书济世长"。风吹日晒，字迹或会模糊，但好家风却会如化雨春风，护着家、护着国。

"小家"紧系"大家"

家是最小国，国是千万家。家风的"家"，是家庭的"家"，也是国家的"家"。

十八大以来，习近平多次强调家风，说的是"小家"，着眼的是"大家"。

2014年3月，习近平重访兰考时会见了焦裕禄的5个子女。二女儿焦守云对总书记说，"我们一定继承好父亲的精神，把家教家风一代代地保持传承下去"。总书记听后，一边点头一边说："好家风，好家风。"

2016年1月12日，习近平在十八届中央纪委六次全会上强调："每一位领导干部都要把家风建设摆在重要位置，廉洁修身、廉洁齐家，在管好自己的同时，严格要求配偶、子女和身边工作人员。"

十八届六中全会审议通过的《关于新形势下党内政治生活的若干准则》《中国共产党党内监督条例》，均对领导干部的家风问题提出了要求，将家风建设提到制度高度。

2016年12月12日，习近平在会见第一届全国文明家庭代表时，盛赞代表们的事迹"温暖了人心，诠释了文明，传播了正能量，为全社会树立了榜样"，充满感情地

"点赞"他们"都是好样的"！

2017 年 3 月 5 日，习近平参加上海代表团审议时，询问上海奉贤区"奉贤"之含义，肯定家风、村风与民风建设。

习近平对好家风的重视，始终如一。

传承习氏家风

习近平是在好家风熏陶下长大的。

在普通人的认知中，作为高级干部子弟的习近平，能享受比较好的生活待遇，是理所应当的。事实却恰恰相反。你能想象么？小时候的习近平常和弟弟一起穿姐姐们剩下的衣服，甚至花布鞋！

国事大过天！这是习近平从父亲身上得到的传承。

《习仲勋传》有这样的记述。一次，习近平的母亲齐心对孩子们说："家中的小事不能影响工作。"习仲勋听到后却严厉地说："大事也不能影响工作！"

以身教者从。正因父亲的言传身教，习近平将工作看得重如泰山。即使是父亲 88 岁大寿，中国人很重视的"米寿"，时任福建省省长的习近平也因工作未能回家为父亲祝寿。习近平给父亲写了一封信。信中，习近平提到希望从父亲这里继承和吸取的高尚品质：一是学父亲做人；二是学父亲做事；三是学父亲对信仰的执着追求；四是学父亲的赤子情怀；五是学父亲的俭朴生活。习近平在信中说："这是一个堪称楷模的老布尔什维克和共产党人的家风。这样的好家风应世代相传。"

勤政亲民，这是习近平对自己家风的又一传承。"我是农民的儿子"，这是父亲在家中常说的一句话。习仲勋经常教育孩子要靠自己的本事吃饭，鼓励子女到艰苦的地方去，到基层去，到祖国建设最需要的地方去。在父亲的影响下，习近平早年在地方任职期间，他跑遍了正定县所有村；到任 3 个月就走遍了宁德 9 个县；用一年多时间跑遍了浙江 90 个县市区。

务实清廉，是习近平秉持家风的第三点内容。在习近平走上领导岗位后，母亲齐心专门开家庭会，要求其他子女不得在他工作的领域经商。严厉的家风及母亲的谆谆教诲，对习近平影响深远。往后每到一处工作，他都会告诫亲朋好友："不能在我工作的地方从事任何商业活动，不能打我的旗号办任何事，否则别怪我六亲不认。"

习近平为女儿取名明泽。"清清白白做人，做个对社会有用的人"，是他们对女儿的期许，也是他们质朴家风的写照。

家风坏是腐败之因

习近平为何如此重视家风？家庭是社会的细胞。"家风好，就能家道兴盛、和顺美满；家风差，难免殃及子孙、贻害社会"。

家风不正则德不配位。家风，影响着一个人的品质和行为。对居于领导岗位、握有权力的官员来说，败坏的家风，更往往成为牵引其自身及亲属走向牢狱的绳索。

纵观已查处的大案要案，很多腐败分子的违纪违法行为中，往往有"家族腐败"因素。父子兵、夫妻档、兄弟帮屡见不鲜，甚至"全家总动员"，把公权力变成"私人订制"，最终一起走上不归路。

刘铁男职位越高，儿子刘德成贪得越多。在23岁到25岁的时候，他已经成为千万元户。

苏荣一人当官全家捞钱，包括其妻子、儿子等在内的十余个亲属涉案。

此外，周永康之子周滨，郭伯雄之子郭正钢，河北原省委书记周本顺之子周靖，江苏省原常委赵少麟之子赵晋，也涉嫌犯罪被查。

层出不穷的"坑爹""坑夫"案例，证明了家风对个人前途、家庭幸福的直接影响。

"家风败坏往往是领导干部走向严重违纪违法的重要原因。"习近平这句话直指要害。

国风之本在家风

"天下之本在国，国之本在家，家之本在身。"

对领导干部来说，家风关系的不仅是一身之进退、一家之荣辱，更关系到党风、政风、国风。什么样的干部可以"兴邦"？其中的典型就是让习近平"思君夜夜"的焦裕禄。

习近平曾对焦裕禄之子焦国庆说："你看了一场'白戏'，你父亲还专门召开了家庭会议，起草了《干部十不准》，规定任何干部在任何时候都不能搞特殊化。'看白戏'的故事始终深深地印在我的脑海里。"

习近平号召全体党员"要重点学习弘扬焦裕禄的公仆情怀、求实作风、奋斗精神和道德情操"，尤其是焦裕禄"艰苦朴素、廉洁奉公、'任何时候都不搞特殊化'"的道德情操。

没有规矩，不成方圆。以习近平同志为核心的党中央在十八届六中全会为家风建设定下了"明规矩"："领导干部特别是高级干部必须注重家庭、家教、家风，教育管理好亲属和身边工作人员。""禁止利用职权或影响力为家属亲友谋求特殊照顾，禁止领导干部家属亲友插手领导干部职权范围内的工作、插手人事安排。"

《党内监督条例》第十四条规定：中央政治局委员要"带头树立良好家风，加强对亲属和身边工作人员的教育和约束，严格要求配偶、子女及其配偶不得违规经商办企业，不得违规任职、兼职取酬"。

习近平说，"家庭是社会的基本细胞，是人生的第一所学校。不论时代发生多大变化，不论生活格局发生多大变化，我们都要重视家庭建设、注重家庭、注重家教、注重家风"。

习近平如此重视家风问题，是因为家庭是"国家发展、民族进步、社会和谐的重要基点"，"千家万户都好，国家才能好，民族才能好"。

普通人振兴祖国、复兴民族之力虽绵，但家国两依，家风正则社会清，传承好清朗睦和的家风，就是为践行"中国梦"作最好注脚。

（资料来源：赵银平．十八大以来，习近平这样谈"家风"［N/OL］．新华网，2017-03-29；张博．国风之本在家风 习近平以身示范好传承［N/OL］．中国青年网，2017-10-04.题目自拟，有删改。）

案例点评

十八大以来，习近平多次强调家风，认为"家庭是人生的第一个课堂，父母是孩子的第一任老师"。这是习总书记语重心长的讲话。家庭不只是人们身体的住处，更是人们心灵的归宿。家风是社会风气的重要组成部分。挟泰山而超北海，非不为也，不能也。为老人折枝，非不能也，不为也。把家庭建设成身体的住处、心灵的归宿，恰恰是我们每一个人都能为的事。家国天下，家是最小国，国是亿万家。

学习建议

1. 学习本案例的目的和用途

本案例通过阐述习近平关于家风的谈话，可以帮助大学生理解家庭与家风、国风的关系，鼓励当代大学生积极参与家庭文明建设，推动形成爱国爱家、相亲相爱、向上向善、共建共享的社会主义家庭文明新风尚。

本案例可用于第五章第三节"遵守公民道德准则"内容的辅助学习。

2. 学习本案例需要注意的问题

学习本案例时，应既注重家风与家庭，又注重家风与国风，引导学生重视家庭教育，树立良好的家庭美德。

案例十 英雄，就是普通人拥有一颗伟大的心

案例文本

在你心中，什么是英雄？谁是英雄？这几天，人民日报新媒体与众多网络媒体共同发起的"崇尚英雄精忠报国"大型网络互动火了。网友们纷纷留言，推荐自己身边的英雄故事。

01

浙江衢州一名小男孩为给家人送伞，跌入路边水流湍急的排水渠中。驾车路过的市民徐卫华一家挺身而出，在众人的帮助下仅用 86 秒就将小男孩救起。

（旁白：当意外来临，总有人默默出手，护你周全。）

02

5 月 17 日上午，辽宁铁岭一路口发生交通事故，一男子被摩托车压住无法起身。白衣女子朱旭飞快跑到男子身边，将摩托车抬起并查看男子伤势，直到警察和急救车赶来才离开。

（旁白：有时，最帅的不是正脸，而是背影。）

03

韩伟，青海"80 后"警察。在一次出警过程中，被犯罪分子持刀砍伤 33 处，肌腱断裂，手骨骨折，至今仍坚守在工作一线。

（旁白：有一种担当，叫我是警察。青海公安推荐）

04

一部从不关机的电话，一个从不离手的药箱，苗医吴忠荣坚守湖南乡村 33 年只要村民们生了病，不管有钱没钱都治。

（旁白：凡人善举，医者仁心。网友"宏典"推荐）

05

一场突如其来的大雨，楼上的爷爷看到楼下衣物未收，就从自家窗户里撑起两把伞，为楼下邻居的衣物遮风挡雨。

（旁白：这个世界上，一定有人在悄悄爱着你。）

06

5 月 22 日杭州一 3 岁男孩从 6 楼坠下，一群快递小哥做出了同一个姿势赶忙撑起被子、床单接住了孩子。

（旁白：英雄不用身披金甲圣衣，也自带光芒。）

07

近万米高空，风挡玻璃突然爆裂，机舱内瞬间失压。机长刘传建临危不乱，凭借手动和目视操纵飞机安全备降，所有乘客平安落地。

（旁白：每个人的力量都是有限的，但总有人会竭尽全力。）

08

福建泉州一幢高楼上，一名小伙想要轻生。消防员从楼顶速降，一下子把他拖进了房间。

（旁白：无论生活多不容易，总有力量能支撑我们度过难熬的时刻。）

09

老人坐着助力车不敢过马路，一直在路边等。路上的车辆纷纷在斑马线前停下来，一位好心的司机，缓缓护送老人到马路对面。

（旁白：老吾老以及人之老，谢谢那些来自陌生人的善意。）

10

5月14日

山东昌乐一男童从5楼窗户翻出，跌落在4楼的空调外机上。退伍军人刘杨明一把抓住孩子，避免了一场悲剧。

（旁白：穿上军装，他们守家卫国，脱下军装，他们仍是我们的"守护神"。）

11

3月25日，马超去徐州参加半程马拉松赛。还有4公里就到达终点时，他看到一名跑友失去意识，便立即施救。为此，他放弃了比赛，还错过了回家的火车。

（旁白：总有一些东西，比名次更让人记忆深刻。）

12

载着病人的救护车，被堵在了隧道里。危急时刻，百余辆车主动向隧道两侧避让，"生命通道"就此打通。

（旁白：所有看起来像奇迹的事情，不过都是因为善良和爱。）

战争年代流血牺牲的是英雄；危难时刻挺身而出的是英雄；平常日子里无私奉献的也是英雄；其实，英雄就是，普通人拥有一颗伟大的心。只要，在被需要的那一刻能站出来，你，就是英雄。

向英雄，致敬！

（资料来源：胡洪江，田丰，李娜，等.英雄，就是普通人拥有一颗伟大的心！[N/OL].人民日报微信，2018-05-24.有删改。）

（案例点评）

他们很普通，很平凡，就是你我身边的平凡英雄。他们，或救难，或扶伤，或助老，或让道，或为平安竭力，或为开药看病，或为勇斗歹徒，或为邻里守望相助。是的，他们把助人为乐、见义勇为、诚实守信、敬业奉献、顽强拼搏等中国文化精神在当代发扬光大。他们是我们生命之路上的道德榜样，更是我们身边的平凡人。他们的瞬间选择，折射了时代的光芒，书写着时代的感动！他们有平凡的名字、平凡的面容，却有着不平凡的勇敢和坚持！他们用自己的行动感召着社会，用自己的行为诠释着道德的真谛，他们以一己之力，为这个社会带来融化在手心里的温暖、流淌在身边的感动。他们像前进路上的明灯，引领整个社会在道德之路上前行。

让我们以他们为榜样，见贤思齐，完善自身，奋勇前行。因为，你我也可以成为平凡英雄！

学习建议

1. 学习本案例的目的和用途

通过本案例的学习，帮助大学生去感受生活中的模范和榜样。这些榜样，他们不是全人，也非圣人，他们仅仅是我们身边的平凡人，但是他们又是那么的难能可贵，令人肃然起敬。本案例可以帮助大学生从感性认知到内心的内化和认同，再到行为的模仿和追求。

本案例可用于第五章第三节"遵守公民道德准则"和第四节"向上向善，知行合一"内容的辅助学习。

2. 学习本案例应注意的问题

学习本案例时，应注重引导大学生能够真正做到在生活中从小善"修身、养性"，在婚姻家庭实践中"齐家、安居"，在职业和社会中"治国、乐业"。成就生活中的"平凡中不平凡的人格"，可以普通，但拥有一颗伟大的心。在被需要的那一刻能站出来，而且能顶得上！

思考练习

一、单项选择题

1. 道德的产生经历了一个漫长的历史过程，其产生的客观条件是（   ）。

A. 人类的出现   B. 社会关系的形成

C. 阶级社会的产生   D. 人类自我意识的形成与发展

2. 道德可以通过道德评价等方式指导和纠正人们的行为和实践活动，协调社会关系和人际关系。说明道德具有（   ）。

A. 认识功能   B. 导向功能   C. 辩护功能   D. 调节功能

3. 道德产生的主客观条件统一于（   ）中。

A. 社会意识   B. 生产实践   C. 社会认可   D. 风俗习惯

4. 两千多年前的《诗经》提出，"夙夜在公"，西汉的贾谊提出"国而忘家，公而忘私"，宋代的范仲淹提出"先天下之忧而忧，后天下之乐而乐"，明代的顾炎武提出"天下兴亡，匹夫有责"等，这些都体现了中华民族传统美德中的（   ）。

A. 重视整体利益，强调责任奉献精神   B. 乐群贵和，强调人际和谐

C. 勤劳勇敢，追求自由解放   D. 求真务实，敬重诚实守信

5. 弘扬中国革命道德必须要（   ）。

A. 与中华传统美德相结合   B. 只弘扬中国革命道德

C. 排斥中国的传统道德   D. 只需要弘扬中华传统美德

6. 我国自古就有"君子成人之美""为善最乐""博施济众"等广为流传的格言，把帮助

别人视为自己应做之事，看作自己的快乐。这是社会公德中（　　）。

    A. 保护环境的要求　　　　　　　　　B. 遵纪守法的要求

    C. 爱护公物的要求　　　　　　　　　D. 助人为乐的要求

7. 社会公德最基本的要求是（　　）。

    A. 文明礼貌　　　　B. 助人为乐　　　　C. 遵纪守法　　　　D. 爱护公物

8. 乘车登机坐船应主动购票，自觉排队；出行应自觉遵守交通规则，不闯红灯；游览、购物、提款应按先后顺序，不插队。这是社会公德中（　　）。

    A. 保护环境的要求　　　　　　　　　B. 文明礼貌的要求

    C. 助人为乐的要求　　　　　　　　　D. 爱护公物的要求

9. 我国社会主义职业道德的最高层次的要求是（　　）。

    A. 诚实守信　　　　B. 办事公道　　　　C. 服务群众　　　　D. 奉献社会

10. 要求从业人员不损公肥私、不以权谋私、不假公济私，以公道之心办事，体现了社会主义职业道德什么要求（　　）。

    A. 爱岗敬业　　　　B. 诚实守信　　　　C. 办事公道　　　　D. 平等交换

二、多项选择题

1. 道德的产生与发展经历了一个漫长的历史过程。下列说法中反映道德起源的是（　　）。

A. 社会关系的形成是道德产生的客观条件

B. 道德在社会生活中所起的作用越来越重要

C. 人类自我意识的形成与发展是道德产生的主观条件

D. 劳动是人类道德起源的第一个历史提前

2. 道德是（　　）。

A. 人类特有的现象，是社会意识形态之一

B. 一定社会调整人与人、个人与社会之间关系的行为准则和规范的总和

C. 规定人们行为"必须怎样做""不准怎样做"

D. 通过社会舆论、传统习惯和人们内心信念来维持

3. 道德的社会作用主要表现在（　　）。

A. 道德能够影响经济基础的形成、巩固和发展

B. 道德是影响社会生产力发展的一种重要的精神力量

C. 道德对社会意识形态的存在和发展有重大影响

D. 道德能够维护社会秩序和稳定

4. 继承和弘扬中华民族优良道德传统的重大意义有（　　）。

A. 继承和弘扬中华民族优良道德传统是社会主义现代化建设的客观需要

B. 继承和弘扬中华民族优良道德传统是加强社会主义道德建设的内在要求

C. 继承和弘扬中华民族优良道德传统是个人健康成长的重要条件

D. 继承和弘扬中华民族优良道德传统是促进改革开放的重要保证

5. 对待传统道德的问题上，存在哪些错误的思潮？（ ）

A. 文化复古主义思潮　　　　　　　B. 全盘西化主义思潮

C. 历史虚无主义思潮　　　　　　　D. 全盘接受思潮

6. 为人民服务道德观的要求表现在（ ）。

A. 站在人民的立场上立身处世　　　B. 放弃个人利益

C. 以人民的利益为言行的宗旨　　　D. 尊重人民群众的主人翁地位

7. 当代社会公共生活的特征主要表现在（ ）。

A. 活动范围的广泛性　　　　　　　B. 活动内容的开放性

C. 交往对象的复杂性　　　　　　　D. 活动方式的多样性

8. 近年来，随着人们对手机、网络社交的依赖越来越强，"朋友圈"作为一个网络熟人社会，逐渐渗透到生活的各个角落。但由于"朋友圈"自我纠错能力弱，广告、谣言便充斥其间，严重污染了"朋友圈"的社交生态。从道德层面来看，和谐的网络生活需要我们（ ）。

A. 正确使用网络工具　　　　　　　B. 健康进行网络交往

C. 自觉避免沉迷网络　　　　　　　D. 养成网络自律精神

9. 爱情的产生和发展通常表现为恋爱。男女恋爱中的基本道德要求有（ ）。

A. 尊重人格平等　　　　　　　　　B. 自觉承担责任

C. 朝秦暮楚　　　　　　　　　　　D. 文明相亲相爱

10. 马克思曾经说过：如果我们选择了最能为人类福利而劳动的职业，那么重担就不能把我们压倒，因为这是为大家而献身；那时我们所感到的就不是可怜的、有限的、自私的乐趣，我们的幸福将属于千百万人，我们的事业将默默地，但是永恒发挥作用地存在下去，而面对我们的骨灰，高尚的人们将洒下热泪。这句话反映了（ ）。

A. 奉献社会的职业道德要求

B. 服务群众的职业道德要求

C. 社会主义职业道德的最高目标指向

D. 所有社会形态职业道德的最高目标指向

三、判断题

1. 道德是属于上层建筑的范畴，是一种特殊的社会意识。　　　　　　　　　　（ ）

2. 道德对经济关系的反映是消极的、被动的，而不是能动的。　　　　　　　　（ ）

3. 在道德的功能系统中，其认识功能和调节功能是主要的功能。　　　　　　　（ ）

4. 继承和弘扬中华民族优良道德传统是加强社会主义道德建设的内在要求。　　（ ）

5. 社会主义初级阶段的道德建设，要把先进性的要求和广泛性的要求结合起来。（ ）

6. 社会公德包含了人与人、人与社会、人与自然之间的关系。　　　　　　　　（ ）

7. 社会公德是指在社会交往和公共生活中公民应该遵守的道德准则。　　　　　（ ）

8. 职业道德的最基本要求是爱岗敬业。　　　　　　　　　　　　　　　（　　）

9. 家庭属于个人生活空间，因此在自己家里个人的行为不受社会规范的限制。　（　　）

10. 公共生活中法律与道德追求的目标是一致的，都是通过规范人们的行为来维护公共生活中的秩序。　　　　　　　　　　　　　　　　　　　　　　　　　（　　）

四、材料分析题

《中国教育报》报道说，当前一些大学生思想活跃，志向远大，却对身边的一些所谓"小事"视若无睹：教室脏得无法进入，课间无人擦黑板，宿舍脏、乱、臭无人清理，"窃书不算偷"的现象比较普遍，毁书撕书的现象防不胜防……总之，大学生社会公德意识及基础文明修养的欠缺，正成为大学校园里一道令人不忍目睹的"风景"。

记者不由得发出疑问：一屋不扫何以扫天下？

某高校在调查中发现，大学校园里有一个奇怪的现象：100%的学生强烈反对校园里的不文明行为，但是，这100%的学生也承认，校园里的种种不文明行为就发生在自己或同学身上。

阅读材料后，回答以下问题：

1. 依次写出令你深恶痛绝的10种校园不道德现象。

2. 试以"成就大事不可以不拘小节"为线索，阐述自己的观点。

第六章
尊法学法守法用法

案例一　漫谈中国古代司法公正与不公

案例文本

中国古代也追求司法公正，而且还形成了自己的理论，采取了相关措施。同时，中国古代又无法杜绝司法不公，其背后还存在深刻的原因。

中国古代在司法实践中形成了自己的司法公正理论，并随着实践的发展，这一理论还与时俱进。早在西周时期，周公总结了夏、商时期运用的神权法思想及其"天罚""神判"制度所造成的司法不公的弊端，开始重视司法公正，明确提出"明德慎罚"思想。"慎罚"中已蕴含有公正的意思。同时，他还要求与司法无关的人员不要干预司法，以免造成司法不公，即"勿误于庶狱"。先秦时期的法家主张"以法治国"，比前人更加重视司法公正问题，也有了新的论述。商鞅用"壹刑"来表达任何人犯了同样的罪都要受到同样的处罚，从而体现司法公正，即从适用法律的角度来表达司法公正。"所谓壹刑者，刑无等级。自卿相、将军以至大夫、庶人，有不从王令、犯国禁、乱上制者，罪死不赦。"韩非则从刑无等级思想出发，强调要做到司法公正就必须不庇护权贵人士。"法不阿贵，绳不挠曲""刑过不避大臣，赏善不遗匹夫"。

到了中国封建社会鼎盛时期的唐朝，唐太宗对司法公正有了新的理解，也有了进一步的论述。首先，唐太宗主张在立法上要为司法公正创造条件。他认为，法律内容应该保持统一，避免参差，否则司法官就有可乘之机，并破坏司法公正。他说：法律"不可一罪作数种条"，以免"毋使互文"，否则奸吏就会乘机破坏司法公正，即"若欲出罪即引轻条，若欲入罪即引重条"。其次，唐太宗要求司法官要大公无私，不可庇护自己的亲族和权贵人士，保证司法公正。即他所说的"罚不阿亲贵，以公平为规矩"。对于那些贪赃枉法的司法官，他坚决主张"枉法受财者，必无赦免"。最后，唐太宗主张建立有利于司法公正的司法制度，特别是对那些犯有重罪的死、流刑者。他把这一思想付诸实践，规定对犯流刑者，"宜令所司具录奏闻"；对于那些判有死刑者，在行刑前还要经过"三复奏"或"五复奏"。唐太宗的这些思想被唐朝以后的封建执政者所借鉴。

中国古代不仅有自己的司法公正理论，还进行了相关实践，采取了一些措施。这些措施都针对司法官，并从不同侧面有利于司法公正。第一，法律素质措施。司法是司法官的一种活动，他的法律素质对司法公正影响很大，只有当司法官具有了法律素质以后，司法才有可能公正。早在先秦时期，就已重视选用具有法律知识的人员来任官。商鞅就是其中之一。他从小就学习法律，自幼"好刑名法术之学"，后来得到秦孝公的重用，主持变法，同时掌握有司法权。秦朝建立以后，秦始皇得知赵高"通于狱法"，便任命他为"中东府令"。到了唐朝，科举制度成熟化了，还专门设置了明法科，选任司法官员。同时，还在当时的高等学府"国子监"中设立"律学"专业，专门培养"律学士"，以充任司法官队伍。到了明、清两朝，《大明律》和《大清律例》均规定包括司法官在内的官吏都要学法、懂法，违反这一规定者还要受到处罚。《大明律》规定："凡国家律令，参酌事情轻重，定立罪名，颁行天下，永为遵守。百司官吏务要熟读，讲明律意，剖决事务。""若有不能讲解，不晓律意者，初犯罚俸钱一月，再犯笞四十附过，三犯于本衙内递降叙用。"《大清律例》的规定与其基本一致。这些都迫使司法官努力学法，提高自己的法律素质。

第二，法律责任措施。中国古代还通过设定一定的法律责任来规范司法官的行为，保证司法公正。违犯这一责任的司法官将会受到严厉制裁。早在先秦时期，就已有"五过"的规定。司法官因为依仗权势、私报恩怨、受家室影响、收受贿赂、接受请求等而造成司法不公的，都要受到反坐的处罚。即"五过之疵，惟官、惟反、惟内、惟货、惟来，其罪惟均"。秦朝对司法官的法律责任作了新的规定，对司法不公的司法官要按"失刑""不直""纵囚"情况加以处罚。其中，"失刑"是司法官由于过失而用刑畸轻畸重的不公行为；"不直"是司法官由于故意原因而用刑畸轻畸重的不公行为；"纵囚"则是司法官故意将有罪之人判为无罪的不公行为。犯有这三种情况的司法官都要被罚，其中的"不直"者要被罚修筑长城等劳役。唐朝颁布的《唐律》对司法官的法律责任作了较为完善的规定，其中的突出之点是对"出入人罪"的规定。如果司法官因为故意、过失而判案失错，造成了"出人罪"或"入人罪"的结果，都要被追究刑事责任，基本原则是"反坐"。唐律的这一规定被后世封建朝代所沿用。

第三，法律监察措施。中国长期设置监察机关和人员，使用监察手段来监督各级官吏，促使他们保持清廉，包括司法官的公正司法。在秦朝，已设御史大夫来行监察之职，而且地位崇高，列入"三公"之一，与丞相、太尉齐位。从此，中国古代的监察机关便久用不衰。隋、唐、宋等朝代都设有御史台，明、清两朝代则设有都察院。这些监察机关、人员的监察范围中都包括司法公正在内的司法行为。御史台的职责之一就是"分察百僚，巡按州郡，纠视刑狱，肃整朝仪"。都察院也不例外，也有类似的职能。即"纠劾百司，辨明冤枉，提督各道，为天子耳目风纪之司"。那时，司法官的司法活动都在监察机关的监督之下，出现了司法不公行为还要被追究刑事责任。这给司法官以很大的压力，促使他们司法公正。

中国古代的这三大措施齐头并进，造就了许多司法公正的司法官，有些维护司法公正的事迹至今仍是佳话。汉朝的张释之、唐朝的狄仁杰、宋朝的包拯等人都是如此，特别是其中的张释之，他为了司法公正而不惜得罪皇帝，精神可嘉。那还是在西汉时，汉文帝的车驾经过中渭桥时，马被从桥下跑出来的一个外县人惊吓。于是，汉文帝就命骑兵拘捕他，还把他交给时任廷尉的张释之审判。在庭审中，张释之了解了案情，得知这个外县人只是在桥下躲避车驾而误以为车驾已离开，从桥下跑出，无意之中惊动了马匹。根据汉朝的法律，这种行为只能算是"犯跸"，用的处罚是"罚金"。可是汉文帝对这一拟定结果不满意，认为处罚太轻。张释之便与汉文帝论法，说"法者，天子所与天下公共也"，如果对他加重处罚，就会"法不信于民也"。最后，汉文帝思考了许久，终于认同了张释之的判决，此案得到了公正审判。中国古代司法公正的案例还有不少。这些司法官为维护百姓的合法权益，保持一方平安，做出了实实在在的贡献。

当然，中国古代也有一些司法不公、违法司法的司法官以身试法，因而受到法律的追究。唐朝的酷吏周兴、来俊臣就是如此。他们在武则天执政时期（公元684—705年），违法司法，造成大量的司法不公，即"共为罗织，以陷良善。前后枉遭杀害者，不可胜数"。可谓罪恶滔天。最后，他们搬起石头砸了自己的脚，受到法律的严惩，都被处以死刑。"周兴、来俊臣等诛死。"其他朝代也都有司法不公的司法官和司法现象存在。

尽管中国古代采取了一些有利于司法公正的措施，但未能杜绝司法不公现象，究其原因，主要是以下三个。首先，制度原因。中国古代实行的是专制制度，君主掌握着国家的一切最高权力，包括司法权。在这种制度之下，君主的司法权得不到有效制约，其个人意志往往会凌驾于司法之上，造成司法不公。隋朝的两个皇帝都是如此。他们都因个人的好恶而不依法司法，造成司法不公。隋文帝晚年既信佛又信鬼，即"尤崇尚佛道，又素信鬼神"。在用刑方面，他就喜怒无常，不再依律办案，司法不公不可避免。"仁寿中，用法益峻，（隋文）帝既喜怒不恒，不复依准科律。"隋炀帝用刑更为肆无忌惮。他"以盗贼不息，乃益肆淫刑"，司法不公因此而不足为奇。就是一些开明君主也难免司法不公。唐太宗可以营造"贞观之治"，但也没能逃脱司法不公。就在贞观年间，他错杀过大理丞张蕴古和刑部尚书张亮。张蕴古受唐太宗之命，在受理李好德案时，发现他"有风疾"，所以"言涉妖妄"。于是，便汇报唐太宗，认为"法不当坐"，唐太宗表示同意，"许将宽宥"。可是，张蕴古竟把唐太宗的旨意密告李好德，还与他赌博。案发后"太宗大怒，令斩于东市"，然而，张蕴古罪不当死，唐太宗"既而悔之"。张亮任刑部尚书时，被控告"谋反"，尽管殿中少监李道裕持不同观点，认为"反形未具，明其无罪"，但唐太宗还是错杀了他。事后，他也追悔莫及。可见，专制制度决定了中国古代不能避免司法不公。

其次，腐败原因。中国古代也存在司法腐败。司法官因为腐败原因，不能依法办案，造成司法不公。其中，贪赃枉法而造成司法不公的案例最为触目惊心。这里以唐朝的两则为例。一则是张延赏的贪赃枉法案。他在任唐节度使兼度支时，受理了一起重大案件并发现其中有冤屈，涉及一些无辜者，于是便告诚具体办案人员在 10 日内尽快查明，准备结案。就在第二天，他便在自己案前发现一张小帖子，上面写着"送钱三万贯，请求不要再追查此案"。张延赏十分生气，命属下尽快查案。第三天，他还是发现有帖子，上面写了"送钱五万贯"，仍然很生气，再令速速查案。哪知到了第四天还是有帖子，上面的数字变成了"钱十万贯"。此时的张延赏不再生气了，认为："钱十万贯，可以通神啦。"于是，此案停止追究，不了了之。司法公正受到亵渎，无辜者蒙受冤枉。另一则也是涉及一个唐朝的司法官。当年的洛阳城有名为王可久的大商人，因故在外地转卖货物时，把钱财尽丢，暂时无法回洛阳。其妻十分着急，向算命先生杨乾夫卜卦。想不到此人见王妻美貌，起了歹心。他不仅告知王妻王可久在劫难逃，不会再回洛阳，还托媒人向王妻说亲，并取得成功。哪知第二年，王可久历经艰险，终于回到洛阳。当得知杨乾夫夺妻之后，便到官府告状。杨乾夫自知理亏，便大肆向办案司法官行贿。结果这个司法官竟罔顾事实，反而判王可久有罪。他吞不下这个冤屈，再次起诉，又被这个贪赃枉法的司法官以诬告罪论处。司法公正在这个罪恶的司法官手中破灭了。可见，腐败是造成中国古代司法不公的一个重要原因。

最后，其他原因。在中国古代还有其他一些原因也造成了司法不公。这些原因包括了滥用刑讯、军人枉法等。中国古代司法官办案，主要不是依靠证据，而是依照口供。为了取得口供，他们会不惜滥用刑讯。然而，这往往使被讯人无法忍受因刑讯而带来的痛苦，自诬有罪，酿成冤案，司法公正也就成了泡影。北宋的时候，太平州有个嫂子与小叔子一起外出办事，半路遇到大雨，便到路边的古庙避雨。这时的庙里已有几个人在饮酒，他们拖住这位小叔子一起喝酒。他不胜酒力，倒下先睡了。当他醒来时，发现身边有一具无头尸体，穿着嫂子的衣服。司法官审理此案时滥用刑讯，小叔子忍受不了痛楚，自认因强奸而杀了自己的嫂子，于是判其死刑，不久便斩首了。想不到过了一段时间以后，该嫂子的丈夫无意间在一个戏班子里发现了自己的妻子，可那个小叔子早已成了屈死鬼。另外，中国古代在一些割据混乱期间，军人当政，掌握了司法权，他们不懂法律，也不依法办案，造成冤狱，破坏司法公正。唐朝以后的五代十国时期就是如此。那时的军人把持衙门，控制了司法权。他们在办案中，"视人命如草芥"，草菅人命不为鲜见，造成的冤案、错案"不可胜数"。

以上这些原因从不同侧面危害了司法公正，以致中国古代的司法不公有了生存的土壤，无法加以禁绝。

中国古代的司法公正与不公已成烟云，远离今天的现实，但其中的经验和教训仍值得深思，甚至为今天维护、追求司法公正所借鉴。

（资料来源：王立民．漫谈中国古代司法公正与不公［N/OL］．中国审判，2014-03-31．有删改。）

案例点评

本案例主要对中国古代确保司法公正的相关制度进行了介绍并指出，由于制度、腐败等原因，中国古代也存在许多司法不公的现象。为了实现司法公正，中国古代的统治者采取了一系列的措施，其中比较重要的有司法官素质措施、司法官责任措施、对司法官的监督措施，这些措施从不同侧面规范司法官的行为，督促他们依法司法，并惩治司法不公的官吏，实际上成为维护中国古代司法公正强有力的力量。同时，本案例也提醒我们当代的司法工作者要重视司法公正，公平公正地处理各种情况，吸取前人的经验教训，维护今日的司法公正。

学习建议

1. 学习本案例的目的和用途

本案例通过对中国古代法律的公正与不公正情况的讲解，让大学生了解中国古代法律的理论体系和相关实施措施。从案例中就可以看出中国古代的历代君王大都注重司法公正，并为此立下了诸多制度。可是中国的封建制度中的专制，以及由专制引发的腐败等原因又使司法不公正的情况屡屡发生。学习此案例可以帮助学生了解我国古代法律发展的渊源，从而正确理解我国当前强调司法公正的重要意义。

本案例可用于第六章第一节"社会主义法律的特征与运行"内容的辅助学习。

2. 学习本案例应注意的问题

在中国古代社会，自理耕作的农耕生产方式，一家一户、自给自足的小农经济，中央集权的政治制度，独特的自然和地理条件，共同构成了中国古代司法制度的基础。这些都是当时的司法制度看似公正却又充满不公正因素的真正原因。

案例二　《中华人民共和国宪法修正案》诞生记

案例文本

这是中华人民共和国宪法发展史、中华民族伟大复兴史上具有里程碑意义的时刻——

2018 年 3 月 11 日下午 3 时 52 分。北京，人民大会堂。《中华人民共和国宪法修正案》高票表决通过，如潮的掌声，在万人大礼堂长时间响起。

立善法于天下，则天下治。

顺应时代要求和人民意愿，站在新的历史方位，以习近平同志为核心的党中央从全局和战略高度作出修改宪法的重大决策，将党和人民创造的伟大成就和宝贵经验及时载入庄严的宪法，必将为新时代坚持和发展中国特色社会主义、实现"两个一百年"奋斗目标和中华民族伟大复兴的中国梦提供坚实宪法保障。

这是高瞻远瞩的决策和审时度势的举措：着眼新时代坚持和发展中国特色社会主义的新形势新任务对宪法作出适当修改，是时代必然、实践必要、法治必需。

2017 年 10 月 25 日，人民大会堂东大厅华灯璀璨、气氛热烈。

11 时 54 分，刚刚在中国共产党第十九届中央委员会第一次全体会议上再次当选中共中央总书记的习近平，在热烈的掌声中步入大厅，神采奕奕，庄严宣告——

"我们将总结经验、乘势而上，继续推进国家治理体系和治理能力现代化……"

推进国家治理体系和治理能力现代化，关键是坚持全面依法治国，首要的是坚持依宪治国。

党的十八大以来，习近平总书记高度重视发挥宪法在治国理政中的重要作用，在多个场合作出一系列论述，阐明宪法的精髓要义：

——全面贯彻实施宪法，是建设社会主义法治国家的首要任务和基础性工作。

——坚持依法治国首先要坚持依宪治国，坚持依法执政首先要坚持依宪执政。

——要在全社会牢固树立宪法法律权威，弘扬宪法精神，任何组织和个人都必须在宪法法律范围内活动，都不得有超越宪法法律的特权。

——宪法只有不断适应新形势、吸纳新经验、确认新成果，才能具有持久生命力。

……

求木之长者，必固其根本；欲流之远者，必浚其泉源。

回望历史长河，宪法始终与国家前途、民族命运、人民幸福息息相关。

1840 年鸦片战争后，中国从尝试君主立宪制、议会制等多种宪制形式，到《中华民国临时约法》；从北洋军阀政府的几个宪法和宪法草案，到国民党搞的"中华民国宪法"……历史早已证明，中国照抄照搬外国宪法的道路走不通。

中国共产党自成立之日起，就以实现中华民族伟大复兴为己任，在领导人民接续奋斗的道路上，为建立人民当家作主的新中国、制定人民自己的新宪法，进行了不懈探索，积累了宝贵经验。

从 1949 年具有临时宪法作用的《中国人民政治协商会议共同纲领》，到中国历史上第一部真正的"人民的宪法"——1954 年宪法，确认了中国共产党领导中国人民夺取新民主主义革命胜利、中国人民掌握国家权力的历史变革。

1982年颁布施行的现行宪法，科学总结我国社会主义建设历史经验，指明了国家根本道路和发展方向。历经1988年、1993年、1999年、2004年四次修改，宪法在中国特色社会主义伟大实践中紧跟时代前进步伐，不断与时俱进，有力推动和保障了党和国家事业发展。

回顾我国宪法制度发展历程，我们愈加感到，我国宪法同党和人民进行的艰苦奋斗和创造的辉煌成就紧密相连，同党和人民开辟的前进道路和积累的宝贵经验紧密相连。

伴随新中国建设、改革，我国宪法有着自身的发展逻辑，呈现出一个规律——宪法必须随着党领导人民建设社会主义实践的发展而不断完善发展。

进入新时代，中国特色社会主义事业发展对修改宪法提出迫切要求——

自2004年宪法修改以来，党和国家事业又有了许多重要发展变化。特别是党的十八大以来，以习近平同志为核心的党中央团结带领全国各族人民毫不动摇坚持和发展中国特色社会主义，统筹推进"五位一体"总体布局、协调推进"四个全面"战略布局，形成一系列治国理政新理念新思想新战略，推动党和国家事业取得历史性成就、发生历史性变革。

由宪法及时确认党和人民创造的来之不易的伟大成就和宝贵经验，以更好发挥宪法的规范、引领、推动、保障作用，是实践发展的必然要求。

2017年10月，党的十九大在新的历史起点上对新时代坚持和发展中国特色社会主义作出重大战略部署，提出了一系列重大政治论断，确立了习近平新时代中国特色社会主义思想在全党的指导地位，确定了新的奋斗目标，对党和国家事业发展具有重大指导和引领意义。

在党的十九大文件起草和形成过程中，在全党全国上下学习贯彻党的十九大精神过程中，许多地方、部门和单位都提出，应该对我国现行宪法作出必要的修改完善，把党和人民在实践中取得的重大理论创新、实践创新、制度创新成果通过国家根本法确认下来，使之成为全国各族人民的共同遵循，成为国家各项事业、各方面工作的活动准则。

为国也，观俗立法则治，察国事本则宜。

将科学发展观、习近平新时代中国特色社会主义思想写入宪法，作为国家的指导思想，进一步巩固全党全国各族人民团结奋斗的共同思想基础；充实坚持和加强中国共产党全面领导的内容，巩固党的执政基础和执政地位，为国家发展和民族复兴提供坚强政治保证；增加有关监察委员会的各项规定，推动反腐败斗争夺取压倒性胜利……

这是顺应时代发展要求和人民意愿的重大决策——

2017年9月29日，中南海怀仁堂。

习近平总书记主持召开中央政治局会议，决定启动宪法修改工作，成立宪法修改小组。宪法修改小组由张德江任组长，王沪宁、栗战书任副组长。

作为国之根本、法之源泉，宪法修改关系全局，影响广泛深远。以习近平同志为核心的党中央明确指出，宪法修改要遵循四个原则：

——坚持党对宪法修改的领导。把坚持党中央集中统一领导贯穿于宪法修改全过程，确保宪法修改的正确政治方向。

——严格依法按程序推进宪法修改。先形成《中共中央关于修改宪法部分内容的建议（草案）》，经党中央全会审议和通过；再依法形成《中华人民共和国宪法修正案（草案）》，由全国人大常委会提请全国人民代表大会审议和通过。

——充分发扬民主、广泛凝聚共识。贯彻科学立法、民主立法、依法立法的要求，注重从政治上、大局上、战略上分析问题，注重从宪法发展的客观规律和内在要求上思考问题。

——坚持对宪法作部分修改、不作大改。保持宪法的连续性、稳定性、权威性。

根据新时代坚持和发展中国特色社会主义的新形势新任务对宪法作出适当修改，符合宪法发展规律，符合时代发展和实践需要，为新时代坚持和发展中国特色社会主义奠定宪法基础，为中国"强起来"提供根本法治保障。

这是充分发扬民主、凝聚共识力量的过程：宪法修改严格依法按程序进行，汇聚全党全国智慧，集中社会各界共识，反映党和人民共同意志。

修改宪法，必须体现人民意志、发挥制度优势，有利于推进国家治理体系和治理能力现代化。

从宪法修改工作启动之初，习近平总书记就明确要求，必须贯彻科学立法、民主立法、依法立法的要求，充分发扬民主，广泛凝聚共识。

2017年11月13日，党中央发出征求对修改宪法部分内容意见的通知，请各地区各部门各方面在精心组织讨论、广泛听取意见的基础上提出宪法修改建议。

从中央和国家机关到人民团体，从党员干部到党外人士，各方一同贡献智慧和力量，让宪法更加适应时代需要，回应人民呼声。

博采众议，宪法修改汇聚起全党全国各族人民的智慧和心血——

《中共中央关于修改宪法部分内容的建议》起草和完善期间，习近平总书记多次主持中央政治局常委会会议、中央政治局会议，审议草案稿，为下一阶段工作提出要求、指明方向。

——首轮征求意见，各地区各部门和党外人士共提出2 639条修改意见。

——12月12日，中共中央办公厅发出通知，就党中央修宪建议草案稿下发党内一定范围征求意见。各地区各部门各方面反馈书面报告118份，共提出修改意见230条。

——12月15日，习近平总书记主持召开党外人士座谈会，当面听取各民主党派中央、全国工商联负责人和无党派人士代表的意见和建议。党外人士提交了书面发言稿10份。

座谈会上，习近平总书记强调，宪法是人民的宪法，宪法修改要广察民情、广纳民意、广聚民智，充分体现人民的意志。

政之所兴在顺民心。宪法作为法之统帅、法律之母，其生命力就在于能否成为党和人民意志的集中体现。

集思广益，确保宪法修改得到全党全国各族人民衷心拥护——

一致建议把科学发展观、习近平新时代中国特色社会主义思想写入宪法序言部分；

一致建议把"中国共产党领导是中国特色社会主义最本质的特征"写进宪法《总纲》；

一致建议调整充实中国特色社会主义事业总体布局和第二个百年奋斗目标的内容；

一致建议把加强和完善国家领导体制、修改国家主席任职方面的有关规定、深化国家监察体制改革等内容写进宪法；

……

宪法修改小组举行13次工作班子会议、4次全体会议，对各方面意见和建议汇总梳理、逐一研究。

"习近平总书记专门要求，对于没有吸收到党中央修宪建议里的意见，要一一作出研究。"宪法修改小组工作人员说。

从各方面提出的数千条建议，到党中央的21条修宪建议，党中央慎之又慎，坚持对宪法作部分修改、不作大改，确保宪法的连续性、稳定性、权威性。

"习近平总书记强调，宪法修改既要顺应党和人民事业发展要求，又要遵循宪法法律发展规律。"宪法修改小组工作人员说，"坚持不作大改，体现出党中央对宪法的尊重，是坚持依宪执政、依宪治国的题中应有之义。"

——2018年1月2日至3日，根据党中央安排，张德江主持召开4场座谈会，分别听取中央和国家机关有关部门党委（党组）负责同志、智库和专家学者、各省区市人大常委会党组负责同志对党中央修宪建议草案稿的意见和建议。与会同志提交书面材料52份。

——1月18日至19日，党的十九届二中全会期间，党中央修宪建议草案在充分吸收与会同志的意见和建议，并作进一步修改完善后获得通过。

用一次中央全会专门讨论宪法修改问题，这在我们党的历史上还是第一次，充分表明以习近平同志为核心的党中央对宪法修改的高度重视，对依法治国、依宪治国的高度重视。

——1 月 26 日，中共中央向全国人大常委会提出《中国共产党中央委员会关于修改宪法部分内容的建议》。

——1 月 29 日至 30 日，十二届全国人大常委会召开第三十二次会议，中共中央政治局常委、宪法修改小组副组长栗战书受中共中央委托，就党中央修宪建议向常委会作了说明。会议讨论了党中央修宪建议，全票通过了全国人大常委会关于提请审议宪法修正案草案的议案和宪法修正案草案，决定提请十三届全国人大一次会议审议。

2018 年 3 月 5 日上午，一本本《中华人民共和国宪法修正案（草案）》，整齐地摆放在出席十三届全国人大一次会议的每一名全国人大代表座席前。

受十二届全国人大常委会委托，十二届全国人大常委会副委员长兼秘书长王晨向大会作关于宪法修正案草案的说明。

为了加强人大在推进宪法实施中的作用，党的十九届三中全会提出将全国人大法律委员会更名为全国人大宪法和法律委员会。根据党的十九届三中全会的决定，全国人大会议把这项内容纳入了宪法修正案。

肩负全国各族人民的重托，行使宪法法律赋予的神圣职权，代表们对宪法修正案草案进行了全面而细致的审议。出席全国政协十三届一次会议的全国政协委员，也围绕宪法修正案草案展开了热烈讨论。

大家一致表示，坚决拥护党中央关于宪法修改的决策部署，一致赞同党中央确定的这次宪法修改的总体要求、原则和修正案草案的各项内容，一致认为修正案草案已经成熟，建议本次会议审议通过。有些代表也提出了一些修改意见，对每一条意见和建议，大会秘书处都作了认真研究并给出回应。

宪法的根基在于人民发自内心的拥护；宪法的伟力在于人民出自真诚的信仰。

3 月 11 日下午 3 时许，人民大会堂。

随着宣布表决开始，近 3 000 名全国人大代表手中的笔在选票上郑重落下。

宪法，国家的根本法，又迎来一次完善和升华。

这是"四个自信"的深刻彰显——中国人完全有能力构建符合自身特色、推动民族复兴的法律体系，确保党和国家兴旺发达、长治久安。

宪法修改的过程，就是增强"四个自信"、彰显"四个自信"的过程。

改革开放 40 年来，党领导人民开创的中国特色社会主义道路越走越宽广、前途越来越光明。特别是党的十八大以来取得历史性成就、发生历史性变革，中国距离实现民族复兴的宏伟目标从未如此之近，中国正在日益走近世界舞台中央。

把坚持和加强中国共产党全面领导的内容载入宪法，让我们对确保党和国家事业始终沿着正确方向前进充满自信——

历史一再证明，没有中国共产党，就没有新中国，就没有改革开放，就没有中华民族伟大复兴。

"这次修宪，强调中国共产党领导是中国特色社会主义最本质的特征，把习近平新时代中国特色社会主义思想载入宪法，充分彰显了中国特色社会主义道路自信、理论自信、制度自信、文化自信。"全国人大代表、天津市河东区区委书记李建成说。

中国道路是中国自信最厚重的底色。回首过去五年，在以习近平同志为核心的党中央坚强领导下，中国呈现欣欣向荣的新气象：

经济年均增长7.1%，远高于同期世界经济2.8%左右的平均水平；

农村贫困人口减少6853万人，贫困发生率从10.2%降到3.1%，创造全球减贫奇迹；

……

代表委员们认为，宪法修正案进一步明确坚持党对一切工作的领导这一最高政治原则，是保证党和国家兴旺发达、长治久安的顶层设计和制度完善，有利于巩固党的执政基础和执政地位、为国家发展和民族复兴提供了坚强政治保证。

调整充实中国特色社会主义事业总体布局和第二个百年奋斗目标的内容，让我们对推动国家发展进步、保证人民幸福生活、保障中华民族伟大复兴充满自信——

在"两个一百年"奋斗目标的历史交汇期，在全面建成小康社会的决胜期，这次修宪必将在中华民族复兴史上留下浓墨重彩的一笔。

宪法修正案明确提出：把我国建设成为富强民主文明和谐美丽的社会主义现代化强国，实现中华民族伟大复兴。

把新的奋斗目标写进宪法，使得宪法具有鲜明的时代特征，确保全国人民团结一心、拼搏奋斗完成这些目标。

"在我看来，这次修宪既是对过往经验的总结，更是面向未来的号角，是在宪法层面对全党全国人民的一次'战前总动员'，以此确保我们的道路不动摇、目标不动摇、方向不动摇、方略不动摇。"复旦大学政党建设与国家发展研究中心主任郑长忠说。

全国政协委员、中国科学院研究员高杰说，宪法修正案关于监察委员会、国家主席任期、地方立法等内容的修改，是保证党和国家长治久安的顶层设计和制度完善，体现了党领导人民制定宪法、推动宪法完善发展的责任担当。

新的奋斗目标载入宪法，是对全国人民的持久动员和巨大鼓舞，让我们满怀信心向未来进发。

"大伙儿的心气和干劲很高，宏伟目标现在又有了法律保障。我们一代接着一代干就一定能够实现。"全国人大代表、山东沂南县两泉坡社区党总支书记李树睦认为，党的十九大提出的奋斗目标在宪法层面进一步明确，必将增强全国人民的信心、激发斗志，凝聚起踏上新征程的强大力量。

充实和平外交政策方面的内容，彰显出我们为人类作出新的更大贡献的担当与自信——

"推动构建人类命运共同体""坚持和平发展道路，坚持互利共赢开放战略"……

改革开放40年来，中国经济总量在世界经济中的占比从1.8%上升到15%左右；5年来，中国对世界经济增长的平均贡献率已超过30%。

推动"一带一路"建设、设立亚投行……5年来，中国为完善全球治理体系持续努力，不仅拓展了自身发展的广阔空间，也给世界各国带来发展机遇。

当今世界局势正遭遇百年未遇的大变局。中国的探索和成就，正在为世界上那些既希望加快发展又希望保持自身独立性的国家和民族提供全新选择，为解决人类问题贡献中国智慧和中国方案。

俄新社评论称，中国此次修改宪法正值改革开放迎来40周年之际，40年来国际形势风云变化，西方发达国家的政治体系正经历危机，此次修宪预示着中国将继续奋力把自己建为世界强国。

这是尊崇宪法地位、增强宪法意识的过程——以宪法修改为契机，自觉维护宪法权威、保证宪法实施，为中华民族伟大复兴提供法治保障、汇聚磅礴伟力。

这将是万众瞩目的时刻——

"我宣誓：忠于中华人民共和国宪法，维护宪法权威，履行法定职责……"本届大会期间，选举产生的新一届国家领导人将在人民大会堂向宪法庄严宣誓，成为新中国历史上首批举行宪法宣誓的国家领导人。

将"国家工作人员就职时应当依照法律规定公开进行宪法宣誓"写入宪法第一章《总纲》，将宪法宣誓制度在宪法中确认下来，必将促使国家工作人员更好树立宪法意识、恪守宪法原则、弘扬宪法精神、履行宪法使命。

伟大的事业，离不开坚实的宪法保障——

5年来，以习近平同志为核心的党中央以身作则、率先垂范，带头尊崇和执行宪法，激励全党全军全国各族人民增强宪法意识，推动全面贯彻实施宪法。

2012年12月4日，在首都各界纪念现行宪法公布施行30周年大会上，履新刚20天的习近平总书记发表重要讲话指出"我们要坚持不懈抓好宪法实施工作，把全面贯彻实施宪法提高到一个新水平"。

宪法的生命在于实施，宪法的权威也在于实施。

2018年2月24日，中南海怀仁堂。

中央政治局就我国宪法和推进全面依法治国举行第四次集体学习。

"我们学习的这个地方，同我国宪法有密切的联系。"习近平总书记说，"《中国人民政治协商会议共同纲领》就是在这里通过的。今天，我们在这里就我国宪法和推进全面依法治国进行学习，具有特殊意义。"

习近平总书记强调，要坚持党的领导、人民当家作主、依法治国有机统一，加强宪法实施和监督，把国家各项事业和各项工作全面纳入依法治国、依宪治国的轨道，把实施宪法提高到新的水平。

维护宪法权威，必须抓住领导干部这个"关键少数"——

"我们的党政领导干部都应该成为复合型干部，不管在什么岗位工作都要具备基本的知识体系，法律就是其中基本组成部分"——3月10日，在参加重庆代表团审议时，习近平总书记谆谆告诫党员领导干部。

公职人员增强宪法意识、带头依法办事，推动宪法实施，才能带动全社会尊崇宪法、信仰宪法。任何组织或者个人都不得有超越宪法法律的特权，一切违反宪法法律的行为都必须予以追究。

强化宪法实施和监督，保障国家法制统一——

党的十九大报告首次提出"推进合宪性审查工作"，为保障法制统一、维护宪法权威提供了坚实的政策依据和行动指南，有助于解决束缚法治建设的瓶颈问题，为深入全面推进依法治国提供强大动力。

"如果缺乏有力保障，宪法的价值和功能就无法实现。"中国人民大学法学院教授胡锦光认为，合宪性审查制度的目的在于一旦出现违宪行为，能够及时纠正，以保证宪法的全面有效实施。

全国人大常委会法制工作委员会法规备案审查室主任梁鹰表示，这次修改宪法是贯彻落实党的十九大精神、推进合宪性审查的良好契机，能够进一步保证中央令行禁止，保障宪法法律正确有效实施，维护宪法法律尊严和权威，保护人民群众合法权益。

加强宪法教育、普及宪法知识、弘扬宪法精神，让宪法如春风化雨般沁人心田——

"学习宪法要从'娃娃'抓起。"代表委员们表示，要引导青少年从小掌握宪法法律知识、树立宪法法律意识、养成遵法守法习惯，增强全社会的宪法观念。

加快形成完备的法律规范体系、高效的法治实施体系、严密的法治监督体系、有力的法治保障体系，形成完善的党内法规体系……站在新的起点上，以宪法为核心的中国特色社会主义法律体系不断完善，中国特色社会主义法治道路日益宽广。

船的力量在帆上，人的力量在心上。

中国特色社会主义进入新时代，全面建设社会主义现代化国家开启新征程。在以习近平同志为核心的党中央坚强领导下，与时俱进的宪法，必将为中华民族伟大复兴的中国梦夯实法治保障，汇聚磅礴力量！

（资料来源：陈二厚，杨维汉，刘铮，等.为中华民族伟大复兴提供根本法治保障——《中华人民共和国宪法修正案》诞生记［N/OL］.新华网，2018-03-12.有删改。）

案例点评

本案例讲述了我国 2018 年的修宪事件。从案例中可以看出宪法与我们平常老百姓的工作、生活有着密切关系。宪法作为我国的母法，是所有法律颁布的基础，也是规定了公民最基本权利和义务的法律。所以，尽管宪法很少用于我们实际的司法过程，但它又确实和我们紧密联系。

学习建议

1. 学习本案例的目的和用途

本案例对我国 2018 年在宪法领域的大事件——宪法修正案的出台进行了详细的阐述。学习此案例可以帮助学生理解我国社会主义法律的作用，明白宪法是我国所有法律制定的基础，也是规定了公民权利和义务的根本大法。

本案例可用于第六章第二节"以宪法为核心的中国特色社会主义法律体系"内容的辅助学习。

2. 学习本案例应注意的问题

宪法一般很少用于我们实际的司法工作，这就容易给人造成假象，以为宪法高高在上，和我们关系不大。这个观念是非常错误的。同时，权利的行使和义务的履行是相对应的。宪法规定的权利也是如此。我们不要一味强调要行使权利，而忽略了自己该履行的义务。

案例三　一个街道的"法治"故事与梦想

案例文本

雄踞长沙西大门的望城坡曾是典型的城乡结合部，人流、物流、信息流汇聚于此。摩肩接踵的人潮给望城坡带来了发展契机，也给这一区域的社会治安和城市管理带来了巨大的压力。近年来，随着城市化进程的推进，法治建设也有逐步深化，遵纪守法的意识在居民心中渐渐深入。执法者将法律奉为标尺，震慑一切违法行为。

10 月 31 日，记者走进望城坡街道，在 13 万人中寻访其中 6 人，分享这片土地上的现代法治故事。

司法所副所长黄启纯：普法宣传点亮法治明灯

两年前，黄启纯来到望城坡时，所里正在筹备人人乐广场附近的一场法制宣传活动。

活动当天突降大雨。本以为只能草草收场，却不想活动一开始，人们就打着伞陆陆续续地过来了。一上午，宣传手册被群众争先恐后地领完了。

当时，黄启纯很惊讶望城坡的居民对了解法律知识的热情这么高。

后来，所长告诉她，以前望城坡的居民也缺乏法律知识。这么些年，所里组织律师、法律工作者对基层干部开展法律知识讲座，还常常采取群众喜闻乐见的广场宣传活动进行法制宣传。潜移默化中，人们参与普法的积极性就得到了提高，法律意识也就跟着增强了。

司法所每天询问法律相关知识的居民，越来越多，有些流动人口碰到法律上的难题，也通常被这里的居民带到司法所来。黄启纯说，有个姓王的白胡子老爷爷一个星期来这里3次，了解法律知识，现在他都快成自己居住小区的法律宣传员了。

法治的氛围浓了，邻里之间多了许多关于法治的交流和提醒。

今年年初，望城坡街道司法所的全体人员对辖区范围内的矫正对象和服刑后的施教人员进行了核对排查和管理监控，发现重新犯罪率控制在了1%以内。

派出所副所长尚天：人们有了纠纷都愿意来找110

3年前，尚天刚到望城坡派出所，有同事好心提醒他：在望城坡，要达到和别的地方一样的管理效果，你得付出几倍的努力。

果然，当时的望城坡，当街持刀、打架群殴事件比比皆是。如今，这种情况已经很少出现了。

流动人口来到城市，往往心生彷徨。他们不适应陌生的城市生活和人际关系，一有不顺遂，就暴力相向。近几年，派出所增加辅警，通过加派警力来提升出警速度，让局势尽快得到控制；另一方面，人们法律意识增强了以后，有了纠纷都愿意来找110，私了斗殴的情况越来越少了。

刑事案件得到控制后，更多侵财犯罪事件凸显了出来。在望城坡，此类案件的比重占到了一半。

去年，派出所平均每天都要处理一起山地车盗窃案件。今年，通过调取监控视频，利用偷盗者的"习惯性心里路线"，蹲点抓到了老贼，并连根拔出了整个犯罪团队。此后，街道高端型自行车偷盗发案率，几乎降到了零。

党政办副主任彭够：直面黑车问题，干字当先

从学校毕业后，彭够进入了望城坡街道办工作。望城坡地处交通枢纽，有很多"老大难"问题，其中，汽车西站周边非法营运一直是他们的心头大患。

以前，有很多人不太理解也不支持他们的工作，觉得黑车价格便宜，搭乘也很方便，因此质疑查处黑车的意义何在。

"黑车为了等客拉客，常常造成堵塞。由于没有一套正规的价格体系，乘客在与黑车司机讨价还价中很容易引起冲突。更重要的是，搭乘黑车没有安全保障，最近频繁出现的一些刑事案件，很多都是因为搭乘黑车引起的。"彭够欣慰地说，经过这么些年的宣传引导，百姓对黑车的危害总算有了一定的认识。

直面黑车问题，必须干字当先。除了宣传普法工作，整治行动更是刻不容缓。

近几年，街道联手公安、交警、交通等职能部门，就汽车西站周边的非法营运进行联合打击。现在去西站，你会发现的士通道里排队等候的都是正规运营的出租车，搭乘非常安全方便。

竹马塘社区主任李毅：居民自治的战斗力可不弱

2006年，李毅进入竹马塘社区工作。当时，大部分小区没有正规的物业管理，居民里流动人口占了很大比重。这让管理工作举步维艰。社区曾经在一个星期内，连续发生7起案件。

为此，居民们自发组织了一个30多人的义务巡逻小队，一到晚上就戴上小喇叭四处巡逻。60多岁的刘爹是社区的一个积极分子。有天晚上，刘爹发现一个年轻人鬼鬼祟祟很可疑，于是他叫上临近的几个爹爹娭毑尾随查看。在小偷实行偷盗时，他们一拥而上把小偷抓起来送到了派出所。

事后，社区里的人无不感慨，说这几个老同志的战斗力可不弱。

对于李毅他们来说，维护社区稳定不过是分内之事。常常令他感叹的是街道的这些自治志愿者，他们无偿协助工作人员开展各类工作。现在社区建设取得长足进步，有大半是他们的功劳。这样的志愿者在望城坡的每个小区都至少有10个。李毅说："有这么一群可爱的人民群众，望城坡的治安肯定会越来越好。"

商贸城经营户程建祥：环境整改了，最终是你好我也好

刚搬来商贸城时，程建祥用为数不多的积蓄租了一个十几个平方米的门面贩卖百货，当时店前污水横流，乱搭乱建的现象也很严重。经过10多年的经营，程建祥的店面扩充了，望城坡也越变越好。

商贸城过去几年治安条件很差。2008年，程建祥的店铺在一个月内被小偷光顾了3次。本以为加固了防盗门以后，情况会有所好转，没想到门都被撬烂了。

"后来，商贸城开始出现民警全天24小时的巡防，商贸城到处布满了监控，商会也施行了节假日值班制度。从那以后，铺面是再也没遭过贼了。"程建祥对社区的变化感到十分的高兴。

治安变好了以后，街道开始整治环境，每一户都实行门前责任"三包"。不规范的店外经营全部要整改，商品必须正正规规的按一条线摆放。"刚开始实施的时候有些经营户很不服气，觉得干涉了他们的经营自由。但其实以前不规范的店外经营常常

导致交通堵塞，店铺面貌也显得不整洁，这'吓'走了一部分客人。如今环境整改了，大家愿意来买东西，生意反而还好些了。"跟大多数经营户一样，程建祥从环境治理中获得了实实在在的益处。

商贸城居民谷翠娥：对下一代的教育尤为重要

以前的望城坡，给人最深刻的印象就是"脏、乱、差"。打架、吵架、偷盗、吸毒等各种恶劣事件层数不穷。谷翠娥感叹，多亏了街道，在这方面开展了很多教育工作。她说，只要一个人的法律素养提高了，整个家庭的素质都能跟着提高，所以这些活动她从不落下。

学了法、懂了法以后，就能拿这些知识来教育下一代。谷翠娥见过很多疏于教育的孩子，因为违法犯罪被关了起来。这令人心痛，也时刻给她警醒。

谷翠娥分享了这样一个故事：记得街道有个十几岁年轻小伙，早年沾上了摇头丸，街道的工作人员耐心给他做工作，帮助他完成就业。现在这个年轻人已经改头换面，走上了正轨。

"社区的关心下一代协会常常在暑假组织青少年上普法教育课，参加的小孩很多。"谷翠娥说，这些课程通过举反例、说道理来教育年轻的一代，效果挺不错。

现在，谷翠娥参加了志愿者活动，也在闲暇时间多付出点精力来带头做好志愿工作。在她心里，只要这个地区的人都平平安安的，生活就别提有多幸福了。

（资料来源：李曼斯，吴希.一个街道的"法治"故事与梦想［N］.湖南日报，2014-11-17.有删改。）

案例点评

本案例讲述了长沙某社区的几个老百姓的故事，用他们的日常生活和真实想法体现我国当前依法治国的策略的必要性和正确性。2015 年是全面深化改革的关键之年，是全面推进依法治国的开局之年。2015 年依法治国的全面推进和深入实施，正在并且必将深刻影响和改变百姓生活。

学习建议

1. 学习本案例的目的和用途

本案例通过讲述长沙某社区的几个老百姓的日常故事来凸显我国当前依法治国方略给人们生活带来的好的转变。法律是公民人身和财产安全的保障，是立国之本，全面推进依法治国可以给百姓更稳定的社会环境，也可以让百姓在日常生活中有法可依，有法可守，可以更好地做一个合法、守法的公民。学习此案例可以帮助学生了解我国依法治国的必要性，从而正确理解当前我国依法治国等基本方略的内容与意义。

本案例可用于第六章第三节"建设中国特色社会主义法治体系"内容的辅助学习。

2. 学习本案例应注意的问题

十八届四中全会提出"依法治国",有人会说,这都是国家的事,跟咱们老百姓关系不大。其实关系很大,只是可能不那么直接,但会间接影响国家中的每个人。依法治国,体现了平等和公正,体现了文明和进步,所有的事情都将依法依规,社会正常的秩序不会随意被扰乱,也会让人心气顺,全社会风清气正,所以对国家和社会未来各方面的发展和稳定都将产生重要而深远的影响。

案例四　2017 年十大案件：正义从不会缺席

案例文本

1. 聂树斌案

[案件回顾]

1995 年,河北省鹿泉县人聂树斌因故意杀人、强奸妇女被判处死刑,剥夺政治权利终身,同年 4 月 27 日被执行死刑。2014 年,最高人民法院指令山东省高级人民法院复查河北省高级人民法院终审的聂树斌故意杀人、强奸妇女一案。2015 年,聂树斌案复查期限先后延期四次,至 2016 年 6 月。复查后因不能认定聂树斌杀人强奸,2016 年 12 月,最高人民法院第二巡回法庭对原审被告人聂树斌故意杀人、强奸妇女再审案公开宣判,宣告撤销原审判决,改判聂树斌无罪。2017 年 3 月 30 日,河北省高级人民法院通告,该院已对聂树斌家属聂学生、张焕枝申请国家赔偿案作出赔偿决定,赔偿金额共计 268 万余元。

[案件评述]

这是一次迟来的正义,正义虽然迟到了,但终究没有缺席。回首过去的二十多年,无论如何,聂树斌案都是中国司法必须要跨过去的一道槛,它遮不住,压不下,始终就在那里,以一种冷峻的姿态拷问着司法的正义与法治的精神。

2. 孙氏三兄弟案

[案件回顾]

2013 年,孙氏三兄弟孙宝东、孙宝国、孙宝民以故意杀人罪和组织、领导黑社会性质组织罪等多项罪名终审获刑,其他同案犯也被判处有期徒刑或拘役。2017 年 1 月

22 日，最高人民法院第二巡回法庭再审后当庭宣判，被告人孙宝国、孙宝东的"故意杀人罪""组织领导和参与黑社会性质组织罪"等多项原审判决当庭撤销。16 名被告人中有 9 人被改判无罪，而其他 7 名被告人的实际服刑期限也均已超过了此次改判的刑期。正在服刑的孙宝国、孙宝东等 4 名被告人被依法当庭释放。

［案件评述］

本案案情复杂，牵扯多地办案机关和新旧法律适用，最高法巡回法庭再审本案，最高检检察员出庭，保证了判决的权威、公正。让人民群众在每一个司法案件中感受到公平正义，司法机关责任重大，也一直在努力。

3. 于欢案

［案件回顾］

2016 年 4 月 14 日于欢因母亲苏银霞遭到吴学占等一行人采取侮辱性措施催债，一怒之下持尖刀捅向四人，造成 1 人死亡，2 人重伤，1 人轻伤。2017 年 2 月 17 日，山东省聊城中院以故意伤害罪判处被告人于欢无期徒刑，剥夺政治权利终身。原告和被告均不服一审判决，分别提出上诉。2017 年 5 月 27 日，该案二审公开开庭审理，山东省高级人民法院认定于欢属防卫过当，构成故意伤害罪，判处于欢有期徒刑 5 年。

［案件评述］

把案件放在聚光灯下，不是坏事，在舆论面前，只有事实和法律才是司法工作者的"定海神针"，尊重事实也是媒体必须恪守的职业道德和追求。于欢案二审判决不仅让法律有了温度，最重要的是，让网络上相关报道的一些失实事实、情节在二审庭审以及判决书中都得以澄清。

4. 无证收购玉米案

［案件回顾］

2014 年 11 月至 2015 年 1 月，内蒙古自治区巴彦淖尔市农民王力军在没有办理粮食收购许可证及工商营业执照情况下买卖玉米，被当地法院以非法经营罪判处有期徒刑一年，缓刑二年。一审获刑后，王力军并未上诉，但本案引发舆论关注，最高人民法院指令巴彦淖尔市中级人民法院再审本案。2017 年 2 月 17 日，巴彦淖尔市中院再审后认为，王力军的行为违反当时的国家粮食流通管理有关规定，但尚未达到严重扰乱市场秩序的危害程度，不构成非法经营罪，改判王力军无罪。

［案件评述］

王力军买卖玉米，在农民和粮库之间架起一个桥梁，不仅无害，反而有益于社会。无罪判决，是他应得的公正。最高法指令再审，是司法为民理念下的主动作为。

5. 甘肃白银案

[案件回顾]

1988 至 2002 年，犯罪嫌疑人在甘肃省白银市及内蒙古包头市连续强奸残杀女性 11 人，作案跨度 14 年，侦破跨度 28 年，被称为"世纪悬案"。2016 年 8 月，随着 52 岁的犯罪嫌疑人高某落网，白银"8·05"系列强奸杀人案告破。2017 年 7 月 18 日在白银市白银区人民法院第一法庭进行不公开开庭审理。该案被告人高承勇涉嫌故意杀人、强奸、抢劫、侮辱尸体四项罪名。

[案件评述]

法网恢恢疏而不漏，如果不是现代医学科学技术的迅速发展，会有多少恶魔逍遥法外？又会有多少看似普通的人隐藏着见不得光的罪恶终其一生？再复杂的大案也一定也会有侦破的一天，正义也许会迟到，但它从来不缺席！

6. 徐玉玉案

[案件回顾]

2016 年高考，徐玉玉以 568 分的成绩被南京邮电大学录取。2016 年 8 月 19 日下午 4 点 30 分左右，她接到诈骗电话，后将准备交学费的 9 900 元打入了骗子提供的账号，8 月 21 日徐玉玉在报案回家的路上突然晕厥，最终抢救无效死亡。2017 年 7 月 19 日上午，山东省临沂市中级人民法院对被告人陈文辉、郑金锋、黄进春、熊超、陈宝生、郑贤聪、陈福地诈骗、侵犯公民个人信息案一审公开宣判，以诈骗罪判处各被告人三年到无期徒刑不等，并处赔偿金。三名被告人不服判决认为量刑过重提出上诉，2017 年 9 月 15 日，山东省高级人民法院裁定驳回三名被告人的上诉，维持原判。

[案件评述]

徐玉玉案标志着我国司法机关对互联网犯罪的态度从守势转向了攻势，从消极转向了积极。此后，严惩网络电信诈骗案成为全社会的共识。徐玉玉案虽然是个案，但从中我们可以看到未来我国互联网司法的新思维和新趋势。

7. "善心汇"案

[案件回顾]

"布施"金额数百亿元，发展"会员"500 多万名，分布全国 31 个省市区……2016 年 5 月以来，犯罪嫌疑人张天明等人通过"深圳市善心汇文化传播有限公司"，涉嫌以"扶贫济困、均富共生"的名目，打着致力于探索构建"新经济生态模式"、推动国家精准扶贫和供给侧结构性改革战略落地的旗号，以高收益为诱惑，通过微博、微信等互联网渠道进行宣传，大肆发展"会员"开展传销活动，骗取巨额财物。在公安部统一部署下，全国各地公安机关依法对广东深圳市善心汇文化传播有限公司法定代表人张天明等人涉嫌组织、领导传销活动等犯罪问题进行查处，对包括张天明在内的一批犯罪嫌疑人依法执行逮捕。

[案件评述]

善心汇是典型的庞氏骗局，是一起涉众人群极广、涉嫌传销的非法集资骗局。善心汇的覆灭，预示着未来各种传销骗局将被依法打击、肃清。

8. 威胁活埋律师案

[案件回顾]

2017年12月6日，在湖北省荆门市中级人民法院参加完一起案件庭审后，北京两名律师准备离开下榻宾馆时，20多个不明身份的人围上来，对二人进行殴打，并往一辆商务车上拉拽，叫嚣着要将律师活埋。幸得经过这里的巡逻警察及时制止，警方在商务车上发现铁锹、布袋子。案发后，已有13名涉案犯罪嫌疑人相继归案，均被依法刑事拘留。

[案件评述]

律师执业有保障，则法治有保障。此事件的迅速解决和各有关单位的反应无疑坚定地表明了新时代法治建设的决心和信心！律师的正当执业权利、人身权利必须被捍卫，这涉及所有人的权利，也是法治的一条脊梁。

9. 北京大兴火灾案

[案件回顾]

2017年11月18日18时许，北京市大兴区西红门镇新建村发生火灾。火灾共造成19人死亡，8人受伤。起火部位为起火建筑地下一层冷库，遇难者死因均系一氧化碳中毒，起火原因系埋在聚氨酯保温材料内的电气线路故障。2017年11月29日，大兴区西红门镇"11.18"重大火灾事故责任调查情况公布，副区长等被立案调查，涉案犯罪嫌疑人樊某某等8人依法进行审查，以涉嫌重大责任事故罪，作出批准逮捕决定，交由公安机关执行。

[案件评述]

"人命大过天"。无论何种性质的企业，无论规模大小经营什么，遵规守法，切实保障员工基本安全都是其首要义务。漠视安全，就是漠视员工最重要的法律权益，就是漠视最起码的社会责任。雷厉风行进行清理整治，从根本上说是按照法律法规要求，倒逼企业承担应尽的安全义务，补上之前拉下的责任欠账。

10. 红黄蓝虐童案

[案件回顾]

2017年11月22日晚开始，有十余名幼儿家长反映北京市朝阳区管庄红黄蓝幼儿园（新天地分园）国际小二班的幼儿遭遇老师扎针、喂不明白色药片，并提供孩子身上多个针眼的照片。经公安机关调查，朝阳区红黄蓝新天地幼儿园教师刘某某，因部分儿童不按时睡觉，遂采用缝衣扎针的方式进行管教，刘某某因涉嫌虐待被看护人罪被刑事拘留。针对涉事女童家长赵某某发表的"'爷爷医生，叔叔医生'脱光衣物检查女儿身体"的言论，经核实，赵某某承认系其编造，并愿意向社会澄清事实、公开道歉。此外，利用网络编造、传播虚假信息，编造"老虎团"人员集体猥亵幼儿虚假信息的刘某也被警方行政拘留。

[案件评述]

孩子的安全，不能托付给人性的善的觉醒，而要防止人性中"恶"的爆发。在谴责涉事教师之外，将学前教育纳入义务教育，让政府更好地监管教师行为，让义务教育法保护孩子。学前教育立法步伐的加快，在一定程度上缘于一些令人痛心事件的"推动"——屡屡被曝光的幼儿园虐童事件。

（资料来源：佚名.正义不会缺席！2017，请与我们一起聆听法治进步的足音……[N].法制日报，2017-12-29.有删改。）

案例点评

本案例讲述了 2017 年发生在我国颇有影响力的十大法律事件，旨在以具有法治影响力的重大事件来观察中国法治发展的社会现实状况，把握中国法治发展的具体路径，并且揭示中国法治发展的方向。

学习建议

1. 学习本案例的目的和用途

本案例讲述了 2017 年发生在我国颇有影响力的十大法律事件，这些案件或者本身已经对中国的法治发展起到了推动作用，或者指出了中国法治发展的方向和路径，或者客观表现出了中国法治发展中急需解决的重大问题，从而具有为未来中国法治发展指示方向的价值意义。

学习此案例可以帮助学生了解我国依法治国的重要性，案件涉及宪法、国家权力、公民权利、法律意识等重要的法治因素，关涉中国当下法治建设。大学生应当努力培养自己的法治素养，学会用法律的思维模式思考和解决问题。

本案例可用于第六章第三节"建设中国特色社会主义法治体系"内容的辅助学习。

2. 学习本案例应注意的问题

这些案件在社会上产生过广泛的影响，在全国性媒体上有过较为集中的报道，引起过公共舆论的关注，或者在网络媒体上引起过公众的激烈讨论。大学生在学习之余，也应当抬头多了解书本外的世界，多多参与社会话题讨论。

案例五　以法治国　破除传统陋习——治理酒驾顽疾启示录

▨ 案例文本 ▨

1995 年，笑星洛桑，酒后驾车，撞上停在路旁修理的大货车，当场身亡，收视率颇高的"洛桑学艺"从此曲终人散。

2004 年，演员牛振华，醉酒驾驶，追尾前方大货车，当场死亡。车祸前 10 天，他刚过完 48 岁的生日。

2008 年，成都孙伟铭，醉酒无证驾驶，造成 4 死 1 伤，29 岁的年轻人被判处无期徒刑。

2009 年，南京张明宝，醉酒驾车造成 6 人死亡，包括一个被撞出母体的胎儿，这个孩子甚至还没来得及看一眼这个世界。

醉驾的案例不胜枚举。据公安交管部门统计，2008 至 2010 年，全国平均每年因酒后驾驶导致交通事故死亡 2 500 余人。这一数字背后，隐藏着的是残酷血腥的场面，隐藏着的是失去亲人的痛楚。平安是人民群众的民生需要和幸福追求，也是社会经济发展所需具备的基本环境。猛药去疴，重典治乱。重拳出击打击酒驾，保障人民生命财产安全，成为公安交管部门义不容辞的责任。

酒驾、醉驾问题是长期影响我国道路交通安全的一大"顽症"，历来为社会所诟病。2011 年酒驾"入刑"后，各地严厉整治酒后驾驶违法行为。当前，"开车不喝酒、喝酒不开车"观念深入人心。

在党的十八届四中全会召开前夕，新华社记者走访了多位法律界专家、官员和基层干部群众，他们认为，依法治理酒驾、醉驾是民主与法治进程中的成功典范，证明传统陋习可以通过法治有效破解。

"一升一降"反映酒驾治理成效明显

酒后驾驶被列为车祸致死的主要原因，世界卫生组织的一份事故调查显示，全世界 50% ～ 60% 的交通事故与酒后驾驶有关。我国是人情社会，几千年的酒文化根深蒂固，酒后驾车更成为一种常见的违法行为。2009 年我国各城市频繁发生因酒后驾车而导致的恶性交通事故，造成严重的人身伤亡，引起了有关部门高度重视。公安部在全国范围内部署了为期两个月的严打酒驾专项行动。当年全国查处酒后驾驶案件 31.3 万起，其中醉酒驾驶 4.2 万起，可见酒驾严重程度。

"这几年我国酒驾治理是比较成功的，法律一旦动真格，违法行为才能得到有效遏制。"中国社科院法学所所长李林说。在新华社记者的采访中，很多专家学者、干部群众都对酒驾治理成效表示肯定，认为在当前群体性违法行为多发时期，酒驾作为一项顽疾能取得当前的治理效果不容易。

公安部交管局公布的"一升一降"两个数据也验证了李林等人的观点。近年来，我国汽车保有量快速增长，年均保持10%以上的增长，但酒驾导致的交通事故却呈明显下降趋势。据统计，截至2013年年底，我国汽车保有量达1.37亿辆，2013年全年增加1651万辆，增长了13.7%，与此同时，酒驾、醉驾导致的交通事故起数、死亡人数，同比分别下降11.7%和5.7%。

"两法修正案"（《刑法》和《道路交通安全法》）实施三年来，全国因酒驾、醉驾导致交通事故起数和死亡人数较"两法修正案"实施前三年分别下降25%和39.3%。

当前，酒驾已成为"过街老鼠"，公安部门对其形成高压查处态势。节、假日等重点时段全国性的整治酒驾、醉驾专项行动和统一行动持续开展。除了专项行动外，相关部门对酒驾整治已形成常态化机制。

更大的变化在于观念改变。福建省晋江市交管大队一中队中队长丁扬声说，醉驾"入刑"刚开始，有些人不是很理解，对酒驾违法嫌疑人还很同情。后来看到酒驾整治带来的社会效果，便逐渐认可我们的工作。现在最支持查处酒驾行为的是那些当事人的亲属和朋友。

"环环相扣"的法治环节让酒驾"说情无门"

酒驾整治之所以取得这样的效果，在于立法、执法、司法、普法等环节有机衔接。

2011年2月26日，全国人大常委会表决通过刑法修正案，首次将飙车、醉驾列入犯罪行为，醉驾一旦被查获，将面临最高半年拘役的处罚。当年4月22日，全国人大常委会又审议通过道路交通安全法修正案，加大了对醉驾的处罚力度。

执法与司法"无缝对接"，更凸显法治公平正义。丁扬声说，晋江市建立了醉酒驾驶案件"7天办结制"，即公安局2日内将案件移送检察院审查起诉，检察院2日内将案件起诉到法院，法院3日内作出判决，"无缝对接"让醉驾相关人员说情无门。

北京市交管局负责人说，受人情压力、权力压力等影响，治理酒驾工作困难重重。"为确保严格执法、取信于民，我们专门建立了酒后驾车'严查快处'机制，对检测为饮酒驾车且当事人无异议的，一律当场处罚"；检测为醉酒驾车的，当场传唤当事人履行法定程序并立即送拘。同时，建立了专业酒精检测室，对醉酒嫌疑的当场抽血送检，不超3个小时即可出检测结果，确定为醉酒驾车的，当场传唤当事人履行法定程序并立即执行拘留，有效压缩了说情空间。

福建元一律师事务所律师郭承恩说，"两法修正案"实施三年来，一些名人、官员酒驾被查起到了很好的普法作用。这昭示社会，无论涉及什么人，不管什么理由，酒后驾驶都是不能碰、不敢碰的"高压线"。

酒驾整治为法治社会建设带来启示

中国社科院法学所所长李林、湖南省政府法制办主任陈雪楚等人认为，酒驾整治为当前如何治理"中国式过马路""中国式违建"等陋习提供了借鉴作用。

启示一：良法力行能有效治理传统陋习。目前，路面上存在大量交通违法行为，比如行人闯红灯、非机动车带人、机动车不系安全带等。由于人们始终怀有"罚不责众"的想法，导致这些传统陋习难以改变。酒驾治理的成功经验表明，没有规矩不成方圆，通过完善法律法规，加大处罚力度，传统陋习治理难题是完全可以通过法治破解的。

启示二：法律一定要顺应民意，可操作性强。法律一定要呼应群众关注的热点和难点问题，具有可操作性，不能只是一些原则性的规定。关于酒驾法律法规就有很好的民意基础，且定性和定量的标准非常明晰。对于执法者来说，依法查处酒驾"腰杆子硬"，有理有据。

启示三：酒驾查处"一刀切"是解决"中国式违法"的良药。上海市闵行区有关负责人说，公正制裁酒驾者让人们感受到了公平正义。一方面，整治行动常态化，常规检查，突袭检查，异地用警等多种检查手段令酒驾者防不胜防、心惊胆战；另一方面，严惩违法行为，酒驾的标准是统一的，当场检测血液中的酒精含量，锁定证据，马上处理。无论是名人还是权贵，酒驾被查都是"一刀切"，没有法外豁免权，谁犯了法都要受到法律的制裁。

启示四：普法方式与时俱进培养法治意识。专家认为，酒驾普法成功的一个原因就是借助电视、互联网等渠道以案说法，通过分析具体案例，对整个社会产生警示教育作用，让酒后不开车的理念深入人心。当前我国已进入"六五"普法，传统普法方式大多是发宣传册、贴海报、喊口号、做试题，效果不佳。在新形势下，普法的内容和方式必须不断创新，与时俱进，这样才能真正培养人们的法治意识，树立法治信仰。

（资料来源：康淼，肖春飞，谭剑，等.以法治国破除传统陋习——治理酒驾顽疾启示录［N/OL］.新华网，2014-10-19.有删改。）

案例点评

现实生活中，存在许多顽症。顽症必须下决心治理。

酒驾是顽疾，千夫指万人唾。在社会舆论力促之下，终于亮出"醉酒驾车入刑"这把利剑。自"醉酒驾车入刑"以来，酒驾人数锐减。这一事实充分说明：治理顽疾，除道德规范外，还需要一把利刃，这把利剑就是法律。

除酒驾以外，现实中的顽疾还有随地吐痰，乱扔、乱倒垃圾，占道经营，占道停车，公共场所吸烟，随处贴广告、写广告，行人不走斑马线等。这些顽疾虽然不像酒驾那样带有血腥味，但同样令人作呕，同样能产生不良甚至恶劣的社会后果，是美丽中国的"绊脚石"。当前，在建设法治中国的大背景下，这些顽疾必将一一得到整治。

⌒ 学习建议 ⌐

1. 学习本案例的目的和用途

本案例通过成功治理酒驾顽疾的回顾和叙述，旨在引导同学们深刻理解建设社会主义法治国家，必须走中国特色社会主义法治道路，必须坚持从中国实际出发，必须坚持中国共产党的领导，必须坚持人民的主体地位，真正培养起人们的法治意识，树立法治信仰。

本案例可用于第六章第四节"坚持走中国特色社会主义法治道路"内容的辅助学习。

2. 学习本案例应注意的问题

学习本案例时，同学们可搜索并结合《道路交通管理条例》和《道路交通安全法》相关法律进行学习。

案例六　纠正"呼格吉勒图案"：维护法治的尊严

▦ 案例文本 ▦

2014 年 12 月 17 日，备受社会关注的内蒙古自治区"呼格吉勒图案"（下称"呼格案"）专案组组长、呼和浩特市公安局原副局长冯志明，被内蒙古自治区检察机关以涉嫌玩忽职守、刑讯逼供、受贿等罪名决定逮捕。与此同时，内蒙古自治区高级法院、自治区检察院均成立调查组，分别对本系统造成呼格吉勒图错案负有责任的人员依纪依规展开调查。

报案人被认定为杀人者

1996 年 4 月 9 日，内蒙古呼和浩特毛纺厂女厕内发生一起强奸杀人案，随后，前往公安机关报案的卷烟厂职工呼格吉勒图被呼和浩特市公安局新城区分局认定为凶手。理由是，呼格吉勒图的指甲里有被害人的血迹，公安人员认为是呼格吉勒图在女厕对死者进行流氓猥亵时，用手掐住死者的脖子导致其死亡的。

1996 年 5 月 23 日，呼和浩特市中级人民法院认定呼格吉勒图犯流氓罪、故意杀人罪，判处死刑。同年 6 月 5 日，内蒙古自治区高级法院二审"维持原判"，核准死刑。不久，18 岁的呼格吉勒图被执行死刑。

2005 年 10 月 23 日，一个身负多起命案的犯罪嫌疑人赵志红落网，承认他曾在1996 年 4 月的一天，于毛纺厂公厕内杀害了一名女性，并准确指认了早就被拆除重建的案发地点。赵志红甚至说出了诸如"南北朝向，女厕在南"的厕所方位、内部结构、被害人身高、年龄，当时扼颈杀死被害人的方式、尸体摆放位置等其他作案细节。

有关办案人员说，赵志红落网后，交代的第一起命案就是这起女厕杀人案，他交代的情节和具体做法与现场非常一致，其表述的准确程度远远超过1996年已被执行死刑的呼格吉勒图。

这一情况立刻引起震动，不少人认为"呼格案"是个疑案甚至是冤案。尽管当时有意见认为，赵志红的一面之词缺乏有力的证据不足为信，但10年前的案件寻求证据已无可能，并且有法律界及社会各界人士同样对当年呼格吉勒图被判死刑的证据支持提出质疑，认为从"疑罪从无"的角度，对赵志红的供认如果不能认定，对于呼格吉勒图的指控和审判同样存在严重的问题。

舆论关注推动案件重审

最先对呼格吉勒图案进行报道的是新华社内蒙古分社政文采访部主任、高级记者汤计。事后，他向有关媒体讲述了这些年来通过内参报道推动"呼格吉勒图案"重审的情况。

汤计说，他的第一篇内参写于2005年11月23日，距离赵志红落网刚好一个月。因为多年在内蒙古政法系统的良好人脉，让他获悉这起存在巨大疑点的案件，并在获知消息的第一时间将情况形成文字，以内参的形式发往北京。汤计说，这篇内参，当时的多位高层领导应该都看到了。

2006年3月，内蒙古自治区有关部门组成"呼格吉勒图"案件复核组，对该案进行调查。同年8月，复核得出结论，"呼格案"确为冤案。

为了推动事情的进展。2006年12月，汤计又写了第二篇内参。同年12月20日，汤计又写下第三篇内参。汤计说，在写完上一篇内参的第8天，办案机关有一个人交给他一封赵志红写的偿命申请书，他原文不动发到北京。汤计说："赵志红当时可能已经认识到'4.9'案件对他是很关键的。"汤计表示，这篇内参很快就被批示下来了，引起有关领导的高度重视。

2007年，汤计写了关于这起案件的上下篇，形成"大内参"，在全国党政系统发行，在更大范围内通过客观的报道扩大了事件的影响，在一定程度上推动了"呼格案"的重新调查。

随后，《瞭望》杂志根据汤计的内参形成报道并公开发表在网络上，成为第一篇关于案件详细的公开报道，由此，"呼格案"在全国范围内引起了关注。

2007年11月28日，汤计完成了第五篇内参，根据法律界人士的意见，直接呼吁跨省区异地审理"呼格案"。这篇内参发出后，同样引起了高层重视，最高人民检察院从内蒙古调阅了"呼格案"的案卷，对案件直接予以关注。

检察机关对专案组原组长作出逮捕决定

19年前，呼格吉勒图案究竟是如何办理的才导致了今天这样的结局？1996年，内蒙古当地媒体刊发的《"四九"女尸案侦破记》记录了警方侦破该案的过程。报道称："当冯志明副局长观察了现场后，他的脑海里已经像沙里淘金似的不知筛过了多少遍。而当他和报案人简单地交谈了几句之后，他的心扉像打开了一扇窗户，心情豁然开朗了。来现场时一路的思绪，已缕出了头绪。"文中提到的"冯志明副局长"，正是当时的呼和浩特市公安局新城区分局副局长、呼格吉勒图案专案组组长。

报道接着写道："冯副局长、刘旭队长、卡腾教导员等分局领导，会意地将目光扫向还在自鸣得意的那两个男报案人，心里说，你俩演的戏该收场了。"两个男报案人正是呼格吉勒图和他的同事闫峰。他们发现厕所女尸后，跑到附近的治安岗亭报了警。

根据这篇报道，警方之所以怀疑两个报案人，逻辑是"按常规，一个公厕内有女尸，被进厕所的人发现，也许并不为奇。问题是谁发现的？谁先报的案？眼前这两个男的怎么会知道女厕内有女尸？"就这样，呼格吉勒图和他的同事闫峰，从报案人变成了被怀疑者。随后闫峰被释放，呼格吉勒图则成了警方认定的犯罪嫌疑人。

这篇报道称，在审讯呼格吉勒图时，"由于呼的狡猾抵赖，进展极不顺利"。随后，呼和浩特市公安局领导亲自来到新城区公安分局，听取案件进展情况，并作出三点指示，使"审讯很快便发生了根本性的扭转"，随后，呼格吉勒图给出了有罪的"供词"。

公开的报道显示，当年侦破"四九"女尸案后，包括冯志明在内的多名警官因为"迅速破获大案"获得从二等功到通报嘉奖的表彰。冯志明本人此后一路升迁。2002年，担任呼和浩特公安局缉毒缉私支队支队长；2006年12月，担任呼和浩特市赛罕区副区长，公安分局党委书记、局长；2011年，冯志明被任命为呼和浩特市公安局党委委员；次年，被任命为呼和浩特市公安局党委委员、副局长。此外，冯志明还获得内蒙古自治区公安系统模范警察、全国劳动模范等荣誉称号。

有报道引用知情人的说法称，呼格吉勒图案进入再审后，冯志明倍感压力，以"身体不适"为由请假并较少露面。

该来的终究还是来了。2014年12月17日，在呼格吉勒图被宣告无罪后两天，当年的呼格吉勒图案专案组组长冯志明即被内蒙古检察机关以涉嫌玩忽职守、刑讯逼供、受贿等罪名决定逮捕。同时，多名当年参与办案的警员也相继被有关部门约谈。在内蒙古自治区审判机关和检察机关，围绕当年参与办案的相关人员是否存在违纪违法问题的调查也已展开。

媒体报道说，2014年12月15日，内蒙古自治区高级法院在呼格吉勒图案再审宣判新闻发布会上宣布，将对错案责任问题进行调查，并严肃追究责任。当天下午，内蒙古自治区高级法院成立调查组，对法院系统造成错案错判负有责任的人员依纪依规展开调查。同年12月16日，内蒙古自治区检察院成立调查组，对检察系统造成呼格吉勒图错案负有责任的人员展开调查。2015年1月22日上午，内蒙古自治区检察院领导带领办案干警来到呼格吉勒图父母家中，向呼格吉勒图家人通报了检察机关针对呼格吉勒图案涉案人员立案查处的进展。检察官向呼格吉勒图父母表示，无论涉案人员现在身居何职、是否离退休，都将依法按照程序调查，发现违法犯罪线索，会依法严厉追究。

冤案纠错后，反思更重要

2015年2月9日，"呼格案"真凶赵志红被内蒙古自治区呼和浩特市中级人民法院一审判处死刑，剥夺政治权利终身。参加庭审的许多人说，这个判决彻底还了呼格吉勒图一个清白。

我国著名诉讼法学专家樊崇义说，正义是永恒的主题，迟来的正义也是正义，但这种正义是靠沉重的代价换取的。所以我们要沉痛地反思，要用制度和程序解决违背规律的难题，以实现公平正义，使正义不再迟到。

中国政法大学教授顾永忠说，"呼格案"的洗冤彰显了法治步伐。这起案件正式立案进入再审是2014年11月20日，在比较短的时间内作出再审无罪的判决，是非常令人振奋的，而且，这是第一例公开宣判纠正的已经执行死刑的错案，在过去是不可想象的。

有媒体评论认为，"呼格案"的改判是对法治尊严的维护。从2005年真凶再现，到内蒙古自治区高级法院正式宣判呼格吉勒图无罪，中间经过了将近10年的时间。虽然纠错是一个敏感的话题，但无论多么敏感，多么痛苦，为了公平正义，司法错案的纠正工作都在积极地推进着。

也有媒体认为，法治社会绕不开"呼格案"。这起发生在19年前，随后几经波折又重新改判的案子，对于回溯过去法治建设情况具有标本意义，其中的重要时间点、几次转折，都"倒映"出当时的司法、执法状态，而现在复查和重审的过程，也将展现出今天"全面依法治国"的基础水平、"法治中国"的实际起点。

（资料来源：郭洪平，汪才. 纠正"呼格吉勒图案"：维护法治的尊严［N］. 检察日报，2015-03-03. 有删改。）

案例点评

一个年轻的生命，永远定格在了18岁的如玉年华。从案发到61天后，经过公安机关快速侦查、检察院公诉、一审、二审、死刑复核、执行程序，便以故意杀人罪、流氓罪判处死刑，并予以立即执行。这个冤案的形成过程中，公检法三家相互监督制约职能的缺失，办案人员经验主义与自负和急于邀功请赏的心态、"严打"的社会环境，刑讯逼供、恣意妄为，使一个年轻的生命，含冤凋零。

公正是法治的生命线。呼格吉勒图案之所以引发舆论关注，与"一案两凶"的悬疑有关，更与疑案持续 8 年得不到重审密不可分。媒体和公众所期望看到的，是案件真相的还原，是重审程序一拖再拖的因由调查。期待通过这一案件，向公众彰显法律的公道正义。

内蒙古法院依法纠正"呼格案"，最终能还当事人以迟到的正义，对当年的呼格吉勒图案专案组组长冯志明等办案人员以涉嫌玩忽职守、刑讯逼供、受贿等罪名严肃追究其刑事责任，还法律以尊严。无论是纠正错案，还是推动制度建设，无疑都需要极大的勇气和决心。虽然过程一波三折，也离不开外界推动，但毕竟是法院系统在法律框架内部通过正常法律程序完成。这与具有"人治"色彩的"平反"相比，法治是最终的赢家。

反思这起冤案的形成以及依法纠正这个冤案的艰难曲折的过程和结果，进一步思考：如何提高全民法治意识、特别是如何提高司法人员的法治素养，如何建立起完备的法治体系，如何在每个人心中真正树立起法治权威，树立起尊重法律、尊重生命的观念，对于推动建设社会主义法治国家意义重大，可以说呼格案纠错是中国法治史上一个里程碑式的案例。

学习建议

1. 学习本案例的目的和用途

呼格案及其纠错，是中国法治史上一个影响久远的案例。阅读本案例旨在引导同学们要培养自己的法治思维，必须学习法律知识，掌握法律方法，参与法律实践，养成法律习惯，守住法律底线！坚信公正是法治的生命线，法治是最终的赢家。

本案例可用于第六章第四节"走中国特色社会主义法治道路"和第五节"培养法治思维"内容的辅助学习。

2. 学习本案例应注意的问题

阅读本案例可以结合阅读佘祥林案、赵振海案，从而增强建设社会主义法治国家的使命感。

案例七　法与人们的生活

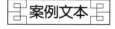 案例文本

（一）

人们常说，法律是空气、水，或者是面包，是人们一刻也不能离开的东西。法律本来是生活本质的呈现，直接决定了人们的生活态度和行为方式。为证明这一说法，请听一则所罗门的故事。

据希伯莱传说，神赐给所罗门王极大的智慧，"如同海沙不可测量"。天下列王都差人听他的智语。《圣经·列王纪上》记载了这样一件事：一日，两女争夺孩子，久执不下。所罗门王令人将孩子一劈为二，各与半，一女愿劈，一女不愿，宁送子与彼。王遂判子归后者。在故事中，所罗门王判案依据什么呢？

所罗门王依据的是一种生活常识与生活经验——生母一般比其他人对孩子有更深厚的感情，舍不得让孩子被劈而死。这种生活常识与生活经验是世世代代积累下来的，可以超越时空岁月，为后世人们所用。所以说，法律与我们的生活息息相关，伴随我们从摇篮走向坟墓。从出生时起我们就穿上法律的外衣，直到临近死亡脱下法律的外衣并通过遗嘱加以处置，法律伴随我们人生的始终。

（二）

女教师工作三年方可怀孕：

2014 年 3 月，有网友发帖称，宁夏石嘴山市实验中学出台了一项新规，要求"凡我校女教师，在我校工作满 3 年后方可怀孕，否则由此产生的休假一律按事假对待（年满 27 周岁的女教师不受此限制）"。该校称此举是："为了进一步加强学校管理，增强教职工主人翁责任感，充分调动教职工的工作积极性。"随后，石嘴山市教育局回应，称经调查核实，实验中学 2014 年 3 月 17 日出台了《关于教师怀孕的规定》违反了相关法律法规和政策，市教育局已责成该校立即废止该规定，并对学校进行了严厉的批评。

女教师怀孕须校长签字：

2013 年 4 月，高邮市第二中学出台规定：为了保证正常教学，每学期每个学科只能有一名女教师有生育指标，已婚女教师要根据学校的教学工作安排，做到有计划怀孕。准备怀孕的女教师必须提前一学期向校长室提出书面申请，经学校行政会议（研究），校长审批签字方可怀孕。该校一名负责人回应，只针对二胎情况，原因是担心课程排不过来。该市教育局随即叫停这一规定，并将此事在系统内通报。

（三）

2010 年 10 月 20 日晚，西安音乐学院 2008 级学生药家鑫，深夜驾着私家车看望女友，返回途中撞倒骑电动自行车的女服务员张萌（化名），下车后发现张萌在看自己的车牌号，药家鑫便拿出刀子，对张萌连捅 8 刀，致其死亡。2011 年 4 月，西安市中级人民法院对此案作出一审判决，以故意杀人罪判处药家鑫死刑，剥夺政治权利终身，并赔偿被害人家人经济损失费；药家鑫随后提起上诉。2011 年 5 月，二审判决宣布维持原判；2011 年 6 月 7 日，药家鑫被依法执行注射死刑。

2013 年，复旦大学上海医学院 2010 级硕士研究生黄洋中毒身亡，而涉嫌投毒的犯罪嫌疑人恰恰是被害人黄洋的舍友——林森浩。2013 年 4 月 25 日，黄浦区检察院以涉嫌故意杀人罪对林森浩批准逮捕。11 月 27 日，法院开庭审理此案，林森浩称自己看不惯黄洋，出于愚人节整人想法，决定投毒。2014 年 2 月 18 日上午 10 点半，该案在上海市第二中级人民法院依法公开一审宣判，被告人林森浩犯故意杀人罪被判死刑，剥夺政治权利终身。25 日上午，被告人林森浩委托辩护律师正式向上海二中院提起上诉。2014 年 12 月 8 日上海高院二审，2015 年 1 月 8 日 10 时在上海市高级人民法院二审宣判，被告人林森浩被裁定驳回上诉，维持原判。按照刑事诉讼法的规定，对林森浩的死刑判决将依法报请最高法院核准。

（四）国王与磨坊主

在德国柏林西南郊外，有一个叫波茨坦的美丽小城，两条清澈的小河交汇在这里。在城里，有一个隐藏在密林里的著名宫殿——桑苏西宫。

这座宫殿建于 17 世纪，是普鲁士大公国（德国的前身）国王的一座行宫，它是普鲁士先祖菲特列大帝命人按照法国凡尔赛宫的样子建造的。他的后代威廉一世，是世界历史上声名显赫的国王，在德国历史上的地位，可与中国的秦始皇、俄国的彼得大帝相比。威廉一世就任国王后，就对邻国发动了数次战争，连战皆捷，开疆万里。1866 年 10 月 13 日，刚从维也纳凯旋的威廉一世，在大队御林军的簇拥下，兴致勃勃地来到这里，在宫殿的窗台上眺望着远处美丽的风景。

突然，一座破旧的大风车磨坊，映入了他的眼帘，挡住了眺望全城的视线，威廉顿时兴致大减。

"拆掉它！"盛怒之下，威廉发出了命令。

"是，陛下！"一个大臣飞跑而去。不久就回来报告："陛下，那是一座私人的磨坊……"

"花钱把它买下，然后拆掉它。"国王命令道。

之后，大臣复命道："陛下，不管给多少钱，磨坊主死活不卖，他说那是他爷爷留下的，世代靠它为生，价值无法计算！"

国王震怒了："马上派人去给我拆掉，谁敢抗拒，格杀勿论！"顷刻间，老磨坊被夷为平地。

磨坊主，一个又穷又倔的老头，万般无奈之下，以"私有财产神圣不可侵犯"为由，一纸诉状将国王威廉一世告上了普鲁士最高法院，要求恢复原状，赔偿损失。

这是当时历史上绝无仅有的一件"平民告国王"案件，整个普鲁士为之震惊，甚至整个欧洲都倍感震惊。可是，傲慢的国王并不出庭应诉。针对此案，当时最高法院的三位大法官，在经过了激烈的思想斗争之后，毅然做出了裁决："被告擅用王权，侵犯原告的财产权，触犯了《帝国宪法》第 79 条第 6 款。现判决如下：责成被告威廉一世在原址重建一座同样的磨坊，并赔偿原告误工等损失。"

判决的宣告带来了一片欢呼。此时的威廉一世方才醒悟到：如果他践踏法律，将会带来法律可以不被遵守的恶果，而一旦法律可以不被遵守，最终危害的，将是秩序和王权。经过痛苦的权衡，威廉国王履行了该判决——在原址上重建一座磨坊。

故事还没有结束。几十年后，威廉一世与老磨坊主都已经先后去世，威廉的孙子继承了王位，老磨坊主的儿子承继父业，继续经营着老磨坊。

第二代磨坊主赶上了经济萧条，眼看残破的老磨坊无法继续经营下去，遂写信给威廉二世，决定将这座老磨坊卖给国王。威廉二世接信后，亲自给磨坊主写了回信。信中写道：老磨坊象征着德意志人民的法治传统，也说明了王室对至高无上的法律的尊重，因此，老磨坊是德意志民族法律精神的一座丰碑，不能将它卖掉，仍应保留在主人的手中，随信赠给磨坊主 6 000 元钱，以助其渡过难关。

这个平民与国王、公理与强权的故事，千百年来向世人昭示着一个不变的真理：在一个法制的国家，法律才是国王。这个古老的法律故事，使我们体会到"风能进，雨能进，国王的脚步不能进"这句话所蕴含的私权的神圣与高贵。

（资料来源：张世明.磨坊主状告国王案［N］.中华读书报，2013-12-04；柯昌万.西安音乐学院学生药家鑫撞人后刺死伤者案开庭［N］.中国教育报，2011-03-24.有删改。）

案例点评

法律是维护国家稳定、社会秩序的利器。从国家到人民，从社区到居民，都离不开法。法是国家经济是否健康快速发展、国家是否长治久安的重要保障；是世界上任何一个民族体现先进和优劣的象征，是维护民族团结、民族尊严的保障！

人们的生活与法律紧密相连。俗话说："没有规矩，不成方圆。"宇宙中的星球都按照各自的轨道运行，否则就会发生天体大碰撞；马路上的车辆必须遵守交通规则，不然就会发生交通事故。我们生活在社会上，也必须受到法律的约束，任何人在任何情况下，一旦违反法律，就会被追究法律责任。

大学生在学好专业文化课的同时，应认真学好法的理论和知识，懂得什么是可以做的，什么是不可以做的，哪些行为是合法的，哪些行为是违法的。学习法律后，大学生要自觉养成按照法律思考、分析和解决法律问题的习惯，注重提升自己的法律素养。将守法与做人结合起来，既可以避免上述数则案例中在校大学生出现的种种悲剧，更重要的是对今后的事业、婚姻与家庭、为人处世有着极为重要的引导作用。

学习建议

1. 学习本案例的目的和用途

现实中，有些大学生重视专业文化知识的学习，却忽视了法的理论知识的学习和掌握。尽管有些同学读了硕士、博士，却仍然是法盲。上面所选数则案例旨在引导大学生懂得法与我们的生活不可分离，必须学法、懂法、守法，才能成才、成功，才能创造幸福的人生，才能创造成功的事业。

本案例可用于第六章第五节"培养法治思维"内容的辅助学习。

2. 学习本案例应注意的问题

阅读以上数则案例，应联系教材，拓宽学习法律知识，才能对案中涉及的问题有正确的分析和理解。

案例八 除了"诗和远方"，跟团旅行还有法律与维权

案例文本

朋友圈最近流行一句话，"生活不只眼前的苟且，还有诗和远方"。每年的十一黄金周，许多人选择走出家门，通过旅行去寻找"诗和远方"，而旅行社、旅游平台等也就成了大家实现"诗和远方"理想的重要媒介。由于现在市场上旅行社服务良莠不齐、旅游平台内部管理不规范、旅游者自身法律意识不足等原因，不少朋友的相关利益也因此受到损害。北京市房山区人民法院的法官整理了三个与旅游相关的典型案例，希望给读者朋友以有益启发，在追寻"诗和远方"的同时，能够更好地维护自身合法权益。

游客突发疾病去世 旅行社不承担赔偿责任

2015 年黄金周期间，小张的父亲老张（47 岁）参加了某旅行社组团的本市周边三日游活动。旅游活动第三天，老张突然昏厥，救护车赶到后，立即送老张前往医院进行救治，但是非常不幸，老张经抢救无效去世。

老张本次出游仅通过旅行社投保了旅游安全人身意外伤害保险，但因旅行社没有为老张投保突发疾病险，致使保险公司拒绝理赔。小张认为，旅行社存在未尽安全保障义务、为父亲老张投保的《旅游安全人身意外伤害保险》中没有投保突发疾病险等过错，所以旅行社应对父亲老张的死亡承担赔偿责任。于是小张到法院起诉，要求该旅行社赔偿小张因老张去世造成的损失，包括抢救费、丧葬费、交通费、死亡赔偿金、保险公司拒绝理赔的保险金等费用共计 100 余万元。此外，小张还要求旅行社退还全部旅行费 560 元。

被告旅行社辩称，旅行社仅仅是为老张代购保险，老张的去世与旅行社无关，故

不同意小张的诉讼请求。

法院查明，被告旅行社为老张投保了旅游安全人身意外伤害保险，且事发时处于保险期内；老张的死亡原因为脑干出血；保险公司以"脑干出血属于疾病，不符合保险合同中的意外伤害"为由拒绝理赔。

法院经审理认为，老张与被告旅行社之间存在旅游合同关系，老张在旅游过程中死亡，原告小张作为老张的继承人，有权向被告旅行社提出赔偿。

本案中，旅行社是否应当承担赔偿责任？法院认为，旅游经营者在组织旅游过程中应当提供符合约定的旅游服务，应当对旅游者的人身、财产安全尽到相应的安全保障义务，但是旅游经营者的安全保障义务应当限于其能预见的合理范围，其提供的安全保障应当在其能力范围之内。本案中的旅游行程不存在需要特别提醒的安全注意事项，老张系突然晕倒，在送医救治后去世，导致其去世的原因是脑干出血。在老张晕倒后，现场导游及时将老张送医救治。老张的死亡实属其自身身体原因导致的不幸事件，老张的病发、死亡显然超过了被告旅行社能够预见的合理范围。至于保险问题，被告旅行社已经按照规定为老张投保了旅游安全人身意外伤害保险，老张突发疾病导致死亡无法获得理赔的后果不能归咎于旅行社。因此，法院驳回了小张关于抢救费、丧葬费、交通费、死亡赔偿金、保险公司拒绝理赔的保险金等诉讼请求。本案中的旅游行程为3天，老张未参加全部的旅游活动，对于未发生的旅游费用，被告应当退还。根据本案中旅游行程的实际情况，法院酌定被告旅行社退还旅游费200元。

法官提示：旅游活动虽可以放松休闲，但免不了舟车劳顿，有的旅游活动，也不适合一些有特定身体疾病的旅游者参加。旅游者应如实告知旅游经营者其与旅游活动相关的个人健康信息，有利于旅游经营者判断是否接纳旅游者参加相应的旅游活动，也有利于旅游经营者在接受旅游者报名后在合理范围内给予特别关照，减少安全隐患。旅游者如认为根据其自身状况参加本案中的旅游活动还需投保其他保险险种的，应当主动告知要求投保或自行投保。

未完成平台所示服务　旅游平台承担赔偿责任

小杨夫妇到法院起诉某网络平台所属公司，称今年上半年，小杨夫妇准备去西藏度蜜月，经过比对各网络平台的旅游产品与服务，最终选定与某网络平台签订旅游合同。合同约定旅游者为2人，旅游费用为15 438元，行程共计10天9夜，旅游线路为西宁—青海湖—拉萨—日喀则—林芝。小杨夫妇全额交纳了旅游费。当小杨夫妇与同行者一行53人随团行至拉萨时，该平台以西藏旅游局规定每车不超过20人（含一名司机、一名导游、一名交警、游客17人）为由，说不能继续带队出游。在该平台未采取分车、加导游等任何积极措施的情况下，致使小杨夫妇等53人在拉萨长时间滞留在宾馆，导游失联，团餐无人管。合同约定的林芝、纳木错、日喀则、扎什伦布寺等沿途行程均未实际安排。该平台的违约行为致使小杨夫妇的合同目的无法实现，故诉至法院，要求该网络平台所属公司退还小杨夫妇旅游费 15 438 元，并给付小杨夫妇违约金 3 087 元。

本案在审理过程中，被告网络平台所属公司承认有上述诉行为，并同意退赔小杨夫妇部分旅游费用，后经法院主持调解，双方当事人自愿达成调解协议，由被告网络平台所属公司返还小杨夫妇旅游费 5 000 元。

法官提示：随着网络飞速发展，一些传统行业如旅游业也逐步进入"互联网＋"时代，旅游者可以足不出户就搜集到各种需要的资讯，并选择相关产品与服务，这本是好事，但由于网络旅游平台内部管理不规范等原因，部分网络平台仍存在不履行合同义务等情况。对此，法官提醒，旅游者在线选择旅游产品时，应尽量选择口碑好、有资质的平台，应仔细阅读网站所示各项内容，并通过在线咨询、人工咨询、线下咨询等方式详细了解产品内容；出行前要与旅行社签订相关合同；在旅游过程中，如出现平台所示服务与其实际提供的服务不一致等情况，应及时向服务提供者反映。如经协商，平台服务提供者仍不能很好履行合同义务，当事人应通过向消协反映、到法院起诉等方式积极主张己方权利。

境外游遇当地局势恶化　游客起诉旅行社

王女士起诉称，2014 年 9 月，王女士与某旅行社订立合同，约定该旅行社为王女士安排 2014 年 9 月 18 日至 10 月 10 日在卡塔尔、也门、阿曼三国的全部旅游事宜，但在 9 月 23 日王女士入境也门当天，该旅行社单方面终止了也门段的合约，拒绝提供也门境内的一切服务，导致王女士的也门段行程完全未能进行，并造成王女士在也门境内滞留数日。王女士认为该旅行社的行为构成违约，故要求该旅行社退还也门段团费、也门签证费、王女士在也门境内产生的住宿费、公路交通费、违约金等共计十万余元。

被告旅行社辩称，旅行社未完成合同约定事项是因为在王女士旅游过程中发生了不可抗力的事项，王女士是在 9 月 18 日出发，9 月 22 日中国外交部发出安全提示，建议中国人尽快撤离也门。9 月 22 日航空公司已经停运，旅行社已不具备履行合同的客观条件，故旅行社取消了接下来的行程，并退还了剩余部分旅游费用，并要求王女士按照安全提示及时回国。王女士执意不回国，其违反了国家的安全警示规定，根据旅游法的规定其自行支出的费用应当自行承担。

法院经审理确认，王女士与旅行社于 2014 年 9 月 10 日订立的《团队出境旅游合同》是双方的真实意思表示，合法有效。该合同约定了旅行的行程，由被告旅行社向王女士提供交通、住宿、导游等服务，由王女士以总价向旅行社支付费用。2014 年 9 月下旬，也门首都萨那的局势恶化，外交部领事司与中国驻也门使馆联合提醒中国公民尽快撤离，萨那的局势是合同双方不能预见、不能避免并不能克服的客观情况，属于不可抗力。在此情形之下，为了游客的人身安全着想，被告旅行社建议王女士尽快离开也门，并取消了进一步行程，是符合旅行社的职责的，也是符合通常认知的。由于被告旅行社未能完全履行合同是基于不可抗力的发生，故应当免除被告旅行社的相应责任。王女士以旅行社未能履行在也门段的合同义务构成违约为由，要求旅行社退还也门段团费、也门签证费等要求，缺乏事实及法律依据，法院不予支持。据此，法院驳回了王女士的诉讼请求。

法官提示： 出境游近几年在我国非常火热，每年出境游的人数呈持续上升态势，数据显示，2016 年十一黄金周期间，出境跟团游客总数量约为 139.9 万人。相对于国内游来说，出境游由于境外局势、风土人情等均与我国有较大差距，旅游者不仅要提前做好出境游攻略，选择名声较好、较为靠谱的旅行社，在旅游途中如发生任何突发情况，都应当以安全为重。如遇我国外交部针对旅游目的地发出安全提示，有条件者应及时回国。如与旅行社就行程等问题发生纠纷时，应依法理性维权。

（资料来源：原丹丹. 除了"诗和远方"，跟团旅行还有法律与维权［EB/OL］.中国法院网，2016-10-14. 有删改。）

案例点评

随着人们生活水平的提高，旅游作为一项增长见识、陶冶情操的活动，与我们的生活越来越密切，旅游已走进了千家万户，但随之而来的是旅游纠纷的不断增多，旅游投诉也越来越多。作为旅游者，如何切实维护自身的合法权益，如何切实加强自身安全防范意识，学会主动维权呢？最重要的就是每个旅游者都应具备一定的法律知识，具有一定的法律意识，树立法治思维。否则，当旅游中遭遇到自身合法权益受到侵犯的时候就会深感无助和不知所措。

现代社会是法治社会，具备一定的法律知识是现代社会成员的必备素质。法律意识和法治思维是现代社会成员应当具备的一种思维和意识，与公民的专业和职业没有关系。缺乏法律知识和法治思维的人，做任何事情既可能因无知而违法，也可能因无知自身合法权益在遭遇侵犯的时候会深感无助和茫然。所以，当代大学生应认真学习法律知识，增强自身的法律意识，培养自己的法治思维。学会用法治思维去观察和分析社会问题，积极参与社会主义法治建设实践，以实际行动为依法治国、建设社会主义法治国家作贡献。

学习建议

1. 学习本案例的目的和用途

阅读本案例旨在引导大学生们平时应加强法律知识的学习，注重培养自己的法治思维，以免在现实生活中因缺乏法律知识和法治思维在遭遇侵犯自身合法权益事情的时候而深感无助和茫然。应积极参与社会主义法治实践，提高自己的法治素养，以实际行动为建设社会主义法治国家作贡献！

本案例可用于第六章第五节"培养法治思维"内容的辅助学习。

2. 学习本案例应注意的问题

学会用法律思维观察和分析身边林林总总的社会生活现象，学习法律，运用法律，积极参与社会主义法治实践。

案例九　子女不赡养老人要不得　义务必须要履行

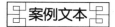 案例文本

子女不赡养老人案例多多

● 七个子女不养老，八旬老人上公堂。

王老太一生历经坎坷，丈夫早已去世，她含辛茹苦地将 7 个子女拉扯大。现在长子已年过六旬，次子也到了而立之年，可谓儿孙满堂，王老太早该颐养天年了。因子女们都不愿承担养老义务，已完全丧失生活能力的王老太不得不走上了法庭。2008 年 1 月 8 日，江苏省新沂市人民法院判令被告 7 个子女分摊 2 414.44 元医疗费，根据各人的经济状况，7 个子女每月分别支付给老人 100 元、60 元不等的生活费，王老太随次子一起生活。

王某夫妇婚后共生育 7 个子女，现今均都成家自立。王老太随三儿子生活多年，后三儿子将王老太居住的 1 间半房屋转卖给二哥，房款归三儿子所有。2000 年以后，王老太因体弱多病，与三儿子发生纠纷，三儿子不愿再赡养王老太。

● 与猪同住多可悲，养儿不孝不如狗。

江苏灌云县同兴镇年近百岁的江姓老人，生有五子三女，因儿女不孝，两年多来只能生活在猪圈里，整天与一头母猪为伴，吃喝拉撒全在猪圈解决，而负责赡养她的儿子共有六个房间。

常说养儿防老，养狗防贼，可同兴镇的这位老人养的这些子女，倒真的连条狗都不如。他们真是给中国自古以来的美德蒙上了污点。老人已近百岁，老了竟然与猪在一起生活，何等的悲凉。倘若老人的老伴尚在人世，也不至于沦落到如此，但也不知，他们的父亲是不是因为这些不孝子女，因生气而早逝的。

● 四个儿女修楼盖房，父母却住猪圈楼上。

湖北省宜昌市夷陵区人民法院于 2008 年 6 月 26 日立案受理了原告胡宗元、黄成宜与被告胡圣年、胡圣才、胡圣梅、胡圣英赡养纠纷一案。办案人员两次到现场开庭，

一次当事人到庭调解，经过多次做工作，双方当事人最终在法院主持调解下达成一致意见。原告（即四个被告的父母）的住处、生活费和医药费等问题得到解决。

该起赡养纠纷的两位原告已是耄耋之年，二老走路颤颤巍巍，老太太更是需要大声对其耳朵喊叫才能听到旁人的话语。其二人于1953年结婚后生育两男两女，即本案的四被告，其四人均由两原告抚养成人，现已各自成家立业。两位老人生育四子女，却在其年事已高，丧失劳动能力的时候生活窘迫，无人供养。四个儿女各自修建楼房，而老人却住在一儿子修葺的猪圈楼上，这种极大的对比与反差，让人不禁思考父母与子女的关系究竟应是怎样的，如何才能将中华民族的传统美德传承下去。

●出嫁的女儿不赡养父母。

有这样一起典型案例。滕老汉和老伴是南乐县某村一对年届古稀的普通农村夫妇，育有两子一女。小儿子自小痴呆，现已年近四十。大儿子在本村务农，日子较为拮据。女儿早年进城务工，并在城里结婚生子。滕老汉夫妇多年来一直靠农村的大儿子照料。随着年事渐高，加上还要抚养痴呆的小儿子，老两口晚年生活越来越困难。为此，滕老汉多次进城要求女儿也承担一部分赡养责任，但均遭拒绝。滕老汉夫妇无奈将女儿告上了法庭。法院判决女儿承担一定赡养义务后，女儿仍不履行赡养义务，法官在数次做被告工作不见成效的情况下，只好向其单位下达了协助执行通知，依法每月扣划被告120元工资作为赡养费。

●父（母）再婚，子女不赡养。

俗话说："改嫁的娘，倒掉的墙。"父母的婚姻关系发生变化，亲生子女可以免除赡养义务吗？2002年，新乡县农民潘来娣（化名）的老伴去世。2003年7月，潘来娣与丧偶多年且无儿女的退休职工刘师傅结婚。由于刘师傅体弱多病，收入较低，两位老人生活十分困难。2008年年底，潘来娣要求儿子与女儿履行赡养义务，均被他们以母亲再婚有人扶养为由予以拒绝。潘来娣无奈，将一双儿女告上法庭。法院依法判决老人的一双儿女履行赡养义务，每年每人支付给老人粮食250公斤，其他生活开支800元。

●不孝儿女不赡养老人，老人被逼捡破烂为生。

子女不孝敬老人反而上演"恶人先告状"的闹剧，日前，固镇县石湖司法所工作人员巧识玄机，对不履行赡养义务的子女进行批评教育，成功化解了一起积怨多年的家庭赡养纠纷。

2011年8月底，石湖司法所接待了辖区丁巷村朱某夫妇，朱某的妻子李某一来到司法所就要求工作人员帮其打官司，吵嚷着要起诉公公、还要求丈夫与公公断绝父子关系，否则就与丈夫离婚，理由是公公无故打伤自己，还声称如果司法所处理不好，自己就喝药不活了。原来，朱某夫妇一直不赡养老人，老人靠捡破烂为生，最近老伴生了病，实在没钱看病就向儿子要钱，事发当天，只有儿媳李某在家，李某不仅不给老人钱还对老人冷嘲热讽，辱骂老人，老人一怒之下用棍子打了儿媳。为此，工作人员把村委会反映的情况当面讲给朱某夫妇听，朱某夫妇无言以对。紧接着，工作人员通过讲人情、释法理，终于使朱某夫妇就赡养老人问题达成一致，工作人员又通知朱父到司法所，双方当场签订了涉及口粮、生活费、医疗费在内的调解协议。至此，多年的家庭矛盾得以化解。

在赡养父母的问题上，存在诸多误区。例如：

（一）借口父母分割财产不均而拒绝赡养。

在赡养案件中，兄弟姊妹众多的家庭往往比独生子女家庭发生老人无人供养的比例高。人多好办事的道理在赡养案件中却并不灵验。这往往是由于子女在成家另立门户时分得父母的财产不均而产生的，特别是在广大农村，大到因为田地、房屋的分配不均，小到锅碗瓢盆的多少不同，都会让子女在赡养老人的问题上众说纷纭。少分得父母财产的子女认为自己得到的少，理所当然应当少尽赡养义务，分得财产多的子女则认为应该各子女一样，一样赡养老人，大家各执一词，互不相让。其实，赡养父母是基于身份关系给子女规定的法律义务，并不是基于财产关系而定，财产分得的多寡不是决定子女应尽多少赡养义务的标准，即使父母没有分给子女一分一厘，在他们年老丧失劳动能力的时候子女同样要履行赡养义务，否则将受到法律的追究。

（二）认为赡养老人是儿子应尽的义务，与女儿无关。

受传统观念的影响，现实生活中，很多人认为养老是儿子应尽的责任，"嫁出去的女儿泼出去的水"，出嫁后的女儿赡养父母的义务常常被忽视。在一些老人心中也有这种想法，经常会碰到老人在起诉时只列儿子为被告，而不愿意把女儿送上被告席。在法庭审理过程中，也会遇到女儿答辩说自己已经出嫁，有公公婆婆要供养，赡养老人是兄弟应尽的义务，不关自己的事情。更有甚者，儿子虽然不尽赡养义务，但也认为不关姐妹的事情。

赡养父母，不因男女而有所不同，不因女儿的出嫁而发生改变。我国《婚姻法》规定，子女都有赡养父母的义务。这里所讲的子女，包括已婚、未婚的成年亲生子女、养子女和继子女。

（三）母亲改嫁或父亲再婚后，子女便无赡养义务。

在一些地区，特别是偏远山区，相当一部分人认为，母亲改嫁或父亲再婚后，便与自己脱离了原有的家庭关系，其养老问题便由新组成的家庭的子女承担。这种观点是错误的，因此不赡养老人的做法也是违法的。修订后的《婚姻法》第30条明确规定："子女应当尊重父母的婚姻权利，不得干涉父母再婚以及婚后的生活。子女对父母的赡养义务，不因父母的婚姻关系变化而终止。"

（四）认为不赡养老人仅仅是思想问题。

拒绝赡养老人的儿女，往往会遭到指责，但他们却不以为然，认为不赡养老人充其量是思想不好，又不犯罪。这种想法是不对的。拒不赡养老人，情节恶劣的，构成遗弃罪，要处5年以下有期徒刑、拘役或者管制。根据我国《婚姻法》第21条的规定，父母对子女有抚养教育的义务；子女对父母有赡养扶助的义务。子女不履行赡养义务时，无劳动能力的或生活困难的父母有要求子女付给赡养费的权利。根据《刑法》第261条的规定："对于年老、年幼、患病或者其他没有独立生活能力的人，负有抚养义务而拒绝抚养，情节恶劣的，处5年以下有期徒刑、拘役或者管制。"人民法院在处理赡养纠纷时，应当坚持保护老年人的合法权益的原则，通过调解或者判决，使子女依法履行赡养义务。

（资料来源：乐龄老头春草.话题——子女不赡养老人案例多多［N/OL］.乐龄网，2012-12-14.有删改。）

案例点评

本案例讲述了一些子女不赡养老人，造成老人晚景悲凉的不良社会现象。同时也提到了几个赡养父母的误区，这样的误区在农村比较多见。我们必须明确的是子女赡养父母，既是法定义务，也是应尽的责任。根据《婚姻法》第21条规定："子女对父母有赡养扶助的义务。"赡养是指子女在物质上和经济上为父母提供必要的生活条件；扶助则是指子女对父母在精神上和生活上的关心、帮助和照料。这是法律规定必须履行的义务。从中华民族传统道德上讲，赡养父母是子女反哺回报、尽孝道的体现，是做人的基本准则，也是代代相传的应该承担的责任。

当然，在物质上帮助老人，国家和社会也有责任。宪法规定了公民的物质帮助权。子女赡养老人的观念建立在自然经济和农业社会的基础上，随着市场经济发展、福利国家的兴起，养老扶老的社会问题，必然会改观。

学习建议

1. 学习本案例的目的和用途

阅读本案例旨在引导同学们必须明确：赡养父母不仅是尽孝道、做人的基本道德准则，也是法定义务、应尽的责任。

本案例可用于第六章第六节"依法行使权利与履行义务"内容的辅助学习。

2. 学习本案例应注意的问题

有经济负担能力的成年子女，不分男女、已婚未婚，在父母需要赡养时，都应依法尽力履行这一义务直至父母死亡。子女对父母的赡养义务，不仅发生在婚生子女与父母间，而且也发生在非婚生子女与生父母间，养子女与养父母间和继子女与履行了扶养教育义务的继父母之间。

思考练习

一、单项选择题

1.从基本内容来看，法律权利意味着人们可以依法（ ）一定行为，可以依法要求他人作或不作一定行为。

A.作　　　　B.不作　　　　C.作或者不作　　　　D.放弃

2.公民在法律面前一律平等，是我国（ ）。

A.社会主义法律的基础　　　　B.社会主义法律的基本原则

C.社会主义法律的适用的基本原则　　D.宪法的总的指导思想

3.我国专门的法律监督机关是（ ）。

A.全国人大法律委员会　　　　B.检察机关

C.监察机关　　　　D.党的纪律检查委员会

4.提出依法治国，建设社会主义法治国家的治国基本方略是在（ ）。

A.1982年宪法　　　　B.1978年党的十一届三中全会

C.党的十三大　　　　D.党的十五大

5.社会主义法制的基本要求是"有法可依，有法必依，执法必严，违法必究"。其中，社会主义法制的前提和基础是（ ）。

A.有法可依　　B.有法必依　　C.执法必严　　D.违法必究

6.诉讼证据必须符合法律要求的形式，并按法定程序收集、提供和运用。这体现了诉讼证据的（ ）。

A.客观性　　B.合法性　　C.关联性　　D.合理性

7.任何公民只要是违反了法律，都必须受到追究，法律面前人人平等。这说明的是我国社会主义法制基本要求中（ ）。

A.有法可依的含义　　　　B.有法必依的含义

C.执法必严的含义　　　　D.违法必究的含义

8.下列有关社会主义法律与社会主义道德一致性的叙述中，错误的是（ ）。

A.二者都是社会主义经济基础的产物

B.二者都是由国家强制力保证实施的

C.二者都是调整人们相互关系的行为规范

D.二者都是工人阶级和广大人民群众意志和利益的体现

9.法律的一般含义是（ ）。

A.法律是由国家创制并保证实施的行为规范

B.法律是被统治阶级意志的体现

C. 法律由社会物质生活条件决定

D. 法律由社会精神生活条件决定

10. 法律主要是（　　）。

A. 全民的　　　　　　B. 统治阶级的　　　　C. 政党的　　　　　　D. 整个社会的

二、多项选择题

1. 法产生的原因是（　　）。

A. 阶级的出现　　　　　　　　　　B. 国家的出现

C. 私有制的出现　　　　　　　　　D. 生产力的发展

2. 法律区别于其他社会规范的最本质的特征是（　　）。

A. 法律具有规范性　　　　　　　　B. 法律由国家制定或认可

C. 法律由国家强制力保证实施　　　D. 法律对全社会具有普遍约束力

3. 我国社会主义民主是社会主义法治的（　　）。

A. 前提　　　　　　B. 基础　　　　　　C. 体现　　　　　　D. 手段

4. 社会主义法治是社会主义民主的（　　）。

A. 体现　　　　　　B. 前提　　　　　　C. 基础　　　　　　D. 保障

5. 依法治国与以德治国作为治理国家的两种根本手段，是一个紧密结合、不可分割的统一整体。其中，法治属于（　　）。

A. 政治建设　　　　B. 思想建设　　　　C. 政治文明　　　　D. 精神文明

6. 国家安全的一般法律制度包括（　　）。

A.《国家安全法》　　B.《国防法》　　　C.《刑法》　　　　D.《反分裂国家法》

7. 社会主义法的适用遵循的原则有（　　）。

A. 以事实为依据，以法律为准绳　　　B. 公民在法律适用上一律平等

C. 司法机关依法独立行使职权　　　　D. 专门机关与群众路线相结合

8. 培养法律思维方式的途径有（　　）。

A. 学习法律知识　　　　　　　　　B. 掌握法律方法

C. 培养法律意识　　　　　　　　　D. 参与法律实践

9. 法律权威的树立主要依靠（　　）。

A. 法律的外在强制力　　　　　　　B. 法律的内在说服力

C. 立法者的法理功底　　　　　　　D. 公众的法律实践

10. 维护社会主义法律权威，应该做到（　　）。

A. 努力树立法律信仰　　　　　　　B. 积极宣传法律知识

C. 提高立法水平　　　　　　　　　D. 敢于同违法犯罪行为做斗争

三、判断题

1. 法制是一种治理社会的理论、原则、理念和方法，是一种社会意识。　　　　　（　　）

2.只要有法律和法规存在就有法制存在,但不一定就是实行法治。　　　　(　　)

3.法律义务中的作为义务要求人们依法不得作出一定行为。　　　　　　(　　)

4.法律面前人人平等观念在近代资产阶级革命过程中首先提出,并在资本主义法制中首先确立。　　　　　　　　　　　　　　　　　　　　　　　　　　　　　　(　　)

5.在社会主义国家,不承认有任何享受特权的公民,可以承认有免除法律义务的公民。

　　　　　　　　　　　　　　　　　　　　　　　　　　　　　　　　　(　　)

6.当代大学生只要具有社会主义法律常识就行了,无须加强法律修养。　　(　　)

7.在对法律问题的思考与处理上,道德思维应当优先,不能用道德的原则和评价取代法律的规则和评价。　　　　　　　　　　　　　　　　　　　　　　　　　　　　(　　)

8.人们感觉到法律明显不合理,可以抛弃或搁置法律。　　　　　　　　(　　)

9.一项法律规定,就算是不合理的,只要它没有被修改或废除,就是有效的,人们就有义务遵守或执行。　　　　　　　　　　　　　　　　　　　　　　　　　　　　(　　)

10.法律思维的任务不仅是获得处理法律问题的结论,而且更为重要的是提供法律结论的理由。　　　　　　　　　　　　　　　　　　　　　　　　　　　　　　　(　　)

四、材料分析题

萝卜该不该赔?

某年山东省日照市一次110特别行动中,公安人员追歹徒到男青年甲的菜园里,并发生了搏斗。公安人员最终制服了歹徒。正当公安人员押着歹徒准备离开时,甲对着众多记者和摄影机突然提出,要求公安人员赔偿被损害的20多棵萝卜。此事经媒体报道后,社会舆论一遍哗然,邻居谴责说:"公安人员是为了抓坏人,是为了大家,甲作为新时代的青年,不应当要求赔偿20多棵萝卜。"当事公安人员也表示不可理解,说:"当时我们一个同事身负重伤,鲜血直流,可甲居然提出赔偿他20多棵萝卜。"

在当年日照市评选精神文明先进单位中,甲所在单位也因此而失去了资格。甲在社会舆论的重压下,不得不离家住到姐姐家中,并且对记者产生了严重的不信任和反感。

请你从法治思维角度思考,此案中的萝卜该不该赔?

后 记

　　"思想道德修养与法律基础辅学教程"是重庆城市管理职业学院承担的教育部高校示范马克思主义学院和优秀教学科研团队重点建设项目"高职高专思想政治理论课教学方法研究"（16JDSZK036）、重庆市高校思想政治理论课教学科研示范团队资助项目（10）、重庆市市级精品在线开放课程"思想道德修养与法律基础"的阶段性建设成果。本书由喻永均、姚红任主编，邓红彬、杨飔任副主编。执笔人有：秦光银（绪论、第四章）、邓红彬（第一章）、喻永均（第二章）、姚红（第三章）、杨飔（第五章第一、二节）、鄢雪梅（第五章第三、四节）、刘炼（第六章第一、二、三节）、康树元（第六章第四、五、六节）。全书由喻永均、姚红、邓红彬、杨飔负责初审，最后由喻永均、姚红统稿和定稿。

　　本书的编写和出版，得到了重庆大学出版社的大力支持。本书在撰写过程中，参阅了我国近年来出版的《思想道德修养》《法律基础》《伦理学》《教育学》《心理学》等教材及有关专家学者的著作和资料，吸收了许多新的研究成果和观点，并听取了有关专家的意见，在此一并表示感谢。本书案例根据教学和出版的需要，进行了局部修改。由于编者水平有限，书中难免有疏漏和不妥之处，衷心希望广大师生、读者提出宝贵意见。

编 者

2018 年 7 月

参考答案